한일회담 청구권 교섭 핵심 자료집 I

청구권 문제 교섭에 대한 기본 입장 및 방침

한일회담
자료총서 19

한일회담 청구권 교섭 핵심 자료집 I

청구권 문제 교섭에 대한 기본 입장 및 방침

동북아역사재단 편

동북아역사재단
NORTHEAST ASIAN HISTORY FOUNDATION

발간사

한일관계에서 한일협정만큼 민감하고 논쟁적인 주제는 없을 것입니다. 한일 양국은 1951년 10월 국교정상화를 위한 회담을 시작하였습니다. 이후 회담은 13년 8개월에 걸쳐 중단과 재개를 되풀이하였고, 1965년 6월 한일 양국은 협정에 조인하였습니다. 한일회담은 광복 후 한일관계뿐만 아니라 한국현대사의 기본 틀을 만드는 과정이었습니다. 최근 한일 양국이 첨예하게 대립하는 근본 원인도 한일회담에 있다고 할 수 있습니다. 2018년 10월 30일 일제 강제동원 피해자 손해배상소송 판결과 2021년 1월 9일 일본군'위안부' 피해자 손해배상소송 판결은 1965년 한일협정이 지나간 과거가 아닌 현재진행형의 문제라는 사실을 확인시켰습니다.

한국 정부와 법원은 1910년 강제병합조약은 원천 무효이고 반인도적 범죄에 대한 배상 문제는 1965년 한일청구권협정으로 해결되지 않았다고 주장합니다. 하지만 일본 정부와 법원은 강제병합조약은 합법이고 청구권협정으로 모든 배상 문제가 해결되었다고 주장합니다. 한일협정에 대한 평가와 해석을 둘러싸고 이처럼 첨예하게 대립하는 근본 원인은 무엇일까요? 한일협정 해석을 둘러싼 갈등은 해결할 수 있는 것일까요?

이 문제들에 대한 해답을 찾기 위해서는 한일협정 조문 해석뿐만 아니라 협정이 어떤 과정을 거쳐 체결되었는지, 당시 양국 정부가 어떠한 역사인식과 전략을 토대로 협상하였는지를 한일회담 당시 관련 일차 자료에 근거하여 파악할 필요가 있습니다.

한일회담 외교문서가 공개된 계기는 강제동원 피해자들이 2002년 한국 정부를 상대로 문서공개요구소송을 한 것이었습니다. 강제동원 피해자들은 일본에서 제기한 소송에서 일본 법원이 1965년 청구권협정으로 모든 배상은 해결되었다는 판결을 내리자, 청구권협정에서 강제동원 피해자 문제가 어떻게 다루어졌는지 공개하라며 한국 정부를 상대로 소송을 하였습니다. 이후 2004년 강제동원 피해자들이 승소하였고, 한국 정부는 2005년 약 3만 5,000장의 관련 문서를 공개하였습니다. 일본에서도 시민단체인 '일한회담문서 전면공개를 요구하는 모임'이 문서 공개를 요구하자, 일본 정부는 2008~2015년까지 약 9만 장의 문서를 공개하였습니다.

동북아역사재단은 한일 양국에서 한일회담 외교문서가 공개된 이후 국민대학교 일본학연구소와 협력하여 방대한 분량의 외교문서를 체계적으로 정리하는 작업을 해왔습니다. 그 첫 작업으로 한국외교문서를 체계적으로 분류·해제한 『한일회담 외교문서 해제집』 5권을 2008년에 발간하였습니다. 이후 소송을 통해 추가로 공개된 문서를 포함한 일본외교문서 약 9만 장을 체계적으로 분류하여 그 결과물을 2021년 『한일회담 일본외교문서 상세목록』 5권으로 발간하였습니다. 한국외교문서 원본은 〈동북아역사넷〉에서 제공하고 있으며, 일본외교문서 원본도 순차적으로 공개하고 있습니다. 또한 미국 국무성 문서도 국사편찬위원회의 협력을 받아 〈동북아역사넷〉에서 공개하고 있습니다.

이렇게 외교문서의 원문을 제공하는 작업은 한일회담의 전모를 밝히는 데 크게 기여하고 있지만, 외교문서를 찾아보는 일반 대중과 연구자, 정책 입안자들이 필기체로 된 방대한 문서에서 필요한 자료를 찾아내는 것은 쉬운 일은 아닙니다. 이에 우리 재단은 국민과 학계, 관계 기관에서 한일회담 관련 자료를 폭넓게 활용할 수 있도록 한일회담 관련 핵심 문서를 자료총서로 발간하는 작업을 하고 있습니다. 이 자료총서가 한일회담의 전모를 파악하고 핵심 쟁점이 어떻게 논의되었는지를 이해하고 한일회담에 대한 객관적인 이해를 토대로 현재 한국과 일본이 직면한 문제를 해결하는 데에 기여할 수 있기를 기대합니다. 나아가 앞으로 진행될 북일 국교정상화 관련 대응에도 도움이 될 것입니다.

한일회담 자료총서 발간 작업은 연구자들과 활동가들의 열정적인 노력이 있었기에 시작할 수 있었습니다. 외교문서가 공개될 수 있도록 노력하신 많은 분들과 방대한 분량의 외교문서를 한 장 한 장 검토해 주신 분들께 감사를 드립니다.

2025년

동북아역사재단 이사장

책머리에

1965년 한일협정 체제를 통해 한국과 일본은 국교를 정상화하며 새로운 시대를 열었다. 그러나 60여 년이 지난 오늘날, 한국 사회에서 청구권협정만큼 민감하고 소모적인 논쟁의 대상도 드물 것이다. 2018년 강제동원 피해자 손해배상 판결과 2021년 일본군'위안부' 피해자 배상 판결은, 이 협정이 단순한 과거의 기록에 머무는 것이 아니라 오늘날 우리 사회가 직면하고 있는 현재적 과제임을 다시금 확인시켜 주었다.

과거사 문제를 둘러싼 한일 양국의 입장은 평행선이다. 한국 정부는 2005년 8월, '위안부', 사할린동포, 원폭 피해 문제는 청구권협정으로 해결되지 않았으며, 강제동원 피해 배상 문제는 해결된 것으로 보아야 한다는 입장을 표명하였다. 한국 사법부는 2018년 10월, 강제동원 피해 또한 청구권협정으로 완전히 해결되지 않았다는 판결을 내렸다. 반면 일본 정부는 청구권협정으로 모든 청구권이 최종적·완전하게 해결되었다는 주장을 고수하고 있다. 이처럼 양국 간 대립의 근본을 이해하기 위해서는 1965년 또는 그 이전으로 거슬러 올라가 '한일청구권협정'이라는 최종 결과물 뒤에 가려진 협상 과정을 살펴볼 필요가 있다.

한일 국교정상화 교섭 과정은 길고도 험난하였다. 13년 8개월이라는 시간은 한국 외교사상 유례없는 오랜 협상 기간이었으며, 양국 간에 놓인 역사적 앙금과 현실적 이해관계의 간극이 얼마나 컸는지를 웅변한다. 특히 청구권 교섭은 치열한 논쟁과 감정 대립의 연속이었다. 비록 청구권 교섭이 식민지배 피해에 대한 배상이 아닌 한국의 독립으로부터 발생한 '법적·청산적 성질'의 청구권 해결로 귀착되었지만, 그 본질은 식민지배의 불법성 여부를 둘러싼 역사인식의 충돌에서 시작하여 국제법적 해석, 피해자 개인의 권리와 국가 간 조약의 상관관계 등 여러 가지 문제가 복잡하게 얽힌 고차

방정식이었다.

이 『한일회담 청구권 교섭 핵심 자료집』은 이처럼 복잡한 청구권 문제의 교섭과 관련한 한일 양국의 외교사료를 정리하여 한데 모은 것이다. 제1차~제7차 회담까지의 교섭 기록, 양국 정부의 대표단에 대한 훈령, 자체 회의 기록 및 국내 대응책 등 각종 자료를 알기 쉽게 정리하여 수록하였다. 교섭 당시의 국제 정세는 물론, 교섭에 영향을 미친 외부적 요소, 즉 미국의 관여 기록 등도 함께 담았다. 제3차 한일회담 결렬의 빌미가 되었던 구보타 간이치로(久保田貫一郎) 대표의 '역청구권' 주장과 '식민지 시혜론' 망언에 대해 한국 대표단이 어떻게 대응했는지, 파국으로 치닫던 교섭이 어떤 과정을 거쳐 타협에 이르게 되었는지, 논란의 중심에 놓였던 '김종필-오히라 메모'의 내용은 구체적으로 무엇이었고 어떠한 배경과 의미 속에서 작성되었는지 등 독자들은 이 자료집을 통해 역사 속에 파편처럼 흩어져 있는 주요 사건의 실체와 내막을 직접 확인할 수 있다. 이와 함께 현재까지도 최대 쟁점으로 남아 있는 청구권자금의 성격 규정 문제에 대해서도 입체적인 해석의 단초를 발견할 수 있다. 박정희 정권에게 청구권자금은 어떠한 의미였는지, 일본의 이케다 하야토(池田勇人), 사토 에이사쿠(佐藤栄作) 정권이 한일회담 말미까지 '청구권'이라는 용어 사용을 철저히 회피하고 '경제협력'을 주장한 이유는 무엇인지, 양국의 내부 문서가 각각 그들의 논리와 전략을 명확히 보여준다.

청구권 문제 교섭에서 신생 독립국이었던 한국 협상단은 시종일관 도덕적 우위와 인내심을 가지고 일본을 설득하려 했으며. 일본은 법리 논쟁을 통해 한국의 청구 범위를 최소화하는 데 집중했다. 협상자들의 발언과 주장에는 양국이 처한 현실을 바탕으로 국가의 미래를 염두에 둔 전략이 집약되어 있었다. 이러한 양국 대표단의 태도와 발언 내용도 이 자료집을 통해 확인할 수 있다.

현재의 한일 관계에서 청구권 문제를 비롯한 과거사 현안은 양국 관계를 불안정하게 만드는 요소다. 이 자료집은 이러한 현실 속에서 단순히 과거의 기록이라는 일차원적인 기능을 넘어, 과거를 성찰하고 현재를 직시하며 미래를 예견하기 위한 다차원적인 도구로 기능하고자 한다. 이 자료집은 '약속 위반'이나 '역사 왜곡'과 같은 단순한 정치적 구호를 넘어, 1965년 협정을 맺기까지 이를 둘러싼 첨예한 대립과 복잡한 계산, 그리고 고뇌에 찬 타협의 실체를 있는 그대로 보여준다. 우리는 이 기록을 통해

'그렇게 합의되었기를 바라는' 역사가 아니라 '실제로 무엇이 합의되었고 무엇이 미해결로 남았는지'를 바라보아야 한다. 지난 수십 년간 비공개로 묶여 있던 외교문서가 공개되면서 우리의 이해는 더욱 깊고 정교해졌다. 이 자료집은 지적 탐구의 연장선에서 보다 포괄적이고 체계적인 사료를 제공함으로써 논의의 수준을 한 단계 끌어올리는 것을 목표로 한다.

미래지향적 한일 관계는 과거에 대한 상호 배타적 해석 위에 세워질 수 없다. 그것이 고통스럽고 지난한 과정일지라도, 분쟁의 기원에 대해 증거에 기반한 공동의 이해를 모색하는 노력 위에서만 가능하다. 이 자료집은 정치적 편의가 아니라, 기록 그 자체에만 기반한 새로운 대화의 시작을 제안한다. 역사의 진실을 마주할 용기, 그리고 그 토대 위에서 새로운 관계를 모색하려는 의지를 가진 모든 이들에게 이 자료집이 귀중한 길잡이가 되기를 희망한다. 이 자료집이 학계와 시민사회, 정책 현장에서 두루 활용되어, 한국과 일본이 과거를 넘어 미래로 나아가는 길에 의미 있는 마중물이 되기를 기대한다.

마지막으로, 이 자료집이 발간되기까지 노고를 아끼지 않으신 유의상 전 외교부 대사(현 광운대학교 겸임교수)께 깊은 사의를 표한다. 유 대사는 이 자료집의 자료 정리부터 해제, 번역 및 감수에 이르기까지 전 과정을 혼자서 묵묵히 수행해 내셨다. 아울러 발간을 흔쾌히 허락해 주신 박지향 이사장님께도 감사의 말씀을 드린다.

2025년 가을

조윤수

차 례

청구권 문제 교섭에 임하는 양국의 입장 및 기본 방침

일러두기

이 자료집의 원문과 구성 원칙은 다음과 같다.

· 원문은 2005년 외교부에서 공개한 한일회담 외교문서이며, 동북아역사넷(contents.nahf.or.kr) 및 외교부 외교사료관, 국회도서관, 국가기록원에서 확인할 수 있다.
· 이 자료집은 공개된 문서 중 사료 가치가 크지 않은 일부 문서를 제외한 대부분의 문서를 수록하였다.
· 이 자료집에 수록된 문서의 문서명에 '전문', '공문', '내부 재가 문서', '훈령안', '보고서' 등을 첨기하여 문서의 종류를 구분할 수 있도록 하였다.
· 원문과 비교할 수 있도록 본문 왼쪽에 마이크로필름 프레임 번호를 제시하였다.
· 내용은 원문대로 표기하는 것을 원칙으로 하였다.
· 원문에는 없지만 편집 과정에서 추가한 내용은 [ ]로 처리하였다.
· 원문 상태가 좋지 않아 판독이 어려운 일부 단어는 □로 표기하였다.
· 이 자료집에 수록된 일본어 및 영어 사료는 감수자가 번역한 한글 번역본을 함께 수록하였다.

가독성을 고려하여 다음과 같이 수정하였다.

· 띄어쓰기와 맞춤법은 국립국어원 표준어 규정에 맞추었다.
· 원문의 명백한 오기 및 현대어 문법에 맞지 않는 단어는 일부 바로잡았다.
· 한자는 한글로 표기하되, 필요한 경우 원문을 병기하였다.
· 한자식 고어 일부와 고유명사는 현대어로 수정하였다.
· 『 』와 「 」는 서명, 신문·잡지명, 문서, 조약, 법령, 안을 제외하고 큰따옴표, 작은따옴표로 수정하였다.
· 문서의 제목과 번호, 날짜 위치는 문서의 유형에 따라 임의로 왼쪽, 오른쪽, 또는 중앙으로 편집하여 정렬하였다.

외래어 표기는 다음과 같은 규정을 적용하였다.

· 일본어 고유명사(인명, 지명 등)는 일본어 독음으로 표기하고 [ ]에 원문을 병기하였다.
· 고유명사와 보통명사가 결합된 일본어는 고유명사만 일본어 독음으로 표기하였다.
· 인명, 지명, 국명 중 주요한 것은 국립국어원 외래어 규정에 맞춰 표기하였다.

청구권 문제 교섭의 시작 배경과 양국의 교섭 준비

일본의 식민 지배에서 벗어나 1948년 8월 15일 새로이 출범한 한국 정부는, 제2차 세계대전 패전국 일본에 대한 국제사회의 전후 처리 과정에 참여하여 식민 지배로 야기된 피해배상 문제를 해결하고자 하였다. 이즈음 작성된 자료가 『대일배상요구조서』[1]다. 그러나 한국 측은 전후 처리 논의 과정에서 배제(샌프란시스코 대일강화조약 서명국 참가 무산)되면서 이러한 계획에 차질이 생기자, 일본과의 양자 회담을 통한 문제 해결을 추진하게 되었다. 한국 측의 요구로 대일강화조약에 삽입된 제4조 a)항(일본과 일본의 전 식민지였던 지역 간의 청구권 등에 관한 문제 해결방안을 명기한 조항)이 한일 양자 회담 개최 추진의 근거가 되었다. 일본 정부는 처음에는 한국과의 회담에 소극적이었지만, 미국의 설득과 함께 자신들이 안고 있는 재일한인 문제를 해결할 필요에 따라 회담 개최에 응하였다. 그리하여 미국 측의 주선으로 한일 양국 간에 1951년 10월 20일 예비회담이 개최되면서 한일회담이 시작되었다.

당시 한국은 신생 독립국으로서 정부 내 외교 인프라(인적·물적 자원 등)가 열악한 데다 6·25전쟁을 치르느라 일본과의 회담을 위해 충분한 준비를 할 수 있는 상황이 아니었다. 그러한 상황에서도 이승만 대통령은 한일회담 개최가 유력해지자 1951년 7월 28일부터 9월 초순까지 유진오 고려대학교 총장과 임송본 조선식산(朝鮮殖産)은행장을 주일 대표부에 법률고문과 경제고문 자격으로 파견하여 식민 지배 피해배상 문제 등에 관한 일본 측 동향을 파악하도록 하였다. 이와 함께 한국 정부는 일본에 반환 또는 배상을 요구하기 위한 각종 자료를 수집·정리하였다. 회담 개최 전에 작성되어 한국 측 교섭전략 수립의 근간이 된 자료로는, 유진오 박사의 「일본 출장보고서」

---

1 『대일배상요구조서』는 1949년 3월 15일 '현물' 반환 요구 내용이 담긴 제1부가 작성되었고, 이어 그해 9월 1일 '확정채권'(제2부), '중일전쟁 및 태평양전에 기인한 인적·물적 피해'(제3부), '일본 정부 저가 수탈에 의한 피해'(제4부)가 담긴 속편이 작성되었다. 1954년 8월 15일 이 두 권을 합본한 『대일배상요구조서』가 다시금 간행되었다. 동북아역사재단은 가독성이 떨어지는 이 『대일배상요구조서』를 새롭게 정리하고 설명을 추가하여 2021년 6월 한일회담 자료총서 1권으로 발간하였다.

(1951. 9. 10)와 임송본 식산은행장의「대일회담 재산권 및 청구권 문제」가 남아 있다. 주일한국대표부가 본국 정부에 보고한「대일강화조약에 관한 기본 태도와 그 법적 근거」(대일강화조약과 관련한 한국 측의 대응 방안 검토를 위해 1950년 10월에 작성되었으나, 일본과의 양자 회담으로 방향이 전환되자 그와 관련된 내용이 추가됨)도 회담 준비 과정에서 중요한 참고자료가 되었을 것으로 추정된다.

한편, 일본은 패전 후 연합국과의 전후 처리 문제 논의 과정에서 배상과 관련하여 축적된 국제법 지식 등을 동원해 한국과의 회담에 대비하였다. 한국 측으로부터 480억 엔 정도(1945년 8월 9일 가액)에 이르는 막대한 배상 요구가 있을 것으로 예상한 일본 측은, 특히 대일강화조약 제4조 b)항 및 주한 미군정 법령 제33호(vesting decree)에 관한 연구를 통해 한국에 남기고 온 일본재산에 대한 청구권 주장으로 한국의 대일배상요구(한일회담이 시작되면서 '청구권'으로 변용됨)를 상쇄시키는 방안 등을 집중적으로 연구하였다.

법령/조약	한국 외교문서	일본 외교문서
1. 주한 미군정 법령 제33호, 1945. 12. 6	4. 대일배상요구조서, 1949	8. 1560, 첫 번째 문서, 할양지역에 있는 양도국의 재산, 권리, 이익의 취급에 관하여(割譲地域にある譲渡国の財産, 権利,利益の取扱について), 1948. 5. 25
2. 한미 간 재정 및 재산에 관한 최초 협정, 1948. 9. 11	5. 76, 한일회담 예비회담(1951. 10. 20-12. 4) 자료집: 대일 강화조약에 관한 기본 태도와 그 법적 근거, 1950	9. 1560, 두 번째 문서, 재외재산 및 해외 부채의 처리에 관한 원칙(在外財産並に渉外 負債の処理に関する原則), 1949. 3. 10
3. 샌프란시스코 대일강화조약, 1951. 9. 4	6. 77, 한일회담 예비회담 본회의 회의록, 1. 주일대표부 유진오 법률고문의 일본 출장 보고서, 1951. 9. 10	10. 1562, 평화조약 제4조에 관하여(平和条約第4条について)(上, 下) (未定稿), 1951. 9

법령/조약	한국 외교문서	일본 외교문서
	7. 87, 제1차 한일회담: 청구권 관계자료, 7-2, 대일회담 재산권 및 청구권 문제(임송본)	11. 1626, 일한 교섭에 관한 자료(日韓交渉に関する資料), 1951. 10. 18. 세 번째 문서 일한 교섭에 있어서 국적 문제 이외에 의제가 될 수 있는 것으로 예상되는 제반 안건(日韓交渉において国籍問題以外に議題となり得ることを予想される諸案件)
		12. 1563, 일한 특별 협정 대상이 되는 일본재산 및 청구권에 관하여(日韓特別取極対象となる日本財産及び請求権について), 1951. 12. 3
		13. 536, 재산, 청구권 처리에 관한 건(財産, 請求権処理に関する件), 1951. 12. 11
		14. 1567, 첫 번째 문서, 평화조약 제4조 (b)항과 재조선 구일본재산과의 관계(平和条約第4条(b)項と在朝鮮旧日本財産との関係), 1951. 2. 6
		15. 1567, 두 번째 문서, 제2조에 의한 분리지역에 있어서의 청구권의 처리 방법(第2条による分離地域に係る請求権の処理方法), 1952. 2. 7
		16. 1565, 첫 번째 문서, 재한일본재산에 관한 베스팅 디크리의 효력에 관하여(在韓日本財産に関するvesting decreeの效力について), 1952. 2
		17. 565, 두 번째 문서, 적산관리와 사유재산 존중에 관하여(敵産管理と私有財産尊重について), 1952. 2. 15
		18. 1565, 세 번째 문서, 베스팅 디크리의 법적 성격에 관하여(ヴェスティング·デクリーの法的性質について)
		19. 1565, 네 번째 문서, 베스팅 디크리에 관한 다카야나기 교수의 소견에 관하여(ヴェスティング·デクリーに関する高柳教授の所見について), 1952. 2. 12
		20. 1565, 다섯 번째 문서, 다카야나기 교수의 '조선에 있는 일본자산에 관한 의견' 요지(高柳教授の「朝鮮における日本資産に就いての意見」要旨), 1952. 2. 18

1. 주한 미군정 법령 제33호, 1945. 12. 6, 국문·영문본
한국 외교문서 85, 한국 선박 반환 관계, 1948-52

1945년 12월 6일 주한 미군정청이 공포한 법령 제33호다.

1945년 9월 6일부터 남한에 진주하기 시작한 미군이 남한 사회의 혼란을 수습하기 위하여 가장 먼저 취한 조치가 9월 25일 자 군정법령 제2호(재산 이전 금지)를 통한 남한 소재 일본의 국·공유 재산 동결이었다. 이어 미군정청은 12월 6일 법령 제33호(조선 내 소재 일본인 재산권 취득에 관한 건)의 공포를 통해 1945년 8월 9일 이후 남한(미군정청의 권한이 미치는 지역) 내에 있는 일본의 국·공유 및 개인 사유재산을 포함한 모든 재산을 9월 25일 자로 미군정청에 귀속시켜(vested in) 소유(owned by)한다고 선언하였다.

이후 미군 측은 1948년 9월 11일 대한민국 정부와 '재정 및 재산에 관한 최초 협정'을 체결하여 미국이 귀속시킨 일본재산을 한국 정부에 이양하였다.

일본 정부는 한일회담이 시작되고 양국 간에 청구권 문제에 관한 협의가 시작되자 군정법령 제33호에 의한 미군의 일본재산 귀속이 적법하였는지(특히 사유재산), 귀속의 시점(1945년 8월 9일)이 적절하였는지 등에 관하여 문제를 제기하면서 한국 측과 치열한 법리 논쟁을 전개하였다.

在朝鮮美國陸軍司令部軍政廳

法令第三十三號

朝鮮內所在日本人財產權取得에關한件

第一條 法令第二號는官報에公布치않음、玆에全然發令하지않는거와如히無效로함.

第二條 一九四五年八月九日以後日本政府、其의機關또는其國民、會社、團体、組合、其政府의其他機關或은其政府가組織또는取締한團体가直接間接으로或은全部又는一部를所有또는管理하는金、銀、白金、通貨、證券、銀行勘定、債券、有価證券또는本軍政廳의管轄內에存在하는其他全種類의財產及其收入에对한所有權은一九四五年九月二十五日附로

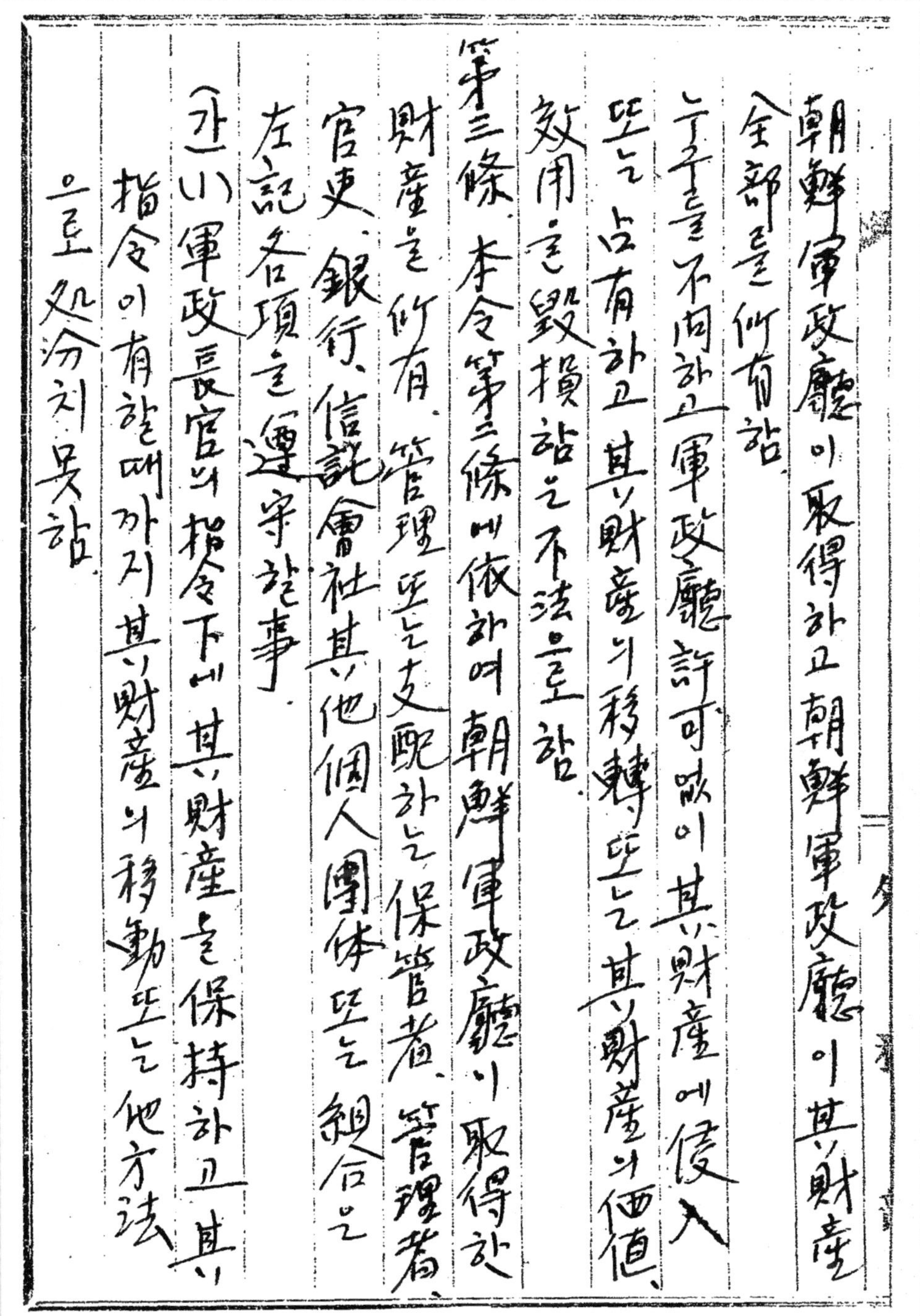
朝鮮軍政廳이 取得하고 朝鮮軍政廳이 其財產
全部를 所有함
누구든 不問하고 軍政廳 許可없이 其財產에 侵入
또는 占有하고 其財產의 移轉 또는 其財產의 価值,
效用을 毁損함은 不法으로 함.
第三條. 本令 第二條에 依하여 朝鮮軍政廳이 取得한
財產을 所有, 管理 또는 支配하는, 保管者, 管理者,
官吏, 銀行, 信託會社 其他 個人 團体 또는 組合은
左記 各項을 遵守할 事.
(가) (1) 軍政長官의 指令下에 其財產을 保持하고 其
指令이 有할 때까지 其財產의 移動 또는 他方法
으로 処分치 못함.

(2) 其財産을保存、維持、守護하고 其財産의價値와效用을毀損하는行爲를防止할事.

(3) 正確한記錄과會計帳簿를維持할事.

(나) 軍政長官의指示가有할때는其指示에따라

(1) 前記財産에關하야要求된資料와一九四五年八月九日以後其財産에關聯한全收入또는支出을記述한報告書를提出할事

(2) 其財産의保管、管理權과모든帳簿、記錄、會計書類를引渡할事.

(3) 財産과모든收入또는收益金을決算할事

第四條 本令의條規、此令에依하야發令한許可또는規定에違反한者는裁判所의判決에依하야處罰함.

第五條 本令은 官報에 公布와 同時에 有效함.

一九四五年 十二月 六日

在朝鮮美國陸軍司令官의 指令에 依하야

朝鮮軍政長官

美國陸軍少將 에 에 아ㅡ놀드

HEADQUARTERS
UNITED STATES ARMY FORCES IN KOREA
Office of the Military Government
Seoul, Korea

ORDINABCE
NUMBER 33

6 December 1945

VESTING TITLE TO JAPANESE PROPERTY WITHIN KOREA

Section 1. Ordinance Numger 31 having never been published in the Official Gazette is hereby declared null and void as thought it were never issued.

Section 2. The title to all gold, silver, platinum, currency, securities accounts in financial institutions, credits, valuable papers and any other property located within the jurisdiction of this Command, of any type a nd description, and the proceeds therof, owned or controlled, directly or indirectly, in whole or part, on or since 9 August 1945, by the Government of Japan, or any agency thereof, or by any of it's nationals, corporations, societies, associations, or any other organizations of such Government or incorporated or regulated by it is hereby vested in the Military Government of Korea as of 25 September 1945, and all such property is owned by the Military Government of Korea. It is illegal for any person, without the authority of the Military Government of Korea, to enter upon or take possession of any such property, remove any part of such property, or injure or impair the value or utillity of any such property.

Section 3. All cutodians, curators, officials, banks, trust companies and all other individuals, organizations of associations having possession custody, or control of property vested in the Military Government of Korea by Section 2 of this Ordinance are required;

a. (1) To hold the same, subject to the direction of the Military Governor, and pending such direction not to transfer or otherwise dispose of the same.

(2) To preserve, maintain and safeguard and to prevent any action which will impair the value or utility of such property.

(3) To maintain accurate records and accounts.

b. When and as directed by the Military Governor;

(1) File reports furnishing such data as may be required with respect to such property and all receipts and expenditures in connection therewith on or after 9 August 1945.

(2) Deliver custody and control of such property and all books, records and accounts; and

(3) Account for the property and all income and proceeds.

SECTION 4. Any person violating the provisions of this Ordinance or of any license or order issued thereunder shall, upon conviction by a Military Occration Court, suffer such punishment as the court shall determine.

SECTION 5. This Ordinance is eefective upon publicstion in the official Gazette.

BY DIRECTION OF THE COMMADING GENERAL
UNITED STATES ARMY FORCES IN KOREA

A. V. ARNOLD
Major General United States
Army Military Governor of Korea

2. 한미 간 재정 및 재산에 관한 최초 협정, 1948. 9. 11

미군이 1945년 9월 25일 자로 미군정청에 귀속시킨 남한 소재 일본재산을 한국 정부에 이양하기 위하여 1948년 9월 11일 체결하고 동년 9월 20일 발효한 협정이다. 이 협정 가운데 재산 이양을 규정한 제5조는 다음과 같다.

> 대한민국 정부는 재조선 미군정청이 법령 제33호에 의하여 귀속된 일본인 공유 또는 사유재산에 대하여 군정청이 이미 행한 처분을 승인, 인준한다. 본 협정의 제1조 및 제9조에 의해 미국 정부에 의한 재산의 취득과 사용에 관한 유보 건을 제외하고는 현재까지 불하하지 않은 귀속재산 및 귀속재산의 임대차 및 불하에 의한 순 수입금의 소비되지 않은 금액은 일체의 수취 감정 및 매매계약과 더불어 그것을 대한민국 정부에 이양한다.[2]

이 협정에 따라 애초 군정청에 귀속되었던 구 일본재산의 90%(당시 한국은행 자료에 의하면 사업체 2,203건, 부동산 28만 7,555건, 기타 2,151건 등 합계 29만 1,909건)가 한국 정부에 이관되었다.[3] 그러나 위 협정 제5조의 "본 협정의 제1조 및 제9조에 의해 미국 정부에 의한 재산의 취득과 사용에 관한 유보 건을 제외"한다는 규정으로 일부 재산(반도호텔, 신당동, 정동 미대사관저, 용산 미8군 기지 등)은 그대로 미군 소유로 남게 되었다. 한국 정부는 1949년 11월 19일 제정된 '귀속재산처리법'(법률 제74호)에 따라 이양된 재산을 처리하였다.

---

2 국가기록원, 「대한민국과 미합중국 간의 재정 및 재산에 관한 최초 협정」.

3 나가노 신이치로(永野愼一郎), 『상호의존의 한일 경제 관계』, 서울: 이른아침, 2009, 154쪽.

1948년 9월 11일 서울에서 서명

1948년 9월 20일 발효

대한민국 정부 및 미국 정부 간의 재정 및 재산에 관한 최초 협정[4]

서문

대한민국 정부 급(及) 미국 정부는 대한민국 대통령이 재한 미국 육군사령관에게 발송한 1948년 8월 9일의 통첩 급(及) 재한 미국 육군사령관이 대한민국 대통령에게 발송한 1948년 8월 11일의 통첩에 감하여, 또는 대한민국 정부 급(及) 미국 정부 간에 재정 급(及) 재산에 관한 최초 협정의 체결을 요함에 감하여 하기 서명인은 해 목적으로 각자 정부가 부여한 권한에 의하여 좌와 여(如)히 협정함.

제1조

미국 정부는 좌기 재산에 대하여 미국이 보유하였던 일절의 권리 명의 급(及) 이익을 자(玆)에 대한민국 정부에 이양함. 우에 좌기 재산이라 함은 지방세무서 부동산 대장 급(及) 도면 또는 법원 부동산등기부에 국유재산으로 기재된 바 재조선 미군정청 급(及) 남조선 과도정부의 일절 재산, 해(該) 재산에 가한 일절의 개량, 일절의 현금 급(及) 은행예금, 또는 현재까지 미국 정부가 한국경제에 제공한 일절의 구조물자 급(及) 재건물자를 포함하여, 남조선 과도정부 각 부처급(及) 대행기관이 보유한 일절의 설비, 물자 급(及) 기타 재산을 지칭함. 미국 정부가 조선 국방경비대, 경찰 우(又)는 해안경비대에 제공한 군용재산은 시시로 미국 정부가 재한 미국 대표에게 이양권을 부여하는 대로 차(此)를 대한민국 정부에 이양함. 여사한 군용재산의 이양은 미국 국무성 해외물자청산위원회를 통하여 차(此)를 행하며 차(此) 이양은 미국 국무성 해외물자청산위원회 급(及) 대한민국 정부 간에 체결된 별도의 협정에 의하여 차(此)를 행함. 대한민국 정부는 재한 미국 육군이 철퇴 기간 중에 사용할 목적으로 보유하거나, 우(又)는 관리하는 재산은 해(該) 철퇴 기간 중 미국 정부로 하여금 차(此)를 사용하

---

4 외교부 조약정보시스템(https://treatyweb.mofa.go.kr/usr.main.main.do)

게 하며 미국 정부에 부담없이 차(此)를 보존할 것을 협약함. 대한민국 정부는 부록 갑에 특기한 재산을 미국 정부로 하여금 임시로 무상 차용하게 할 것을 협약하며, 동시에 대한민국 정부는 해(該) 재산의 수선 급(及) 보존에 요하는 일절 비용을 한국통화로 부담할 것을 협약함. 대한민국 정부는 남조선 과도정부가 조선은행에서 인출한 당좌대월금에 대한 일절 책임, 재조선 미군정청, 그 대행기관 급(及) 남조선 과도정부가 보증한 대부 하의 채무, 또는 재조선 미군정청 급(及) 남조선 과도정부가 부담한 기타 일절의 채무를, 현재 급(及) 미래의 일절 소청 건에 대한 책임까지 포함하여, 자(玆)에 미국 정부로부터 인수하며 미국 정부로 하여금 그 책임을 면케 함.
본 항은 대한민국 정부 급(及) 미국 정부 간에, 대한민국 정부의 원조에 관한 협정이 유효하게 될 때까지 차(此)를 시행함. 현재 재고 중인 구조재건물자 우(又)는 금후 수취할 구조재건물자를 미국 정부가 대한민국 정부에 이양하는 범위 내에서 여사한 이양은 점차로 질서 있게 차(此)를 행하며, 대한민국 정부는 미국 공급물자의 접수, 할당, 배급 우(又) 회계에 대한 책임을 인수함. 재조선 미군정청 우(又)는 남조선 과도정부가 불하한 구조재건물자의 원화 순매상금 급(及) 수취 계정은 차(此)를 대한민국 정부에 이양함. 대한민국 정부는 여사한 매상금을 조선은행의 특별 당좌에 대한민국 정부 명의로 예금하기로 협약함. 대한민국 정부는 미국 정부가 대한민국 정부에 이양한 구조재건물자 우(又)는 금후에 이양할 구조재건물자의 일절 불하에 의한 매상금을 본 특별 당좌에 예금하기로 협약함. 해당 좌에서의 지출은, 대한민국 정부 우(又)는 재한 미국 최고 대표 간에 동의한 목적을 위한 경우에 한함.

미 국무성 해외물자청산위원회에서, 과잉 재산으로 인정하여, 현재까지 한국경제에 제공한 재산의 불하에 의한 한국 원화 순매상금 급(及) 수취 계정은 자(玆)에 차(此)를 대한민국 정부에 이양함.

제2조

미국 정부는 1945년 9월 9일부터 본 협정 유효기간까지의 기간에, 한국 민간경제를 위하여, 일본으로부터 수입한 일절의 물자와 해(該) 기간 중 일본에 수출한 한국 물자와의 차액에 관하여 청산을 완료할 것을 협약함.

제3조

미국 정부는 1945년 8월 9일 이후 독일 우(又)는 독일인, 독일회사, 조합, 협회 우(又)는 기타 독일단체가, 직접 우(又)는 간접으로, 전체적 우(又)는 부분적으로 소유 우(又)는 관리하였던 재한국재산을 자(玆)에 미국 정부 관하로부터 대한민국 정부 관하로 이관함. 대한민국 정부는 미국이 불란서공화국 급(及) 영국과 협의하여 결정하는 대로, 재한국 독일재산의 이관을 촉진하기에 필요한 일절 수단을 취할 것을 협약함.

제4조

미국 정부는 재조선 미군정청이 현재 소유 보관하고 있는 조선환금은행 주식을 해(該) 은행의 전자산 급(及) 채무와 함께, 자(玆)에 대한민국 정부에 양도함. 미국 정부는 현재 해(該) 은행에 남조선 과도정부의 채권이 되어 있는 외국 환금의 순차인 잔고를 자(玆)에 대한민국 정부에 이양함.

단, 해(該) 금액은 재한 미국 정부 최고대표와 협의하여 동의한 후에야, 차(此)를 할당 우(又)는 사용함을 득함. 현행 외국환 금관리는, 대한민국 정부 급(及) 미국 정부 간에 다시 협정이 있을 때까지 차(此)를 대한민국 정부가 담당함.

제5조

대한민국 정부는, 재조선 미군정청 법령 제33호에 의하여 귀속된 전 일본인 공유 우(又)는 사유재산에 대하여, 재조선 미군정청이 이미 행한 처분을 승인하고 비준함. 본 협정 제1조 급(及) 제9조에 의하여 미국 정부가 취득 우(又)는 사용할 재산에 관한 보류 건을 제외하고는, 현재까지 불하치 않은 귀속재산, 귀속재산의 임대차 급(及) 불하에 의한 순수 입금의 소비되지 않은 금액은, 일절의 수취계정 급(及) 매매 계약과 함께, 차(此)를 좌와 여(如)히 대한민국 정부에 이양함.

(가) 일절의 현금, 은행예금 우(又)는 기타 유동 재산은 자(玆)에, 본 협정 유효기일부로 차(此)를 이양함.

(나) 기타 일절의 이양할 귀속재산, 일절의 입수 가능한 재산목록, 도면, 증서 우(又)는 기타 소유증은 대차대조표, 운영명세표 급(及) 기타 귀속재산에 관한 재정 기록에

의하여 확증되는 대로 질서 있는 이양이 가능한 한, 가급적 속히, 차(此)를 대한민국 정부에 점차로 이양함. 대한민국 정부는 한국 국민의 복리를 위하여 좌기 재산을 접수 급(及) 관리할 별개의 정부기관을 설치하기로 협약함.

우에 좌기 재산이라 함은 법령 제33호에 의하여 현재까지 귀속되어, 본 조 규정하에 대한민국 정부에 이양되는 재산 또는 금후에 이양될 재산을 지칭함.
대한민국 정부는 일본과 대전한 국가의 국민이, 본 조에 의하여 대한민국 정부에 이양된 한국 내 전 일본인 재산상에 유하는 직접 우(又)는 간접의 권리 급(及) 이익을 존중, 보전 급(及) 보호하되, 단 여사한 권리 급(及) 이익은 법령 제33호 유효기일 전에 선의 이전에 의하여 합법적으로 취득된 것임을 요함.

대한민국 정부는, 본 조에 언급한 재산의 귀속, 관리 급(及) 처분에 관하여 발생한, 일절의 현재 급(及) 미래의 청구권에 대한 책임을 포함하여, 차(此)에 인한 일절의 책임을 자(玆)에 미국으로부터 인수하며, 미국은 그 책임을 면함.

제6조
전시 규정하에 일본 정부가 압수, 몰수, 우(又)는 가차압한 재한국 연합국 국민재산 급(及) 일본 정부가 적산으로 취급한 기타 인의 재한국재산으로서, 제5조 규정하에 대한민국 정부에 이양되는 재산은, 정당한 소유자가 적당한 기간 내에 반환을 청구하므로 해(該) 소유자에게 반환할 시까지 대한민국 정부가 차(此)를 보호 급(及) 보존함. 대한민국 정부는 소유자 급(及) 대한민국 정부 간의 상호 협정에 의하여, 별도 처리를 정치 않은 한, 소유자를 증명할 수 있는 일절의 재산을 반환하기로 공약함.

대한민국 정부는 재조선 미군정청이 수립한 정책을 계승하여 명기 재산이 해(該) 소유자의 관리하에 있지 아니한 기간 중에, 해(該) 재산에 발생한 손해 우(又)는 상실에 대한 배상을 소유자에게 지불할 것을 공약하되, 그 범위는 일본제국 정부, 그 대행기관 우(又)는 그 국민이 전쟁 목적으로 압수, 몰수, 우(又)는 가차압한 한인 재산에 발생한 손해 우(又)는 상실에 대하여, 대한민국 정부가 지불하는 배상과 동 정도임을 요함. 대한민국 정부는 본 협정 유효기일 전, 본 조에 언급한 재산의 행정에 의하여 발생한 일절 청구권에 대한 책임을 미국 정부로부터 자(玆)에 인수하며, 미국 정부는 그 책임을 면함.

제7조

대한민국 급(及) 미국 정부는, 1945년 9월 9일부터, 본 협정 유효기일까지에 한국경제를 위하여 제공된 전력에 대하여, 재한국 소련 당국에게 지불할 미불 채무의 만족한 청산을 주선함에 있어서, 협력할 것을 협약함.

미국 정부는, 언제나 미불 채무의 공정한 대가에 관하여 소련 급(及) 미국당국의 대표자 간에 합의가 성립되면 해(該) 채무를 청산하기로 협약함.

제8조

미국 정부는, 1945년 9월 9일부터 1948년 6월 30일까지의 기간 중 한국경제로부터 재조선 미국 육군에 제공한 일절의 물자, 봉사 급(及) 설비에 대하여, 공정한 미화 대가를 재조선 미군정청을 통하여 한국에 변상하였고, 해(該) 기간 중, 재조선 미국 육군이 한국에 주둔한 결과로 대한민국 정부, 그 국민 우(又)는 기타 개인 급(及) 단체가, 미국 정부, 그 직원 우(又)는 대행기관을 상대로 제기한 우(又)는 금후에 제기할 각종 각양의 청구권에 대하여, 공정한 미화 대가를 재조선 미군정청을 통하여 한국에 변상하였음.

대한민국 정부는, 전기 기간 중 재조선 미국 육군이 사용하거나 우(又)는 제공받은 일절의 물자 급(及) 봉사에 대하여 또는 1945년 9월 9일부터 1948년 6월 30일까지의 기간 중 미국 육군이 한국에 주둔한 결과로 대한민국 정부, 그 대행 기관, 그 국민, 우(又)는 기타 개인 급(及) 단체가 미국 정부, 그 직원, 우(又)는 대행 기관을 상대로 제기한 우(又)는 금후에 제기할 각종각양의 소송 건에 대하여, 전기 지불이 완전 차 충족한 최종 청산을 구성한 것으로 협약함. 대한민국 정부는 1948년 7월 1일 전의 기한 중, 재조선 미국 육군이 한국에 주둔한 결과로 발생하는 각종각양의 청구권에 대한 책임을 미국 정부, 그 직원, 대행 기관, 국민 우(又)는 기타 개인 급(及) 단체로부터 인수하여 후자로 하여금, 그 책임을 면케할 것을 협약함. 대한민국 정부는, 한국에 대한 전기지불이 수행된 것을 규정한 협정을 자(玆)에 승인 차 비준함.

대한민국 정부는 '재조선 미군정청 운용자금'이라 칭하는 조선은행 대월 당좌에서 사용한 자금에 대하여, 일절 채무를 미국 정부로부터 인수하여, 미국 정부로 하여금 그 책임을 면케 함. 대한민국 정부는, 재한미국 육군사령관이 현재 '재조선 미군정청 운용자금 기이'라 칭하는 조선은행 대월 당좌에서 원화를 계속 인출할 것을 협약하며, 동시에 미국 정부는 한국경제로부터 취득한 일절의 물자 급(及) 봉사 또는 해당 좌에서 인출한 원화에 대하여 공정한 미화 대가를 미화 우(又)는 기타 미국 재물로써 지불하기로 자(玆)에 협약함.

제9조

(가) 대한민국 정부는 미국 정부가 미국 국무성 해외물자청산위원회 급(及) 재조선 미군정청을 통하여 현재까지 한국경제에 제공한 재산 급(及) 해(該) 재산의 불하에 의한 원화 순매상금을 받았음으로, 차(此)에 대하여 해(該) 재산의 공정한 대가를, 본 조에 규정한 방법에 의하여, 미국 정부에 지불하기로 협약하되 해(該) 금액은, 2천 5백만 불의 해당액을 초과치 아니함. 단 차(此) 금액은 재조선 미군정청에 해(該) 재산을 이전한 해외물자청산위원회의 기록에 표시된 바와 여(如)함. 해 재산의 공정한 대가 총액의 미불 차액에 대하여는, 1948년 7월 1일부터 년 2-3/8분의 이율로써 이식을 계산하고 매년 7월 1일에 차(此)를 한국통화로 지불할 것이며, 제1차 지불기일은 1949년 7월 1일로 정함.

(나) 미군 정부가 지정한 기일에, 그 지정한 금액으로써, 대한민국 정부는 본 조에 규정한 채무 중에서, 당시 만기된 차액의 전부 우(又)는 일부와, 만기된 미불 이식을, 한국통화로 지불하되, 본 조 (라)항 규정에 의한 재산의 대가를 감하며 미국 정부는 해(該) 채무 중에 수취할 차액을 해(該) 통화의 미화 해당액으로써 대방에 기입함. 미국 정부가 우와 여(如)히 수취한 통화 일절은 본 조 (다)항 규정에 의하여 차(此)를 사용함.

(다) 대한민국 정부 급(及) 미국 정부는 좌와 여(如)히 협약함. 본 조 (나)항에 의하여 미국 정부가 수취할 한국통화 급(及) 본 조가 (가)항에 규정한 이식으로 미국 정부가

수취할 한국통화는 한국 내에서 차(此)를 사용할 것이며, 미국 정부의 한국 내 비용 일절의 지불에 차(此)를 사용함을 득함.

단, 기(其) 비용은 좌에 대한 비용을 포함함.

(1) 양 정부가 상호 협정할 교육안

(2) 동산 우(又)는 부동산, 유체 우(又)는 무체임을 막론하고 미국 정부가 관심을 가진 재한국재산 급(及) 그 첨부물의 취득. 해(該) 재산은 최초에, 본 협정의 보충에 열거한 재산을 포함함.

(라) 대한민국 정부는, 본 조 조건 하에 미국 정부가 상호협정으로써 취득할 수 있는 재산의 소유권을 미국 정부의 요구에 응하여 양도함.

여사한 재산의 소유권을 대한민국 정부가 미국 정부에 양도한 시에는 미국 정부는 해(該) 재산에 대하여 협정한 공정불화가격을 본 조에 의한 대한민국 정부의 채권으로 계산함.

(마) 양 정부 간의 특별협정에 의한 별도 규정이 없는 한, 미국 정부가 대한민국 정부에게 본 조 (나)항 급(及) (라)항에 규정한 대로, 한국통화에 의한 지불 우(又)는 재한국재산의 소유권 양도를 요구하는 경우에, 이상 양자의 총액은 7월 1일 시작하는 단일 회계연도에 있어서 5백만 불의 해당액 급(及) 본 조 (가)항에 규정한 만기 미불 이식을 초과하지 못함.

(바) 본 협정 조건하에 대한민국 정부가 인수한 불화채무에 해당하는 원액은, 대한민국 정부 급(及) 미국 정부 간의 상호 협정에 의하여 차(此)를 계산하되 그 계산은 매 지불 직전에 차(此)를 행함. 경과 여하를 불문하고, 원화 해당액은 매 지불 행위 당시에 제3자가 합법적으로 이용할 수 있는 환전율에 대비하여, 미국 정부에 불리하도록 계산치 못함.

제10조

대한민국 정부는 본 협정 조건하에 미국 정부가 제공한 기구, 물자 급(及) 기타 재산이 재수출 우(又)는 전환을 허치 않기로 차(玆)에 협약함. 단, 미국 정부의 정당한 대표가 여사한 재수출 우(又)는 전환을 인준한 경우에는 차한(此限)에 부재(不在)함.

제11조

대한민국 정부는 재조선 미군정청 우(又)는 남조선 과도정부의 일절의 현행 법률, 법령 급(及) 규칙을 전적으로 계속 시행할 것을 협약함. 단, 대한민국 정부가 차(此)를 폐지 우(又)는 개정하는 시는 차한(此限)에 부재(不在)함.

제12조

상호 간에 만족할 수 있는 친선조약 차한(此限)에 부재(不在)함. 통상조약에 관한 교섭이 있을 때까지 한국에서 현재 합법적으로 향유하는 연합국 국민 급(及) 회사의 권리 급(及) 특전은 차(此)를 존중하고 확인할 것을 협약함.

제13조

본 협정 조건하에 대한민국 정부에 이양되는 회계, 재산 급(及) 운영 설비의 행정적 관리는 본 협정 유효기일부터 30일 이내에 우(又)는 대한민국 정부가 여사한 운영 급(及) 책임을 인수할 준비가 되는대로, 가급적 속히 차(此)를 대한민국 정부 당국에 점차로 질서 있게 이양함. 단, 귀속재산 급(及) 구조재건물자의 행정적 관리는, 본 협정 유효기일부터 90일 이내에 우(又)는 대한민국 정부가 여사한 운영 급(及) 책임을 인수할 준비가 되는 대로 가급적 속히 차(此)를 이양함.

제14조

재한미국 육군이 한국에서 철퇴할 시까지 대한민국 정부 급(及) 미국 정부는 재한미국 육군에 의한 특정 운수, 통신, 기타 설비 급(及) 봉사의 이용에 관하여, 재한미국 육군 급(及) 재조선 미군정청 각부 간에 이미 체결된 일절의 협정에 기속되며 차(此)를 존중할 것을 협약함.

본 협정은 대한민국 국회에서 본 협정에 동의하였다는 것을 미국 정부에 정식으로 통첩함과 동시에 발효함.

1948년 9월 11일 한국 서울에서 한국문 급(及) 영문으로 본서 2통을 작성함.

한국어 본문 급(及) 영어 본문은 동양(同樣)의 효력이 유하나, 상이가 있는 경우에는 영어 본문에 의함.

대한민국 대표 이범석
장택상

미국 대표 John J. Muccio

재정 급(及) 재산에 관한 최초 협정의 보충

북미합중국(이하 '미국'이라 약칭함) 정부 급(及) 대한민국(이하 '한국'이라 약칭함) 정부 간의 본 협정은 본 일부 '재정 급(及) 재산에 관한 최초 협정' 제9조의 보충이며, 한국에 제공한 과잉 재산의 대상이 되는 부동산 양도를 규정함.

기(記)

한국 급(及) 미국 간의 '재정 급(及) 재산에 관한 최초 협정' 제9조에 의하면, 한국은 미국의 요구에 응하여 미국이 관심을 가지는 재한국재산의 소유권을 양도할 것이며,
우(右)에 언급한 협정의 동 조 (라)항에 의하면, 한국은 미국이 원하는 재산을 양 정부 간에 협정된 가격으로 양도할 것을 협약하였으며,
미국은 우(右)에 언급한 협정의 조건하에 양수키 원하는 재산을 이미 선택하였으므로 자(玆)에 좌와 여(如)히 협정함.

(1) 한국은, 본 협정 유효기일부터 60일 전후에 좌기 재산을, 좌기 가격으로 미국에 양도함. 가격은 인정된 평정관 3인이 차(此)를 결정하여 불화로 명시함. 평정관은 한국이 지명한 1인, 미국이 지명한 1인 급(及) 양 평정관이 최초에 선정한 위원장으로 구성됨. 재산은 좌기 재산을 포함하나 차(此)에 국한되지 아니함.

(가) 미군 가족주택 제10호 급(及) 대지 정동 1의 39 1,362평

(나) 러시아인 가옥 제1호 정동 1의 39　720평

(다) 현재 미국영사관 서편 공지 정동 1의 9　1,414평

(라) 현재 미국영사관 남편 공지 서울구락부 재산에 이르기까지 현재 미국영사관 곁으로 통한 도로의 일부 정동 8의 1, 8의 3, 8의 4, 8의 5, 8의 6, 8의 7, 8의 8, 8의 9, 8의 10, 급(及) 8의 17　53,540평

(마) 미군 가족주택 제10호 급(及) 러시아인 가옥 제1호 정동편에 있는 3각 지형 대지 급(及) 기(其) 대지상에 있는 창고 1동 가옥 3동 급(及) 기타 건물 서대문구 정동 1의 39　1,675평

(바) 전 군정청 제2지구 전부 급(及) 기(其) 대지상에 있는, 약 43동의 가옥 급 기타 건물 차(此)는, 차(此) 지역에 있는 식산은행 소유재산 전부를 포함함.

송현동 49의 1 전부. 사간동의 96, 97의 2, 98, 99, 102, 103의 1, 104의 1, 급(及) 104의 2 급(及) 기(其) 대지상의 기타 건물　약 9,915평

(사) 반도호텔 급(及) 기(其) 동편에 연접한 주차장 종로구 을지로 180의 2　1,944평

우 증거로서, 하기 서명인은 각자 정부가 부여한 권한에 의하여 1948년 9월 11일 한국 서울에서 한국문 급(及) 영문으로 본 협정에 서명함.

한국어 본문 급 영어 본문은 동양의 효력이 유하나, 상이가 있는 경우에는 영어 본문에 의함.

대한민국 대표　이범석
　　　　　　　　장택상

미국 대표　John J. Muccio

부록 (갑)

대한민국 정부가 미국 정부로 하여금 임시로 무상 차용케 할 재산은 좌기 재산을 포함하나 차(此)에 국한되지 않음.

(가) 군용지대 제1, 제2 급(及) 제7호 내에 있는 특정 가옥 제1동 급(及) 대지
(나) 각호에 산재한 미인 가족주택 제9호, 제109호, 제143호, 제218호, 제221호 급(及) 미군 숙사 제5호, 제10호 급(及) 제11호.
(다) 반도호텔 월편에 있는 삼정빌딩 9632 급(及) 대지
(라) 미 공보관 급(及) 대지(전 수도청 빌딩)
(마) 제24군단 특무대 지구
(바) 남대문 근처에 있는 제216 보급대용 콘크리트제 식고
(사) 미군 제7사단 지구(서빙고)에 있는 56동의 가옥 급(及) 대지
(아) 중앙청 지구 내에 있는 57동의 가옥
(자) 미군 숙사 제32호(국제호텔) 급(及) 미군 숙사 제24호(수도호텔)
(차) 미군 숙사 제23호(내자아파트)의 3동 건물
(카) 미군 숙사 제38호(프라자호텔)
(타) 영등포 미인 가족주택지대 제1지구의 사용 가옥 8동 급(及) 15동의 아파트

※ 협정에 포함된 한자어의 의미

급(及): 및
우(又)는: 또는
자(玆)에: 이에
차(此)를: 이를
해(該): 당해
여(如)히: 같이
기(其): 그
차한(此限)에 부재(不在)함: 예외로 함

Signed at Seoul September 11, 1948

Entered into force September 20, 1948

Initial Financial and Property Settlement Agreement between the Government of the Republic of Korea and the Government of the United States of America[5]

PREAMBLE

The Government of the Republic of Korea and the Government of the United States of America, in view of the note of August 9, 1948, from the President of the Republic of Korea to the Commanding General, United States Army Forces in Korea, the note of August 11, 1948, from the Commanding General, United States Army Forces in Korea to the President of the Government of the Republic of Korea, and in view of the desirability of concluding an initial financial and property settlement between the Government of the United States of America and the Government of the Republic of Korea, the undersigned, being duly authorized by their respective Governments for that purpose, agree as follows:

Article 1

The Government of the United States of America hereby transfers to the Government of the Republic of Korea all right, title, and interest held by the United States of America to all property classified as national property in the land and buildings ledgers, and map books of the district tax offices and the land and buildings registers of the courts, together with all improvements

---

5 외교부 조약정보시스템(https://treatyweb.mofa.go.kr/usr.main.main.do)

on and additions to such property, all cash and bank deposits of the United States Army Military Government in Korea and of the South Korean Interim Government, all equipment, supplies, and other property held by the departments, offices and agencies of the United States Army Military Government in Korea and of the South Korean Interim Government, including all relief and rehabilitation supplies heretofore furnished to the Korean economy by the Government of the United States of America. Military property of the Government of the United States of America furnished to the Korean Constabulary, Police, or Coast Guard will be transferred to the Government of the Republic of Korea from time to time as authority for such transfer is given by the Government of the United States of America to its representative in Korea. Such transfers of military property shall be accomplished through the Office of the Foreign Liquidation Commissioner of the United States Department of State and in accordance with separate agreements to be entered into between said Foreign Liquidation Commissioner and the Government of the Republic of Korea. The Government of the Republic of Korea agrees that property retained for use by or under the control of the United States Army Forces in Korea during the period of troop withdrawal shall be made available for the use of the Government of the United States of America and maintained without charge to the Government of the United States of America during the period of troop withdrawal. The Government of the Republic of Korea agrees that properties specified in Exhibit A shall be made available for the temporary use of the Government of the United States under free leaseholds, and further agrees that it will bear all costs in Korean currency for the repair and maintenance of such properties. The Government of the Republic of Korea hereby assumes and relieves the Government of the United States of America of all liability for the South Korean Interim Government overdraft account at the. Bank of Chosun, commitments under loans guaranteed by the United States

Army Military Government in Korea, its agencies and instrumentalities, and by the South Korean Interim Government, and all other obligations incurred by the United States Army Military Government in Korea and by the South Korean Interim Government, including present and future claims of every kind and description. This section shall be effective until an agreement comes into effect between the Government of the United States of America and the Government of the Republic of Korea on aid to the Government of the Republic of Korea.
To the extent that relief and rehabilitation supplies still on hand or hereafter received are transferred to the Government of the Republic of Korea by the Government of the United States of America, such transfer shall be made in a progressive and orderly manner, and the Government of the Republic of Korea shall assume responsibility for the receipt, allocation, distribution and accounting for American financed supplies. Net won proceeds and accounts receivable derived from the sales of relief and rehabilitation supplies by the United States Military Government in Korea or by the South Korean Interim Government, shall be turned over to the Government of the Republic of Korea. The Government of the Republic of Korea agrees to deposit these proceeds in a special account in its name in the Bank of Chosun. The Government of the Republic of Korea further agrees to deposit in this special account the proceeds of all sales of relief and rehabilitation supplies which have been or may be transferred by the Government of the United States of America to the Government of the Republic of Korea. Disbursement from this special account will be made only for such purposes as are agreed upon between the senior representative of the Government of the United States of America and the Government of the Republic of Korea.

Net proceeds in Korean currency and accounts receivable derived from sales of certain property declared surplus to the Office of the Foreign Liquidation Commissioner of the United States Department of State and heretofore furnished to the Korean economy are hereby transferred to the Government of the Republic of Korea.

Article 2

The Government of the United States of America agrees to effect settlement for all imports from Japan for the Korean economy delivered between September 9, 1945, and the effective date of this agreement, less the value of Korean exports shipped to Japan during such period.

Article 3

The Government of the United States of America hereby transfers from its custody to the custody of the Government of the Republic of Korea any property in Korea which may have been owned or controlled, directly or indirectly, in whole or in part, on or since August 9, 1945, by Germany; or by any German nationals, corporations, societies, associations, or any other German organization. The Government of the Republic of Korea agrees to take all necessary measures to facilitate such transfers of German assets in Korea as may be determined by the United States of America in consultation with the Republic of France and the United Kingdom of Great Britain and Northern Iceland.

Article 4

The Government of the United States of America hereby transfers to the Government of the Republic of Korea the Korean Foreign Exchange Bank shares presently owned and held by the United States Army Military

Government in Korea, together with all the assets and liabilities of said Bank. The Government of the United States of America hereby transfers to the Government of the Republic of Korea the net residual balances of foreign exchange now standing to the credit of the South Korean Interim Government in said Bank, subject to allocation and use only after consultation with and concurrence of the senior representative in Korea of the Government of the United States of America. Pending further agreement between the Government of the United States of America and the Government of the Republic of Korea, existing foreign exchange controls shall be retained by the Government of the Republic of Korea.

Article 5

The Government of the Republic of Korea recognizes and ratifies such disposition of former Japanese public and private property vested under Ordinance Number 33 of the United States Army Military Government in Korea as has already been effected by the United States Army Military Government in Korea. Except for the reservations in respect to the acquisition and use of property by the Government of the United States of America contained in Articles 1 and 9 of this agreement, the remaining vested but unsold property, the net unexpended proceeds from rentals and sales of vested property, together with all accounts receivable and sales contracts, shall be transferred to the Government of the Republic of Korea in the following way:

a. All cash, bank deposits or other liquid assets are hereby transferred as of the effective date of this agreement;

b. All other vested property that is to be transferred, together will all available inventories, maps, deeds, or other evidences of ownership, will be turned over progressively to the Government of the Republic of Korea, supported by balance sheets, operating statements, and other financial records relating to vested property, as rapidly as an orderly transfer can be effected. The Government of the Republic of Korea agrees to establish a separate governmental agency to receive and administer for the benefit of the Korean people the property, heretofore vested under Ordinance No. 33, which is or will be transferred to the Government of the Republicof Korea under the provisions of this Article.

The Government of the Republic of Korea will respect, preserve and protect the rights and interests, direct or indirect, of nationals of countries at war with Japan, in former Japanese property in Korea acquired by the Government of the Republic of Korea in accordance with this Article provided such rights and interests were legally acquired by bona fide transfer prior to the effective date of Ordinance No. 33. The Government of the Republic of Korea hereby relieves the United States of America of all liability, including all current and future claims arising out of the vesting, administration and disposal of the property referred to in this Article.

Article 6

Property in Korea of United Nations nationals, which was seized, confiscated or sequestered by the Imperial Japanese Government under its wartime regulations, together with property in Korea of other persons which was treated by the Imperial Japanese Government as enemy property, and which is transferred to the Government of the Republic of Korea under the provisions of Article 5, will be protected and preserved by the Government of the Republic of Korea pending its return to its rightful owners, provided such owners request the return of the property within a reasonable period. The Government of the Republic of Korea undertakes to return all such identifiable property, if not otherwise provided for by mutual agreement between the Owner and the Government of the Republic of Korea. Continuing the policy initiated by the United States Army Military Government in Korea, the Government of the Republic of Korea undertakes to compensate the owners for damage or loss to such property during the period that it was not under the control or such owners, to the same degee as compensation is paid by the Government of the Republic of Korea for loss or damage to Korean property seized, confiscated or sequestered for war purposes by the Imperial Japanese Government, its agencies, instrumentalities, or its nationals. The Government of the Republic of Korea hereby relieves the Government of the United States of America from liability for any claim arising out of the administration of property referred to in this Article prior to the effective date of this Agreement.

Article 7

The Government of the Republic of Korea and the Government of the United States of America agree to collaborate in arranging a satisfactory settlement of any unpaid debt owing to the Soviet authorities in Korea for power furnished for the Korean economy from September 9, 1945, to the effective date of this Agreement. The Government of the United States of America further agrees to liquidate this debt, whenever a fair value of the unpaid debt has been agreed upon by the representatives of the Soviet and United States authorities.

Article 8

The Government of the United States of America, through the United States Army Military Government in Korea, has reimbursed Korea at a fair dollar value for all goods, services and facilities provided for and to the United States Army Forces in Korea from the Korean economy for the period from September 9, 1945, through June 30, 1948, inclusive; and for all claims of every kind and description against the Government of the United States of America, its officials, employees, or agencies and instrumentalities, raised or which may be raised by the Government of the Republic of Korea, its nationals, or other individuals and organizations, as a result of the occupation of Korea by the United States rmy Forces in Korea during such period. The Government of the Republic of Korea agrees that this payment constitutes full, final and complete settlement for all goods and services used by or provided to the United States Army Forces in Korea during the aforementioned period, and for all claims of every kind and description against the Government of the United States of America, its officials, employees, or agencies and instrumentalities, raised or which may be raised by the Government of the Republic of Korea, its instrumentalities, nationals, or other individuals or organizations as a result of the occupation of Korea by the United States Army Forces for the period from September 9, 1945, through June 30, 1948. The Government of the Republic of Korea further discharges and agrees to save harmless, the Government of the United States of America, its officials, employees, or agencies and instrumentalities, its nationals or other individuals and organizations, from all claims of every kind and description arising as a result of the occupation of Korea by the United States Army Forces in Korea during the period prior to July 1, 1948. The Government of the Republic of Korea hereby recognizes and ratifies the agreement under which the abovementioned payment to Korea was effected.

The Government of the Republic of Korea also assumes and relieves the Government of the United States of America of all liability for funds used from the overdraft account at the Bank of Chosun entitled 'United States Army

Military Government in Korea Funding Account.' The Government of the Republic of Korea agrees that the Commanding General, United States Army Forces in Korea shall continue to draw won from the overdraft account at the Bank of Chosun presently entitled 'United States Army Military Government in Korea Funding Account No. 2' and the Government of the United States of America hereby agrees to pay to the Government of the Republic of Korea in dollars or other United States assets, the fair dollar value of all goods and services procured in the Korean economy with won drawn from such account.

Article 9

(1) In consideration for certain property heretofore furnished to the Korean economy by the Government of the United States of America through the Office of the Foreign Liquidation Commissioner of the United States Department of State and the United States Army Military Government in Korea, including the net proceeds in Korean currency arising from the sale of such property, the Government of the Republic of Korea agrees to pay to the Government of the United States of America in the manner provided in the terms of this Article, the fair value of said property, not to exceed the equivalent of $25,000,000 as shown on the records of said Foreign Liquidation Commissioner, covering the transfer of such property to the United States Army Military Government in Korea. Interest shall accrue at the rate of 2-3/8 per centum per annum from July 1, 1948, on the unpaid balance of the total fair value of said property, and shall be due and payable in Korean currency on July 1, of each year, the first payment to be made on July 1, 1949.

(2) At such times and in such amounts as shall be specified by the Government of the United of America, the Government of the Republic of Korea shall pay

in Korean currency all or part of the balance then due under the indebtedness set forth in this Article, including interest due and unpaid, if any, less any credits made for property as provided in paragraph 4 of this Article, and the Government of the United States of America shall credit the balance due under such indebtedness with the United States dollar equivalent of such currency. Any currency so received by the Government of the United States of America shall be used in accordance with the provisions set forth in paragraph 3 of this Article.

(3) The Government of the Republic of Korea and the Government of the United States of America agree that the Korean currency to be received by the Government of the United States of America as provided in paragraph 2 of this Article, as well as the Korean currency to be received by the Government of the United States of America as interest provided in paragraph 1 of this Article, shall be expended in Korea and may be used for the payment of any or all expenditures in Korea of the Government of the United States of America including expenditures for:

a. Such educational programs as may be mutually agreed upon by the two Governments, and

b. The acquisition of property located in Korea, either real or personal, tangible or intangible, including improvements to any property in which the Government of the United States of America has an interest. Such property shall include initially the property listed in the Supplement to this Agreement.

(4) At the request of the Government of the United States of America, the Government of the Republic of Korea shall deliver title to such property as may, by mutual agreement, be acquired by the Government of the United States of America in accordance with the terms of this Article. Upon the

delivery of title to such property by the Government of the Republic of Korea to the Government of the United States of America, the Government of the United States of America shall credit the account of the Government of the United States of America shall credit the account of the Government the Republic of Korea under this Article with the agreed-upon fair-dollar value of such property.

(5) Except as may be provided by special agreement, between the two Governments, the Government of the United States of America shall not request the Government of the Republic of Korea to make payment in Korea currency or to deliver title to property located in Korea, as provided in paragraph 2 and 4 of this Article, the combined total amount of which exceeds in any single fiscal year beginning July 1, the equivalent value of $5,000,000 plus interest due and payable as provided in paragraph 1 of this Article.

(6) The won equivalent of the dollar obligations assumed by the Government of the Republic of Korea under the terms of this Agreement shall be calculated by mutual agreement between the Government of the Republic of Korea and the Government of the United States of America, such calculations to be made immediately prior to each payment. The won equivalent in any case shall be no less favorable to the Government of the United States of America than the conversion rate legally available to any third party at the time of each transaction.

Article 10

The Government of the Republic of Korea hereby agrees that it will not permit the re-export or diversion of equipment, supplies and other property furnished to it by the Government of the United States of America under the terms of this Agreement unless such re-export or diversion is approved by a duly authorized representative of the Government of the United States of America.

Article 11

The Government of the Republic of Korea agrees to continue in full force and effect all existing laws, ordinances, public acts, and regulations of the United States Army Military Government in Korea and/or of the South Korean Interim Government until repealed or amended by the Government of the Republic of Korea.

Article 12

Pending negotiation of mutually satisfactory treaties of amity and commerce, it is agreed by the contracting parties that the rights and privileges now enjoyed by the United Nations nationals and firms engaged in lawful pursuits in Korea shall be respected and affirmed.

Article 13

Administrative control over the accounts, properties, and operating facilities transferred to the Government of the Republic of Korea under the terms of this Agreement shall be turned over in a progressive and orderly manner to the authorized officials of the Government of the Republic of Korea within 30 days from the effective date of this Agreement, or as rapidly as the Government of the Republic of Korea is prepared to assume such operations and responsibilities, except that administrative control over vested properties and over relief and rehabilitation supplies shall be turned over not later than 90 days from the effective date of this Agreement, or as rapidly as the Government of the Republic of Korea is prepared to assume such operations and responsibilities.

Article 14

Until such time as the United States Army Forces in Korea are withdrawn from Korea, the Government of the Republic of Korea and the Government of the United States of America agree that they shall be bound by, and shall respect all agreements previously made between the United States Army Forces in Korea and the several Departments of the United States Army Military Government in Korea concerning the use of certain transportation, communication, and other facilities and services by the United States Army Forces in Korea. The present Agreement shall become effective with the formal notification to the Government of the United States of America that the Korean National Assembly has consented to this Agreement. (1)

Done in duplicate, in the Korean and English languages at Seoul, Korea, this 11th day of September 1948. The Korean and the English texts shall have equal force, but in the case of divergence, the English text shall prevail.

FOR THE GOVERNMENT OF THE REPUBLIC OF KOREA: Lee, Bumsuk
T. S. Chang
FOR THE GOVERNMENT OF THE UNITED STATES OF AMERICA:
John J. Muccio

(1) By note of Sept. 20, 1948, the Korean Minister of Foreign Affairs notified the American Ambassador at Seoul that "…. the Agreement which has been signed between our two delegates was duly ratified by the National Assembly of Korea on the 18th of September 1948."

SUPPLEMENT TO THE INITIAL FINANCIAL AND PROPERTY SETTLEMENT

This Agreement between the Government of the Republic of Korea, hereinafter called 'Korea' and the Government of the United States of America, hereinafter called 'United States,' is supplemental to the 'Initial Financial and Property Settlement,' Article 9, this date, and covers the transfer of real property in return for surplus property furnished Korea. Witnesseth:

Whereas, the 'Initial Financial an Property Settlement' between Korea and the United States provides in Article 9 that at the request of the United States, Korea shall deliver title to such property located in Korea in which the United States has an interest, and Whereas, Korea has agreed in Section (d) of the Article of the Agreement above referred to, to make available property desired by the United States at prices to be agreed upon by the Governments, and

Whereas, the United States has already selected certain properties which it desires to receive under the terms of the Agreement referred to above,

Now, therefore, it is agreed:

1. That Korea transfer, on or about the, sixtieth day from the effective date of this Agreement, to the United States, at prices to be specified in dollars and to be determined by three recognized appraisers, one of whom shall be nominated by Korea, one by the United States, and the Chairman by the two

appraisers first chosen, properties including hut not limited to the following:

(A) Dependent House & Lot No. 10 1-39 Chong Dong 1,362 Pyung

(B) Russian No. 1 1-39 Dong 720 Pyung

(C) Vacant lot west of present U.S. Consulate 1-9 Chong Dong 1,414 Pyung

(D) Vacant lots south of present U.S. Consulate, part of the road now running beside the U.S. Consulate leading to the property of the Seoul Club: 8-1, 8-3, 8-4, 8-5, 8-6, 8-7. 8-8, 8-9, 8-10, 8-17 Chong Dong 53,540 Pyung

(E) Triangular lot directly east of DH No. 10 and No. 1 together with one warehouse, houses and other buildings thereon 1-39 Chong Dong Sawdai Moon Koo 1,675 Pyung

(F) All of former Military Government Area No. 2, consisting of approximately 43 houses, miscellaneous other buildings, and the land on which situated. This is intended to include all property owned by the Siksan Bank in this area.

All of 49-1 Song Hyun Dong, and all of 96, 97-2, 98, 99, 102, 103-1, 104-1, and 104-2 of Sakan Dong together with all buildings thereon. 9,915 Pyung, more or less.

(G) Bando Hotel and adjacent parking lot to East 180-2, Ulchi-Ro Chongno Koo 1,944 Pyung

IN WITNESS WHEREOF the undersigned, duly authorized by their respective governments, have signed the present agreement in the Korean and English languages at Seoul, Korea, on the 11th day of September 1948.

The Korean and English texts shall have equal force, but in case of divergence, the English text shall prevail.

FOR THE GOVERNMENT OF THE REPUBLIC OF KOREA: Lee, Bumsuk

T. S. Chang

FOR THE GOVERNMENT OF THE UNITED STATES OF AMERICA:

John J. Muccio

EXHIBIT A

Properties to be made available by the Government of the Republic of Korea for the temporary use of the Government of the United States under free leaseholds, will include but wiil not be limited to the following:

(A) Specified 51 houses and lots in the three military areas No. 1, No. 2 and No. 7.

(B) DH No. 9, DH No. 109, DH No. 143, DH No. 218, DH No. 221, Billet No. 5, Billet No. 10 and Billet No. 11 in scattered areas.

(C) Mitsui Building and lot opposite Banto Hotel.

(D) OCI Information Center and lot (former Metropolitan police building).

(E) Special Troops area.

(F) 216th Quartermaster concrete warehouse in area near South Gate.

(G) 56 houses and lots in 7th Division area (Camp Sobingo).

(H) 57 housing units in capital grounds area.

(I) Billet No. 32 (Kookje Hotel) and Billet No. 24 (Sudo Hotel).

(J) Billet No. 23 (Nai Ja Apartments) comprising three buildings.

(K) Billet No. 38 (Plaza Hotel).

(L) Young Dong Po dependent housing area No. 1, consisting of 8 usable houses and 15 apartments.

3. 샌프란시스코 대일강화조약 제4조(발췌)[6]

연합국과 일본 간에 체결된 제2차 세계대전 전후 처리를 위한 조약의 제4조 조문이다.

한국의 이승만 정부는 애초에 일본으로부터 식민지 피해에 대한 배상을 받아내기 위하여 국제사회의 전후 처리 과정, 즉 패전국 일본과 연합국 간의 전후 처리 내용을 담게 될 대일강화조약 체결 과정(대일강화회의)에 당사국으로 참여하기를 원하였다. 그러나 영국 등의 반대로 조약 당사국으로서의 참여가 무산되자, 한국 정부는 그 대안으로 강화조약에 일본과 양자 협의를 통해 식민지 패해 배상 문제를 해결할 수 있는 근거를 마련한다는 방침에 따라 미국 측과 치열한 교섭을 전개하였으며, 그 교섭의 결과물이 바로 조약 제4조다.

한국 정부는 이 조약 제4조 a)항에 근거하여 미국의 주선하에 1951년 10월부터 일본과 양자 협의를 개최하게 되었는데 이 양자 협의가 '한일회담'이다. 한편, 이 조약 제4조 b)항은 남한을 군정 통치하였던 미군 당국이 일본재산에 대해 취한 조치(일본재산의 귀속 및 소유)의 유효성을 일본이 인정한다는 내용이다.

일본은 조약 제4조에 관한 미국 측의 해석[7]을 근거로 제4차 한일회담 재개를 위한

---

6 본 조약문은 유엔에 기탁되어 유엔 홈페이지(chrome-extension://efaidnbmnnnibpcajpcglclefindmkaj/https://treaties.un.org/doc/Publication/UNTS/Volume%20136/volume-136-I-1832-English.pdf)에 수록되어 있는 것을 일부(전문, 제1~6조)만 발췌해서 옮긴 것이다.

7 한국 측은 제1차 한일회담에서 일본이 한국에 대한 역청구권을 주장하자 회담 결렬 후 수석대표였던 양유찬 주미대사가 미 국무성에 대일강화조약 제4조의 해석을 요구한 바 있고, 일본 측도 구보타 대표의 식민지 시혜 발언으로 제3차 회담이 결렬된 후 제4차 회담 재개를 위한 교섭 과정에서 미국 측에 동 제4조의 해석을 요청한 바 있다. 미국 측은 제4조에 관해, b)항으로 인해 일본의 한국에 대한 청구권은 존재하지 않지만, a)항의 '특별협정'을 체결함에 있어 b)항의 내용을 고려해야 한다고 해석함으로써 일본이 한일 양국 간 청구권의 상쇄를 주장하도록 하는 빌미를 제공하였다.

교섭 과정에서 한국의 대일청구권과 일본의 남한 내 재산에 대한 청구권(소위 역청구권)의 상쇄를 주장하는 등 끈질긴 논쟁을 전개하기도 하였다.

번역

샌프란시스코 대일강화조약 제4조

a) 이 조의 b)항을 전제로 하면서, 제2조와 제3조에서 언급된 지역에 있는 일본 및 일본인의 재산과 상기 지역을 현재 관리하는 당국 및 그 주민(법인 포함)에 대한 일본 및 일본인의 청구권(채무 관계 포함) 처리, 그리고 상기 당국 및 주민의 재산과 일본 및 일본인에 대한 청구권(채무 관계 포함)의 일본에서의 처리는 일본과 상기 당국 간의 특별협정에 의해 결정한다. 제2조에서 언급된 지역의 연합국 또는 연합국 국민의 재산은 그러한 조치가 이미 취해지지 않은 한, 현재 있는 상태 그대로 관리 당국에 의해 반환되어야 한다(이 조약에서 사용되는 국민이라는 용어에는 법인도 포함된다).

b) 일본은 제2조 및 3조에서 언급된 지역 내에 있었던 미국 군사정부의 지령에 의하거나 지령과 관련하여 이루어진 일본 및 일본 국민의 재산 처분에 관한 유효성을 인정한다.

c) 일본과 이 조약과 관련하여 일본의 지배로부터 제외된 지역을 연결하는 일본 소유 해저전선은, 일본이 일본의 기지와 전선의 반, 분리된 지역이 남은 전선과 기지를 갖는 것으로 분리된다.

No. 1832

ARGENTINA, AUSTRALIA, BELGIUM, BOLIVIA, BRAZIL, etc.

Treaty of Peace with Japan (with two declarations). Signed at San Francisco, on 8 September 1951

Official texts: English, French, Spanish and Japanese.

Registered by the United States of America on 21 August 1952.

ARGENTINE, AUSTRALIE, BELGIQUE, BOLIVIE, BRÉSIL, etc.

Traité de paix avec le Japon (avec deux déclarations). Signé à San-Francisco, le 8 septembre 1951

Textes officiels anglais, français, espagnol et japonais.

Enregistré par les États-Unis d'Amérique le 21 août 1952.

46 *United Nations — Treaty Series* 1952

No. 1832. TREATY[1] OF PEACE WITH JAPAN. SIGNED AT SAN FRANCISCO, ON 8 SEPTEMBER 1951

Whereas the Allied Powers and Japan are resolved that henceforth their relations shall be those of nations which, as sovereign equals, cooperate in friendly association to promote their common welfare and to maintain international peace and security, and are therefore desirous of concluding a Treaty of Peace which will settle questions still outstanding as a result of the existence of a state of war between them ;

[1] In accordance with article 23 (*a*) the Treaty came into force initially on 28 April 1952 with respect to the following States by virtue of the deposit by those States with the Government of the United States of America of their respective instruments of ratification on the dates indicated :

Japan	28 November	1951	Canada	17 April	1952
United Kingdom of Great Britain and Northern Ireland . .	3 January	1952	Pakistan	17 April	1952
Mexico	3 March	1952	France	18 April	1952
Argentina	9 April	1952	Ceylon	28 April	1952
Australia	10 April	1952	United States of America . . . . . (with a declaration)*	28 April	1952
New Zealand	10 April	1952			

It came into force subsequently on the dates indicated with respect to the following other States by deposit of the instrument of ratification with the Government of the United States of America :

El Salvador . . . . . 6 May 1952 (with the following declarations)**

"I) El Salvador no acepta ni ratifica los compromisos que otros Estados puedan haber contraído con respecto a la transferencia o final disposición de los territorios enumerados en el artículo Segundo del Tratado de Paz con el Japón, en todos aquellos casos en que no se haya consultado y acatado la voluntad libremente expresada por las poblaciones afectadas. Esta reserva se aplica a la transferencia de las Islas Kuriles, de una parte de la Isla Sajaline (Sakhalin) y a cualquier otro caso análogo, incluyendo además todo compromiso sobre la Isla de Formosa ; y

"II) No podrá tener efecto alguno en El Salvador debido a que son contrarias a su Constitución Política, las disposiciones del Artículo XIV del Tratado de Paz con el Japón que autorizan la confiscación de bienes de personas naturales o jurídicas japonesas."

Brazil	20 May	1952
Cambodia	2 June	1952
Dominican Republic . .	6 June	1952
Ethiopia	12 June	1952
Peru	17 June	1952
Netherlands	17 June	1952
Viet-Nam	18 June	1952
Norway	19 June	1952
Venezuela	20 June	1952
Laos	20 June	1952

* "As part of such advice and consent the Senate states that nothing the treaty contains is deemed to diminish or prejudice, in favor of the Soviet Union, the right, title, and interest of Japan, or the Allied Powers as defined is said treaty, in and to South Sakhalin and its adjacent islands, the Kurile Islands, the Habomai Islands, the Island of Shikotan, or any other territory, rights, or interests possessed by Japan on December 7, 1941, or to confer any right, title, or benefit therein or thereto on the Soviet Union ; and also that nothing in the said treaty, or the advice and consent of the Senate to the ratification thereof, implies recognition on the part of the United States of the provisions in favor of the Soviet Uni nocontained in the so-called 'Yalta agreement' regarding Japan of February 11, 1945."

[TRANSLATION — TRADUCTION]

** "El Salvador does not accept nor ratify the commitments which the other nations may have contracted with respect to the transference or final disposition of those territories enumerated in article 2 of the Treaty of Peace with Japan, in all those cases in which the freely expressed will of the affected populations was not consulted and respected. This reservation applies to the transference of the Kurile Islands, a part of the Island of Sakhalin, and any other similar case, including, furthermore, any commitment concerning the Island of Formosa.

"The provisions of article 14 of the Treaty of Peace with Japan which authorizes the confiscation of the property of Japanese natural and juridical persons can have no effect in El Salvador, in view of the fact that they are contrary to its Political Constitution."

Whereas Japan for its part declares its intention to apply for membership in the United Nations and in all circumstances to conform to the principles of the Charter of the United Nations ; to strive to realize the objectives of the Universal Declaration of Human Rights ; to seek to create within Japan conditions of stability and well-being as defined in Articles 55 and 56 of the Charter of the United Nations and already initiated by post-surrender Japanese legislation ; and in public and private trade and commerce to conform to internationally accepted fair practices ;

Whereas the Allied Powers welcome the intentions of Japan set out in the foregoing paragraph ;

The Allied Powers and Japan have therefore determined to conclude the present Treaty of Peace, and have accordingly appointed the undersigned Plenipotentiaries, who, after presentation of their full powers, found in good and due form, have agreed on the following provisions :

CHAPTER I

PEACE

Article 1

(*a*) The state of war between Japan and each of the Allied Powers is terminated as from the date on which the present Treaty comes into force between Japan and the Allied Power concerned as provided for in Article 23.

(*b*) The Allied Powers recognize the full sovereignty of the Japanese people over Japan and its territorial waters.

CHAPTER II

TERRITORY

Article 2

(*a*) Japan, recognizing the independence of Korea, renounces all right, title and claim to Korea, including the islands of Quelpart, Port Hamilton and Dagelet.

(*b*) Japan renounces all right, title and claim to Formosa and the Pescadores.

(*c*) Japan renounces all right, title and claim to the Kurile Islands, and to that portion of Sakhalin and the islands adjacent to it over which Japan acquired sovereignty as a consequence of the Treaty of Portsmouth of September 5, 1905.[1]

(*d*) Japan renounces all right, title and claim in connection with the League of Nations Mandate System, and accepts the action of the United Nations Security

[1] De Martens : *Nouveau Recueil général de Traités*, deuxième série, tome XXXIII, p. 3.

Council of April 2, 1947, extending the trusteeship system to the Pacific Islands formerly under mandate to Japan.[1]

(*e*) Japan renounces all claim to any right or title to or interest in connection with any part of the Antarctic area, whether deriving from the activities of Japanese nationals or otherwise.

(*f*) Japan renounces all right, title and claim to the Spratly Islands and to the Paracel Islands.

Article 3

Japan will concur in any proposal of the United States to the United Nations to place under its trusteeship system, with the United States as the sole administering authority, Nansei Shoto south of 29° north latitude (including the Ryukyu Islands and the Daito Islands), Nanpo Shoto south of Sofu Gan (including the Bonin Islands, Rosario Island and the Volcano Islands) and Parece Vela and Marcus Island. Pending the making of such a proposal and affirmative action thereon, the United States will have the right to exercise all and any powers of administration, legislation and jurisdiction over the territory and inhabitants of these islands, including their territorial waters.

Article 4

(*a*) Subject to the provisions of paragraph (*b*) of this Article, the disposition of property of Japan and of its nationals in the areas referred to in Article 2, and their claims, including debts, against the authorities presently administering such areas and the residents (including juridical persons) thereof, and the disposition in Japan of property of such authorities and residents, and of claims, including debts, of such authorities and residents against Japan and its nationals, shall be the subject of special arrangements between Japan and such authorities. The property of any of the Allied Powers or its nationals in the areas referred to in Article 2 shall, in so far as this has not already been done, be returned by the administering authority in the condition in which it now exists. (The term nationals whenever used in the present Treaty includes juridical persons.)

(*b*) Japan recognizes the validity of dispositions of property of Japan and Japanese nationals made by or pursuant to directives of the United States Military Government in any of the areas referred to in Articles 2 and 3.

(*c*) Japanese-owned submarine cables connecting Japan with territory removed from Japanese control pursuant to the present Treaty shall be equally

[1] United Nations, *Treaty Series*, Vol. 8, p. 189.

divided, Japan retaining the Japanese terminal and adjoining half of the cable, and the detached territory the remainder of the cable and connecting terminal facilities.

CHAPTER III

SECURITY

Article 5

(*a*) Japan accepts the obligations set forth in Article 2 of the Charter of the United Nations, and in particular the obligations

(i) to settle its international disputes by peaceful means in such a manner that international peace and security, and justice, are not endangered;

(ii) to refrain in its international relations from the threat or use of force against the territorial integrity or political independence of any State or in any other manner inconsistent with the Purposes of the United Nations;

(iii) to give the United Nations every assistance in any action it takes in accordance with the Charter and to refrain from giving assistance to any State against which the United Nations may take preventive or enforcement action.

(*b*) The Allied Powers confirm that they will be guided by the principles of Article 2 of the Charter of the United Nations in their relations with Japan.

(*c*) The Allied Powers for their part recognize that Japan as as overeign nation possesses the inherent right of individual or collective self-defense referred to in Article 51 of the Charter of the United Nations and that Japan may voluntarily enter into collective security arrangements.

Article 6

(*a*) All occupation forces of the Allied Powers shall be withdrawn from Japan as soon as possible after the coming into force of the present Treaty, and in any case not later than 90 days thereafter. Nothing in this provision shall, however, prevent the stationing or retention of foreign armed forces in Japanese territory under or in consequence of any bilateral or multilateral agreements which have been or may be made between one or more of the Allied Powers, on the one hand, and Japan on the other.

(*b*) The provisions of Article 9 of the Potsdam Proclamation of July 26, 1945, dealing with the return of Japanese military forces to their homes, to the extent not already completed, will be carried out.

(*c*) All Japanese property for which compensation has not already been paid, which was supplied for the use of the occupation forces and which remains in the

4. 대일배상요구조서(제1, 2, 3, 4의 주요 항목만 발췌)

한국 정부가 일본의 한국에 대한 배상과 관련하여 GHQ/SCAP에 제출하기 위하여 작성한 자료집이다.

1949년 3월 15일 당시 기획처 내에 설치된 '대일배상조사심의회'가 최초로 작성한 이 『대일배상요구조서』는 '현물반환요구'에 관한 내용만이 담겼는데, 그 이유는 GHQ/SCAP 측이 1949년 1월 정한경 주일대사에게 일반 배상을 제외한 미술품, 금괴 등 특수품의 반환청구에 관한 자료만을 제출하도록 요구하였기 때문이다.[8]

GHQ/SCAP에 제출된 『대일배상요구조서(현물반환요구)』에는 한국 측이 요구하는 배상의 정의가 명기되고, 요구금액과 그 근거가 열거되었다. 『조서』 전문(前文)에는 "우리 대한민국의 대일배상 청구의 기본정신은 일본을 징벌하기 위한 보복의 부과가 아니고, 희생과 회복을 위한 이성적 권리의 요구이다"라는 전제하에, "대일배상은 ① 포츠담선언, ② 연합국의 일본 관리 정책, ③ 포레(Pauley) 배상사절보고서에 근거를 두고 있다"는 내용이 명기됨으로써[9] 한국의 대일배상 요구가 정당한 것임을 분명히 하였다. 이 『조서』에는 일본에 현물반환을 요구하는 금, 은, 미술품, 골동품, 선박 등 특수물품의 목록과 함께, 피해조사의 대상은 원칙적으로 1910년 한일합병으로부터 1945년 8월 15일까지로 한다는 내용이 포함되었다. 미국 측은 이 조서를 검토한 후 대일배상과 관련한 사항은 "극동위원회의 지시에 따라야 하며, 지시가 없을 경우에는 연합국과 일본 사이에 체결되는 대일강화조약 각 조문에 의거하여 적당한 시기에 배상 내용을 고려할 수 있다"면서 냉담한 반응을 보였다.[10]

---

8 유의상, 『대일 외교의 명분과 실리』, 역사공간, 2016, 63, 64쪽.

9 대한민국 정부, 『대일배상요구조서 (제1부 현물반환 요구 설명서)』, 1949, 2쪽.

10 대일배상조사심의위원회 김훈 위원장은 1949년 8월 13일 담화 발표를 통하여, 맥아더 사령관의 이러한 회신 내용을 공개하였다(「公正한 要求貫徹, 対日賠委서 現物返還 要求」, 『경향신문』, 1949. 8. 14).

그러나 미국의 반응과는 무관하게 한국 정부는 『조서』 작성 작업을 계속하여, '현물 반환요구'만이 담겼던 최초 『조서』의 속편 형식인 제2권을 1949년 9월 1일 완성하였다. 최초의 『조서』는 제1권(제1부)이 되고, 제2권은 제2부(확정채권), 제3부(중일전쟁 및 태평양 전쟁에 기인하는 인적, 물적 피해) 및 제4부(일본 정부의 저가 수탈에 의한 피해)로 구성, 편찬되었다. 제4부 '일본 정부의 저가 수탈에 의한 피해'는 식민지 지배에 따른 피해로 볼 수 있다. 이 『조서』 1권(1부)과 2권(2~4부)은 1954년 8월 15일 한 권으로 합본, 재판(再版)되었는데 그 내용은 바뀌지 않았다. 후일 한일회담이 시작되면서 한국 측은 이 『조서』를 일본 측에 제시한 「대일청구요강(안)」의 기초로 활용하였다.

동북아역사재단은 가독성이 떨어지는 이 『조서』를 새롭게 정리하고 해제를 추가하여 2021년 6월 『한국외교문서 대일배상요구조서』(한일회담 자료총서) 제1권으로 발간하였다.

檀紀四二八七年八月十五日

對日賠償要求調書

大韓民國政府

第一部 現物

一、現物返還要求調書

項	目	數量	備考
一、地金		二四九,六三三,一九八,六一	國債等으로 低價買上
二、地銀		八九,一二三,二〇五,二二	〃
三、書籍		二一二種	冊數는 說明書에 表示
	一、蓬左文庫所藏 朝鮮書目	一四二〃	〃
四、美術品及骨董品		八二七外〃	
	(一) 日本帝室博物館所藏韓國美術工藝品	四五六〃	
	(가) 歷史部	三四九〃	
	(나) 美術部	一六〃	
	(다) 美術工藝部	九一〃	
	(二) 韓國古美術品個人占有調書	二一〃	
	(三) 公州百濟時代美術品個人占有調書	多量	

七

	(四) 東京帝室博物館所藏韓國美術品廣口坩其他	九四種	
	(五) 東京大倉集古所藏韓國美術品	一〃	
	(六) 日本各地所在韓國鍾目錄	五〇〃	
	(七) 在東京戶田利兵衛所持韓國古美術骨董品	五二〃	
	(八) 園田裕所藏夢遊桃源圖	九枚	
	(九) 國宝鉄彩自絵唐草文瓶	一個	
五、船舶		二六八隻 八、一八四、六一七、〇〇〇円	價格換算은帳簿價格
	(一) 在日韓籍船舶	九一隻	
	(二) 一般漁船	二〇〃 一九、七三、〇〇〇円	全部沈沒함
	(三) 特殊漁船	一〇八隻 三〇八、七〇五、〇〇〇円	
	(四) 海事貨物船	四八隻 七、八五六、二〇〇、〇〇〇円	大部分沈沒
	(五) 韓國軍艦	三隻	强奪함
六、地圖原版			

	(一) 百万分之一韓國全土白版原版	一枚	
	(二) 韓國全土百万分之一地質圖原版	一枚	
	(三) 同 二十万分之一原版	六五 〃	
	(四) 同 萬分之一 地質圖原版	六一 〃	
	(五) 朝鮮各地五万分之一地形圖原版		枚數未詳
	(六) 同 二万五千分之一原版	一四四枚	
	(七) 同 万分之一原版	五二 〃	
七 其他			
	(一) 朝鮮側銀行海外店舗動産不動産	八二〇三、七〇七円	帳簿價格 動産은金庫임
	(二) 朝鮮電業會社東京支店舍宅關係	一九四、〇〇〇円	〃
	(三) 同 蟾津江発電所第二号発電機	一台	
	(四) 京城電氣會社東京支店備品	二三、〇三九円	

九

第二部 確定債權

一、確定債權의調書

款	項	目	金額	備考
一、日系通貨	一、日本銀行小額紙幣及日系通貨		一、五一四、一三四、〇九八	
二、日系有價證券			七、四三五、一〇三、九四二	
	一、日本國債		五、八三六、二五〇、四八五	
	二、日本公債		一、六三一、七三七	
	三、日本政府保證券		一、〇四八、〇四八、〇五三	
		一、日本政府保證社債	九三七、六九五、〇一〇	
		二、日本政府機關社債	一一〇、三五三、〇四三	
	四、日本一般證券		三〇三、六二七、一九〇	
		一、日本一般社債	二一六、四七六、五三三	

一九三

款	項	目	金額	備考
		二、日本一般株券	八七、一五〇、六六七	
	五、中國滿洲國內의日系公債及株式	一、公私債及株式	二四二、六三七、一四〇	
	六、其他流通證券		三、九〇九、三三七	
三、上海弗貨	一、上海弗貨		$ 四〇〇、〇〇〇	
四、保險金、恩給、其他未收金			六、四三六、六一七、五二一	
	一、保險金		四六七、三三六、一五九	
		一、生命保險責任準備金	四五〇、〇〇〇、〇〇〇	
		二、損害保險未拂保證金	一七、三三六、一五九	
	二、恩給			
		一、韓國人官吏恩給(南韓分)	三〇六、一九四、九七〇	
	三、其他未收金		五、六六三、〇八六、三九二	
		一、日本人關係에對한貸出金	一、八四七、四三三、〇一〇	

二、假拂金	一、一六五、六二六
三、〃未納稅金	一六二、二一〇、二一五
四、專賣關係未收代金	五一四〇、一七四
五、換去來債權	三〇二〇、六五九、九二九
六、日本側銀行接受計定債權	二二七、六三八、七二二
七、日本側銀行에預置金	六、三四七、三九九
八、日本勸業銀行代理店計定債權	二一、九二四、四八六
九、日本外資金庫預置金利子	二三二、四一六、四三八
一〇、日本國庫金計定	九〇一、七四八、八四四
一一、貿易補償金	一一七、六一七、二〇〇
一二、貿易保留金	一〇二、五七七、五五〇
一三、聯合國財産賣却代金朝銀이日本에送金分	一五、〇〇〇、〇〇〇
一四、萬工品供給代未收金	三、五六三、三二一

一九五

款	項	目	金額	備考
		一五 朝鮮電業會社関係未收金	六、一八七、〇六七	
		一六 西鮮電氣 〃	一三二六〇三	
		一七 京城電氣 〃	二、二〇七、〇八八	
		一八 南鮮電氣 〃	八〇一、〇一六	
		一九 法務部関係未收金	一、九三三、一九三	
		二〇 公報處 〃	一一五、六〇四	
		二一 麻藥代金未收金	一二、九八五、七二五	
		二二 交通部関係未收金	三一、九八〇、三八六	
		二三 林産物供出代未收金	五、九六五、六二七	
		二四 大韓食糧公社未收金	五三、九九五、四三二	
		二五 水利組合聯合會未收金	八八、九一〇	
		二六 農地開發營團未收金	五三八、三四八	

五、遞信關係特別計定	
一、為替貯金及歲入歲出金總額에依한朝鮮受取勘定	
三、韓國馬事會未收金	八四、一七四五
	二〇四三五〇六七四四
	一四七五九六七、〇八〇
一、郵便為替	七四、八四三六六四
二、郵便貯金	一、二四三九九五一九九
三、保受金	四、三八四五三三
四、遞信官署歲入金	二一、九九〇〇四五
五、雜部金	六八、七一六
六、逆為替金	八一四七九八二
七、振替貯金	一二二五三六九四一
二、負債決裁基準日以後太平洋司令官布告令第三號에依한朝鮮受取金	一七三八四六四三三

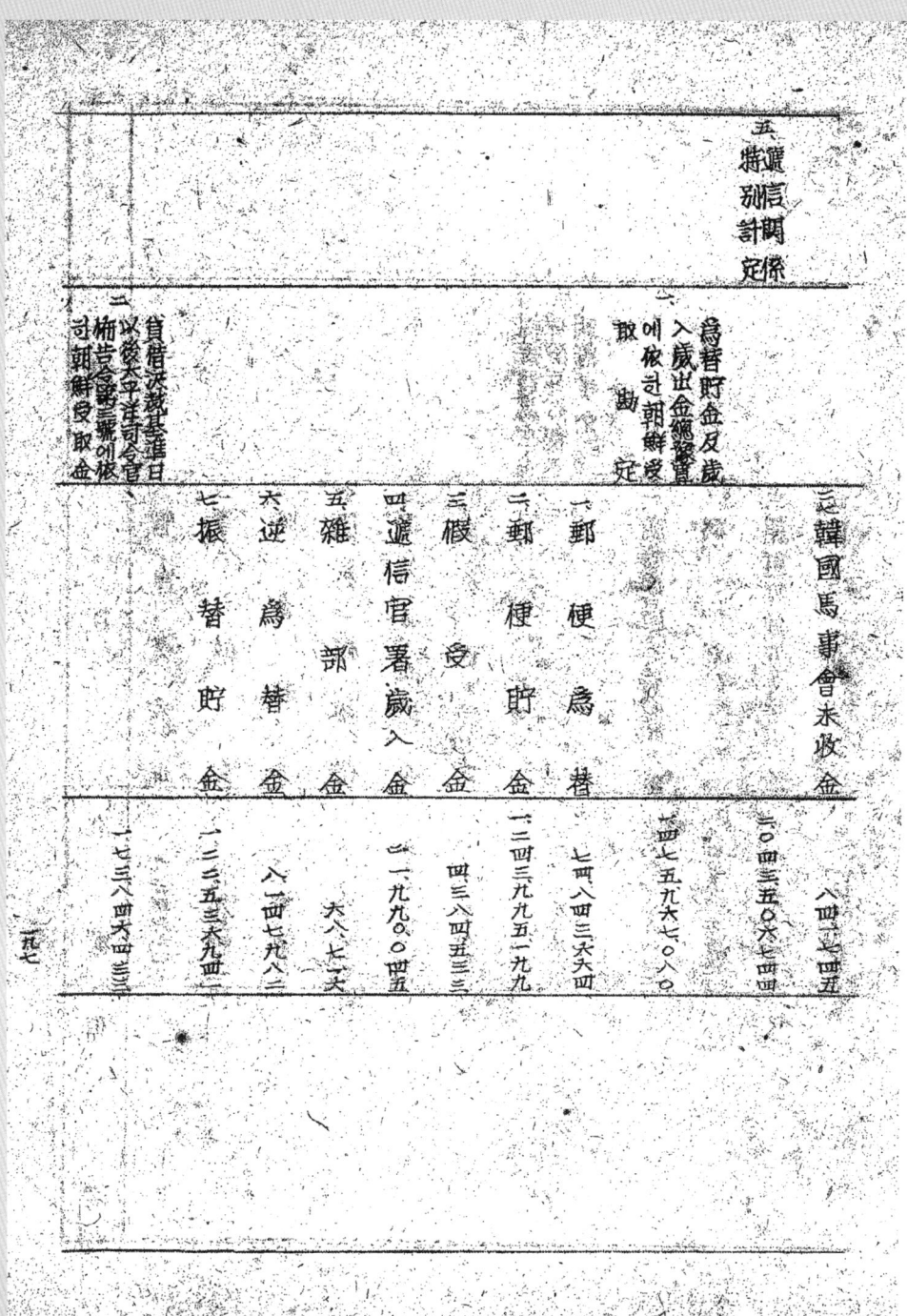

一九七

一九八

款	項	目	金額	備考
		一、管區交渉金	一九、五四〇、二四八	
		二、事故金	七七九、七四三	
		三、貯金利子	二三、一四八、五九三	
		四、債券類報償	六七、一六七、六一七	
		五、海外換金貯金	六六、〇三五、三二七	
		六、證券保管額	一五七、四〇五	
			三九一、三五二、九六四	
	三、朝鮮簡易生命保險年金關係朝鮮受取金	一、朝鮮簡易生命保險積立金	二八六、四三五、四二七	
		二、同利子	四六、八三六、九一一	
		三、朝鮮郵便年金積立金	一一、八一八、七〇九	
		四、同利子	一、八八八、一三三	

五、朝鮮簡易生命保険餘裕金	二〇、三三〇、〇〇〇
六、同　利子	三、七九二、九七三
七、朝鮮郵便年金餘裕金	一、四〇〇、〇〇〇
八、同　利子	二六一、二一三
九、保険歳入金	一六、二八五、二七八
一〇、年金歳入金	一、五三三、八〇七
一一、業務歳入金	二五四、七八六
一二、海外保険年金	五一六、七一九
四、郵便收入	六五〇
五、電信收入	五三、四七八
六、電話收入	一、〇二〇、九〇四
七、雜收入	二二、〇七五
八、萬國郵便聯合總理局維持費	一、二四三、一六〇

一九九

第三部

中日戰爭및太平洋戰에 基因한人的物的被害

一、中日戰爭및太平洋戰爭에基因한人的物的被害調書

款	項	目	金額	添附證書號數	備考
一、人的被害	一、被動員韓國人諸未受金		五六五、一二五、三四一	五	四二七九年九月末日現在의調査額임 (社)申告勞務者数 一〇五、一五一名?
		一、死亡者弔慰金	六三、〇一五、〇〇〇		二一、六〇三名에對하여 一人當 五、〇〇〇円(申告額平均)
		二、〃 葬祭料	一、二六〇、三〇〇		〃 一〇〇円(〃 〃)
		三、遺家族慰藉料	一二六、〇三〇、〇〇〇		〃 一〇、〇〇〇円(〃 〃)
		四、傷病者及一般勞務者慰藉料	一一三、〇五三、〇〇〇		傷病者 一人當 五、〇〇〇円 一般勞務者 〃 一、〇〇〇円
		五、負傷者傷病手當	三六一〇五九四一		申告額
		六、退職手當總額	五一一六一、八三八		〃
		七、賞與金總額	五三五九、六四〇		〃
		八、現金其他保管金	四五、三九七、〇二〇		〃

三三

款	項	目	金額	添附說明書號数	備考
		九、未受賃金	二九三〇八五四二		申告額
		一〇、家庭送金額	八一五七三五六〇		一人當一個月平均八〇円(申告額平均)
		一一、徴用期間延長手當額	一二九六〇四〇〇		〃 四〇〇円(〃)
			一、三三六〇二二、一〇五	六	
二、物的被害	一、日軍占有使用에依한被害		二三三三九八八八三	(文)	
		一、文教本部関係	一六〇六七七一四	〃	
		二、서울市學務局関係	八八五二三〇	〃	
		三、京畿道 〃	五四二七三四	〃	
		四、江原道 〃	一二〇八五〇〇	〃	
		五、忠清南道 〃	七五六四〇四九〇	〃	
		六、全羅北道 〃	一五七八〇五五七	〃	

七、全羅南道 〃	一六一五三一一八	〃
八、慶尙北道 〃	三三三五四六	〃
九、慶尙南道 〃	一〇四三二四四六四	〃
一〇、交通部關係	三〇〇〇〇〇〇	(交)
一一、濟州道學務局關係	四九七五五〇	(文)
	二一〇五五六一二五三六	

二、不正破壞또는消耗에依한被害

一、旧王宮	九五六四六〇〇〇	(文)
二、林野被害復旧費	五八二六三六〇〇〇〇	(農)
三、交通部關係	四〇六二二八八三四三	(交)
四、村邑市關係	一五六三一二七一八	(内)
五、京畿道 〃	四二二〇八〇五	〃
六、忠淸南道 〃	三四〇〇七八七	〃
七、忠淸北道 〃	一二〇三一九〇	〃

三三五

款	項	目	金額	添附説明書號数	備考
		八、全羅北道関係	二九一九二九〇	(内)	
		九、全羅南道 〃	五一四五一七〇	〃	
		一〇、慶尚南道 〃	二三三九七四四二	〃	
		一一、濟州道 〃	一三九〇四八九二	〃	
	三、其他		三八〇一〇六八六	〃	
		一、水産関係公共團体及會社被害	一〇三三一四〇〇	(商)	
		二、企業整備令에依한被害	一八五五一二四	〃	
		三、丹陽鑛山리삼雲母鑛石	七〇八三〇三〇	〃	
		四、釜山水産科大學	一三一五五〇〇	(文)	
		五、交通部関係	八二五六三二	(交)	
三、八・一五前後日本官吏不正行為에依한損害額			二三一五八五二一五	七	

一 法務部關係		一二九〇、三九五 (法)	八一五以後의不正支出及今年之着服
	一 京城及西大門分	六三七、三二五	
	二 刑務官學校分	一一二、六二〇	
	三 大田分	二六〇、九五	
	四 公州分	九、六四二	
	五 大邱分	八九、四七三	
	六 光州分	五七七八	
	七 釜山分	二五七〇	
	八 金泉分	三三九五三	
二 財務部關係 不正支出		七四〇七三、一三七 (財)	仝上
三 公報處關係		五五一、八五六 (公)	仝上
四 交通部關係		一五三三五三二〇四 (交)	
五 商工部關係		六七七、〇四二	

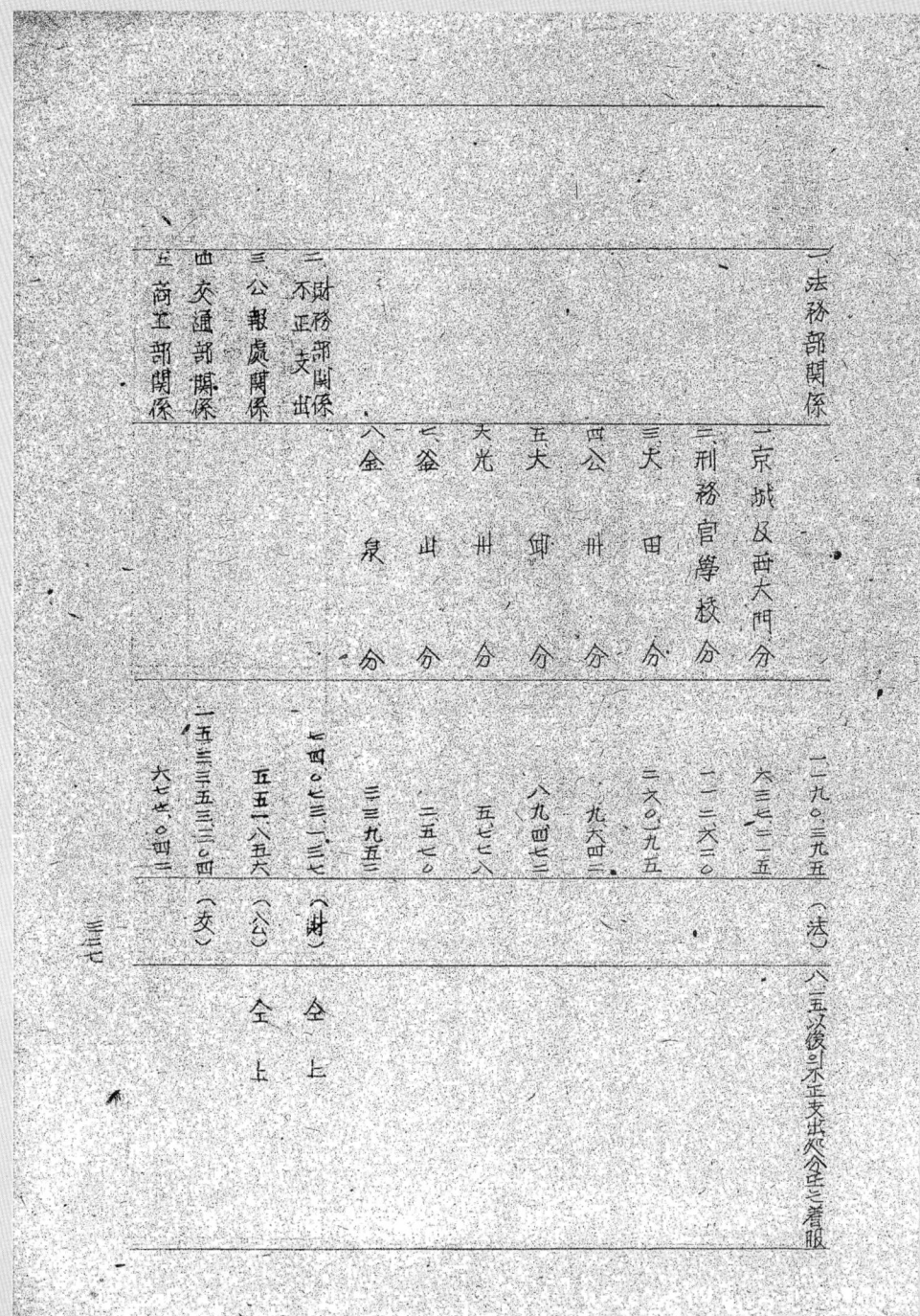

三二七

三二八

款	項	目	金額	添附說明書號數	備考
	六、水利組合聯合會		一二三、四六三		
	七、農地開發營團		一、六一六、〇一八		

第四部 日本政府低價收奪에依한被害

一、日本政府의低價收奪에依한被害

款	項	金額	添附說明書號數	備考
二、強制供出에依한損害		一、八四八、八八〇、四三七		
	一、畜牛	二〇三、五四六、九二〇	(農)	當時時價와의差額
	二、牛皮	三三、六五九、九二〇	〃	
	三、乾草	三九、一五〇、一八五	〃	
	四、棉花	九八四、〇二七、一〇〇	〃	
	五、林産物	四九八、八二一、六七七	〃	
	六、鍮器	八九、六八四、六三五	(商)	

五〇

5. 대일강화조약에 관한 기본 태도와 그 법적 근거, 1950(발췌)

한국 외교문서 76, 한일회담 예비회담(1951. 10. 20-12. 4) 자료집

주일한국대표부 정무과 직원과 재일동포 4인으로 구성된 '대일강화조사위원회'가 작성하여 주일한국대표부 명의로 본부에 전달한, 대일강화조약 체결과 관련한 한국 정부의 대응 방안에 관한 보고서다. 한국 정부가 1949년 9월 작성한 『대일배상요구조서』의 논거를 참고로 하면서, 제1차, 2차 세계대전 후 패전국과 승전국이 배상 문제를 어떻게 처리했는지를 조사하여 한국이 일본에 요구할 배상의 영역과 범위를 정리한 내용이 담겨 있다. 자료의 최초 작성 시기는 표지에 기재된 대로 1950년 10월이다. 그러나 목차 바로 뒤에 수록된 '설명서'의 작성 일자(1951년 7월 25일)와 그 내용으로 미루어 볼 때, 이 자료가 본국에 전달된 시점은 한국의 대일강화조약 참가가 좌절된 이후인 것으로 추정된다. 한국 정부는 일본과의 양자회담 개최가 확정되면서 교섭전략 수립에 이 자료를 참고한 것으로 여겨진다.

한일회담 한국 외교문서에 한국 정부가 한일회담 준비를 위해 작성한 자료가 몇 건 밖에는 수록되어 있지 않다는 점에서 이 '대일강화조약에 관한 기본 태도와 그 법적 근거'는 매우 귀한 자료라 할 수 있다. 하지만, 유감스럽게도 자료 원문은 판독이 어려울 정도로 불량한 부분들이 많다. 따라서 이곳에서는 자료 소개 차원에서 표지, 목차, 설명서 및 머리말만 수록하였다. 자료의 전체 내용은 동북아역사재단이 2021년 6월 『대일배상요구조서』와 이 자료를 한데 묶어 발간한 『한국외교문서 대일배상요구조서』(한일회담 자료 총서 제1권)에서 확인할 수 있다.

一九五〇年一〇月

駐日代表部案

對日講和條約에 関한 基本態度와 그 法的 근거

對日講和調査委員会

東京都中央區京橋二丁目
大同ビル
西澤法律事務所

一九五〇年十月日

對日講和條約에 關한 基本態度와 그 法的根據

對日講和調査準備委員會

駐日代表部案

目次

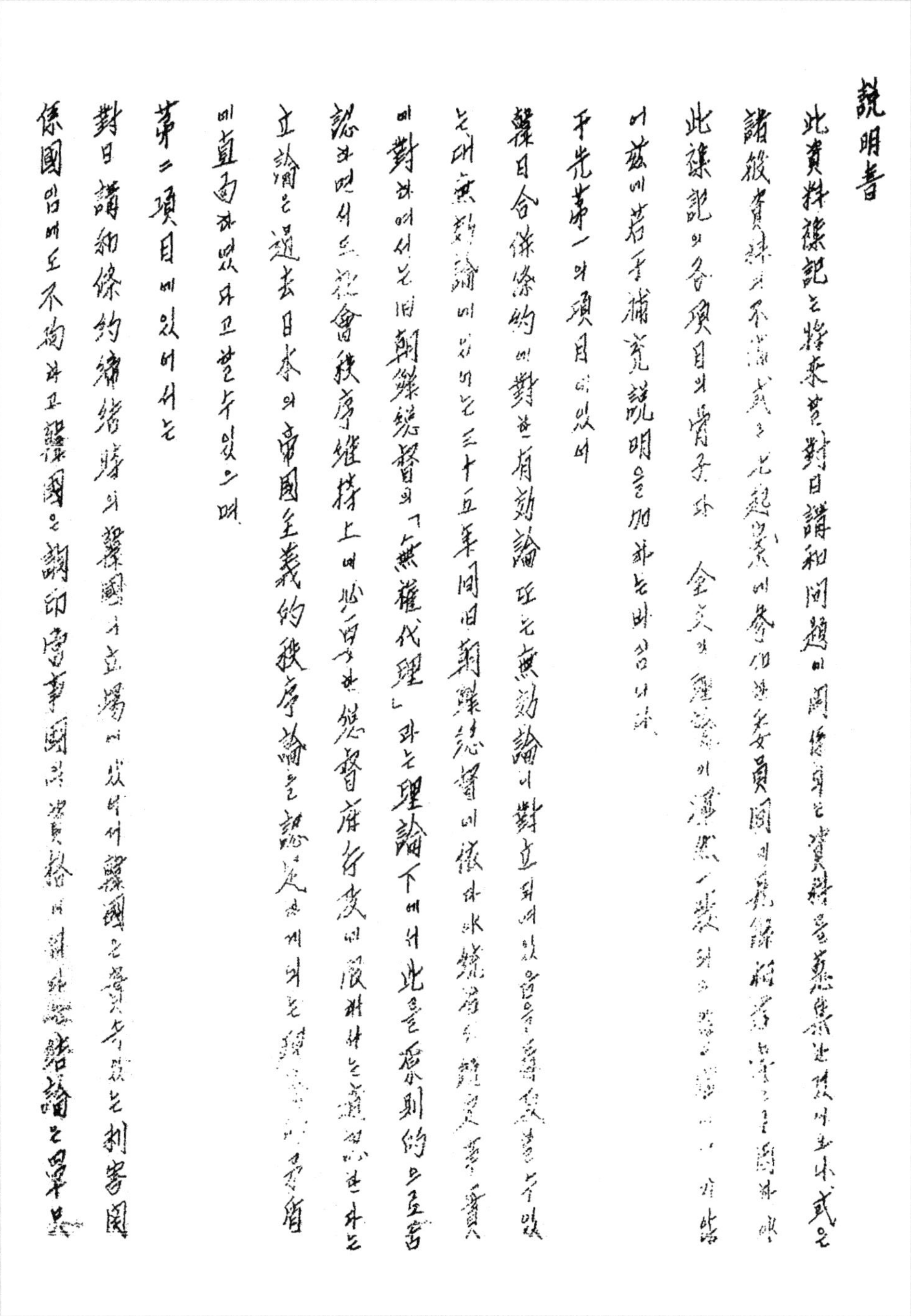

說明書

此資料諜記는將來其對日講和問題에關係資料를蒐集作成한것이나[illegible]式은

諸般資料의不備等으로此起草에參加한委員들의[illegible]로因하여

此諜記의各項目의骨子와 全文의[illegible]에[illegible]

이에若干補充說明을加하는바입니다.

于先第一의項目에있어

韓日合併條約에對한有效論또는無效論이對立되어있음을[illegible]할수있

는데無效論에있어서는三十五年間日朝鮮總督이[illegible]

에對하여서는舊朝鮮總督의「無權代理」라는理論下에서此를原則的으로否

認하면서도社會秩序維持上에必要한總督府行政의限界까지는[illegible]하는

立論은過去日本의帝國主義的秩序論을認定하게되는[illegible]矛盾

에直面하였다고볼수있으며

第二項目에있어서는

對日講和條約締結時의韓國의立場에있어서韓國은[illegible]利害關

係國임에도不拘하고韓國은調印當事國과[illegible]結論은[illegible]

謂印貨格의 應當性 即 韓國이 対日戰爭에 参加하지 않았다는 事實 ―
實際는 一部分이나마 海外에 亡命한 韓國人中에는 光復軍을 組織하고
中華民國軍과 協力하여 參戰하였다 ― 에 基因된 것이라고 할 수 있는바 한
편으로는 前記 第一項目에 있어서의 立論이 不適性에 처하는 것이라고 思料
되는 바입니다 그럼으로 第五項目에 들어가서는 旧朝鮮總督府 直轄
関係는 地方自治機関 各種 日本人이 管理하든 公益法人의 在韓財產 問題
도 「韓美間의 財政及財產에 関한 最初協定 第五條」에 規定된 趣旨
에 依해서 韓國의 權利는 그 財產의 所在 如何를 不問하고 確認되어야 할
것임에도 不拘하고 聯合軍最高司令部의 対日 至急政策上 또는 対日
賠償政策上 制限받게 될 것이라는 것은 聯邦財產權에 関하여 日本人의
利權存在를 認定하게 된 結果인바 聯合軍最高司令部에서
人 財產의 請求権要素를 団体의 目的인 公益性에 反하지 않고 權利를 保
에 表하였는 本能 要請에서 나온 것입니다. 그러고 보면 賠償上 據當

의 返還要求 第九項은 領土權確立問題 第八項은 在日韓僑의 [illegible] 等
은 韓日合併以後 日本의 侵略으로 말미암아 喪失된 韓國의 民族的 歷史的 文
化的各部門의 原狀回復이라는 原則에 依해서 檢討 또는 決定될 것임으로 이것은 歷
史的考察下에서 一層 더 回復權에 對한 基礎와 範圍를 明白히 해야 할 것으로 思
料되는 바 입니다.

檀紀四二八四年十月二十五日

大韓民國駐日代表部政務部

6. 주일 대표부 유진오 법률고문의 「일본 출장보고서」, 1951. 9. 10

한국 외교문서 77, 한일회담 예비회담 본회의 회의록

이승만 대통령의 지시로 주일 대표부에 파견된 유진오 고려대학교 총장이 한일회담과 관련된 자료수집과 GHQ/SCAP 인사들과 면담 등을 거쳐 작성한 보고서다.

이승만 대통령은 대일강화조약이 체결되기 2개월 전인 1951년 6월에 주일 대표부로 하여금 GHQ/SCAP과 일본 정부에 대해 한일회담 개최를 공식 제의하라고 지시하였다. 이어, 7월 28일부터 9월 초순까지 유진오 고려대학교 총장과 임송본 조선식산(朝鮮殖産)은행장을 주일 대표부에 법률고문과 경제고문 자격으로 파견하였다. 자료수집과 GHQ/SCAP과의 면담 등을 통해 일본과의 양자회담 대비책을 강구토록 하기 위한 목적에서였다. 유진오는 9월 10일, '재일교포의 국적 문제'와 '일본 및 일본인에 대한 한국 및 한국인의 자산 및 채권을 포함하는 청구권의 문제'에 관한 일본 측 사정과 한국 측의 대책을 담은 이 「일본 출장보고서」를 이 대통령에게 제출하였다. 1949년 『대일배상요구조서』를 작성하는 과정에서 불가피하게 대일배상 문제를 '반환 청구'의 방향으로 전환할 수밖에 없었던 한국은 이 시점에서 이미 대일배상 문제를 '자산(또는 재산) 및 청구권 문제'로 부르고 있었음에 주목할 필요가 있다.

보고서의 '청구권 문제' 부분에는, "한국에 있는 일본재산이 전적으로 몰수된 데 대하여 일본인들이 암암리에 큰 불평을 가지고 있으며, 제4조 b)항의 수정을 위한 운동을 전개하고 요시다 총리에게 진정서까지 제출하였으나, 그것이 효과가 없자 「사유재산제도씨(氏) 철거」라는 괴문서까지 돌리고 있음"을 언급하고, "한국이 일본을 상대로 재산에 관한 교섭을 행할 때에는 이러한 점을 항상 염두에 두어야 할 것"임을 강조하는 내용이 포함되어 있다. 유진오는 2개월여의 일본 출장을 통해 파악한 정보들을 토대로 추후 한일회담에서 일본 측이 집요하게 주장하는 역청구권 문제를 예견하였던 것이다. 유진오는 약탈재산, 1945년 8월 9일 이후 특별한 조치를 받은 재산(폐쇄기관의 재산 등), 한국에 본사를 둔 귀속기업체의 재일재산, 선박, 확정채권, 조선장학회, 기타 재산 등 항목별 건의를 통해 『대일배상요구조서』를 보완하고, 『조서』에 빠져 있던 폐쇄기관의 재산과 한국에 본사를 둔 귀속기업체의 재일 재산 등을 추가하였다. 유진오 박사의 보고서는 추후 한국이 제1차 회담 청구권위원회에서 일본 측에 제출한 「대일 청구 요강(안)」에 반영되었다.

韓日代第　號

檀紀四二八四年九月十日

大韓民國駐日代表部法律顧問

兪鎭午

外務部長官 貴下

日本出張報告書

檀紀四二八四年七月二十八日에釜山을出發하여空路日本東京에赴任한後現在까지駐日代表部法律顧問을視務하온바其間에韓日間에介在하는諸般問題에關하여調査및視察한結果를左와如히報告하나이다

記

一、在日僑胞의國籍問題

問題의沿革

聯合軍은一九四五年十一月에發表한「對日初期政策」에서韓國人은「解放된民族」liberated people으로取扱할 것을明示하였으나一九四八年六月二十一日付SCAP覺書에 있어서는若干政策을変하여「特別地位를가진國民」을 status nation 이라하였다 「特別地位를가진國民」이라함은 日本人은아니로되 그렇다고確定的으로日本國籍을離脫한 國民으로도볼수없는一種特異한地位를가진國民이라는 뜻이다 聯合軍은日本裁判所에서刑의判決을받은韓

國人으로서 韓國歸還을 希望하는 者에게는 그 判決을 再審

查받는 特權을 賦與하며 이를 普通日本國民과 區別하는

措置를 取하였으나 (一九四六年二月十九日 SCAP 覺書) 한편

韓國人이 完全히 日本國籍을 離脫한 것으로는 看做하지 않

은 韓國人의 國籍은 講和條約締結時에 最終的으로 決定

될 것이라는 見解를 取하여 왔고 그리하여 SCAP은 韓國

人의 登錄과 撤歸에 關한 措置를 覺書로써 發表하고 (一

九四六年三月十六日) 이에 應하지 아니하는 韓國人은 日本人

과 同一히 取扱할 것을 發表하였고

國籍과 利害關係

韓國人을 「特別地位를 가진 國民」 또는 「第三國人」이라

하여 日本人으로 取扱한 것은 日本의 利益에 合致되는 바이었다 換言하면 韓国人에게 聯合国人 待遇를 하면 聯合国人에게 賦與되는 治外法権 其他의 特権을 韓国人에게도 賦與하여야 하지만 韓国人을 日本国民으로 取扱하면 如斯한 特権的 地位를 認定할 必要가 없기 때문이다 그러나 講和條約이 締結된지 今에 이르러서는 問題는 若干 달라진 것을 注意할 必要가 있다 即 講和條約이 效力을 發生한 以後에는(條約 第二十三條에 依하여 調印各国의 過半數의 批准이 있는 때에 效力을 發生하도록 되어 있음) 聯合国人일지라도 何等의 特権을 가지지 아니한 普通「外国人」에 지나지 않기 때문에 国人을 外国人으로 取扱하여도 何等 韓国人에게 特権을

喪失하는 것이 되지 아니할 뿐 아니라, 日本国籍을 가진 것으로 取扱하느니 보다도 오히려 外国人으로 取扱하는 것이 日本에 有利한 것이다. 왜냐하면 外国人에게 内国人과 同一(한 待遇 national treatment)를 賦與하는 것은 도리어 이를 優待하는 것이 되기 때문이다. 그러므로 지금 와서는 韓国人을 外国人으로 取扱하려는 것이 日本政府의 意図인 것으로 보이며 또 SCAP으로서도 別다른 意見을 가질 理 없는 것으로 본다.

国際法上의 慣例

한 戰爭의 結果 領土의 變更 또는 新国家의 成立이 있을 때에 그 領土内에 居住하고 있는 住民 또는 本籍을 그 領土에 두고 있는 사람의 国籍이 国際法上 如何히 取扱되는

가를 보면 다음과 같다

첫째 領土變更의 境遇에 그 變更되는 領土에 居住하는 사람들의 國籍은 講和條約이 成立될 때 까지는 從來의 地位를 維持하는 것이 國際法上의 原則이다 이를 韓國의 境遇에 適用한다면 韓國에 있는 韓國人도 講和條約이 成立될 때 까지는 日本國籍을 그대로 保有한다는 것이 從來의 國際法上의 原則이다

그러나 이러한 從來의 原則은 韓國의 境遇에는 適用할수 없다 韓國에 있는 韓國人은 이번 講和條約締結前에 벌써 事實上뿐 아니라 法律上으로도 日本國籍을 離脫하여 韓國國籍을 取得한 것이다 그것은 韓國이 日本의 一部로 되

宣言受諾으로因하여 벌서 實質的으로 日本의支配를 떠났으며 一九四八年八月十五日의 大韓民國政府樹立으로因하여 韓國의 獨立은 벌서 法的으로 確定되어있기 때문이다 同年十二月二十日法律第十六号國籍法의 公布는 韓國國民의 國籍을 形式的으로 確認한 措置이였다

둘째 日本에 있는 韓國人의 地位는 어떠한가 하면 第一次大戰後에는 類似한 境遇에 處한 사람들에게는 國籍의 選擇權을 認定하고 本國國籍을 選擇한 사람들은 一定期間內에 本國으로 住所를 移轉하도록 要求되는 것이 例이였다 卽 이를 韓國의 境遇에 適用한다면 日本에 있는 韓國人은 講和條約後에 韓國國籍과 日本國籍의 兩者

外務部

中一을 擇하는 權限을 賦與받는대신 韓國國籍을 擇할 境遇에는 一定期間內에 韓國으로 退去하지 아니하면 안되게 되는것이다

그러나 以上과 如한 措置를 取하기 위하여서는 日本에 있어서는 韓國人이 尙今도 日本國籍을 가지고 있었다 하는 SCAP 및 日本政府의 見解가 옳다 함을 前提로 하여야 하는 바 本人은 此種見解에 同意할수 없다. 卽 日本에 있는 韓國人도 이미 韓國國籍을 取得한것이며 다만 그것을 日本政府가 確認하는 일만이 남아 있는것이다 領土變更의 境遇에 國籍問題가 이러나고 그것이 講和條約에 依하여 最後的으로 處理되는 것이 從來의 國際法上의 例이기는 하나

그것은 講和條約이 戰斗行爲의 終了後 열마되지 아니하여. 곧締結되는 境遇에 限한는것이다. 그런데 韓國의 境遇에는 対日講和條約締結까지에 六年이란 長時間이 걸렸고 그동안에 韓國의 日本支配로부터의 離脫、太韓民國의 独立、그國際的承認等의 政治的및法的変化가 일어났다. 國籍뿐아니라, 領土変更 그自体도 普通의 境遇에는 講和條約으로 비로서 変更이 行해지는것이지만 韓國의 境遇에는 韓國의 独立은 이미 成立된 法的事實이고、이번 講和條約에 依하여 비로서 形成되는것이 아니다. 마찬가지로 在日韓國人의 韓國國籍取得도、이미 實質的으로는 行해진것이고、이번에

韓日間에 或種의 條約乃至協定이 成立된다하여도, 그것은 單純히 過去의 事實을 確認하는, 効果밖에 가지지 아니하는것으로 보아야할것이다. 在日 韓國人은 이미 韓國國籍을 取得한것이며, 남은 問題는 그事實을 日本政府가 確認하는 일뿐이다.

萬一 日本側이 在日韓國人의 日本國籍을 固執한다면 一種의 二重國籍의 問題가 될것이다.

在日韓國人의 登錄問題

現在 在日韓國人에 対하여는, 韓國代表部에서 登錄을 받고있으나, 그成績이 極히 不良하고, 한편 日本政府에서는 韓國人과 朝鮮人(北韓傀儡追隨者)를 区別하며 따로

登錄을 받고있는데 上記者의 八萬에 [illegible]하여 後者는 五十余万
이라 한다. 그러면 國籍에 關한 條約이 締結되어 앞으로 韓國
代表部로서 登錄을 받는다 하여도, 多數의 未登錄者(北
韓支持者)가 생기게 될것인데 그것을 어떻게 處理하느냐 하
는 問題가 發生할 것이 予見된다.
萬一 登錄을로써 國籍取得의 要件이라 하면 未登錄者는
無國籍者로 取扱될것이다. 그러나 登錄은 確認行爲에
不過하기 때문에 未登錄者도 韓國々籍을 가진者로 處
理하여야 할것이다.

在日韓國人의 居住와 營業權問題

日本과 條約을 맺은 結果, 在日韓國人이 國籍의 選擇

權을 얻어 韓國々籍을 取得하는 것이라 하면, 日本側에서
在日韓國人의 韓國撤歸問題를 提起할 危險性이
濃厚하다. 그러나 前述한 바와 같이 在日韓國人은 벌서
三年前에 完全히 韓國々籍을 取得한 것이라 하면
이미 三年이나 居住한 日本에서 까닭없이 強制退去를
當할 理由는 하나도 없다.

在日韓國人의 財産搬出問題

戰爭으로 因한 破壞의 結果, 在日韓國人의 財産을
本國으로 搬出하며 本國의 復興에 이바지하게 하여야 할
必要는 한층 增大된 바 在日韓國人의 國籍問題만 確定
되면 이 問題解決의 基礎도 確立될 것이라 할 것이다.

外務部

在日韓國人에 對한 日本政府의 當面政策

日本政府는 出入國管理廳이라는 官廳을 設하여 外國人의 出入國에 關한 事務를 管理케 하고 있는데 그 主要目標가 韓國人의 密入國取締와 强制送還에 있음은 贅言을 不要한다. 現在日本政府는 强制送還에 關한 法律案을 準備中에 있다 하는 바 仄聞한 바에 依하면 日本共産黨關係者, 住所不定者, 一定한 職業이 없는 者等을 日本으로부터 强制退去시키라 한다. 共産黨關係者의 强制退去는 不得已 하다 하드라도 其他의 規定은 濫用될 憂慮가 있으므로 이에 關하여 우리政府로부터 適當한 事前措置가 있기를 希望한다.

外務部

二 日本및日本人에 對한 韓国및韓国人의 資産및
債權을 包含하는 請求權의 問題

概觀

對日講和條約第四條B項에 依하여 韓国및韓国人
에 対한 日本및日本人의 資産및債權을 包含한 請求
权의 問題는 解決되었으므로, 同條A項에 依한 日本및日本
人에 対한 韓國및韓國人의 資産및請求权의 問題만이
韓日両国間에 條約또는 協定으로써 解決할 問題로 남
아있는데 이것은 다시 또 여러 各項目으로 나누어서 考
案함을 要한다.

具体的 考察로 들어가기 前에 우리 政府의 注意를

喚起해준 것은、韓國에 있는 日本財産이 全的으로 沒收된데 對하여 日本人들은 暗々裡에 큰 不平을 가지고 있었다는 事實이다. 本人이 直接 聽取한 情報에 依하면 日本人들은 第四條 B項의 修正을 爲하여 運動을 展開하고 講和会議全權 吉田首相에게 陳情書를 提出하였으며 그것이 無望하게 보이자「私有財産制度氏 逝去」라는 怪文書를 돌리기까지 하였다. 日本人들의 如斯한 不滿은 아무 効果도 없는 것이지만 우리들이 그들을 相對하여 財産에 關한 交涉을 行할 때에 恒常 念頭에 두어야 할 것이다.

(1) 掠奪財産

美國의 對日初期政策 United States Initial Post-Surrender

外務部

~~Policy~~ Policy for Japan 및 極東理事会 FEC의 對日基本的方針 Basic Post-Surrender Policy for Japan 에서는 日本은 識別할수있는 모든 掠奪財産 looted property 을 即時返還할것이 規定되어있다. 第二次大戰中 韓國은 日本의 支配下에 있었으므로 이 規定은 嚴格히 말하면 韓國에 그대로 適用되지 아니한다할것이다. 그러나 調整을 要하는 韓日間의 關係는 반듯이 第二次大戰期間中에 發生된 問題에 局限되어야할 何等의 根據도 없는것이므로 掠奪財産返還의 問題는 韓國의 境遇에는 적어도 日清戰爭時까지 溯及하여 올라가야할것이다. 中國에 對하여서는 이번 講和條約은 日清戰爭의 結果까지 溯及하

'며 是正하라 하고 있다(台灣의 拋棄)

壬辰倭亂時에 奪去한 書畵, 貴重品等은 返還을 要求할 根據는 있다 하여도 時間이 너무 오래되어 좀 異常한 感이 있다.

그러므로 此種 文化的 財寶의 返還에 關하여서는 韓日兩國間에 文化尊重의 精神下에 此種財寶를 相互返還한다는 協約이 締結되기를 希望한다.

(2) 一九四五.八.九 以後 特別한 措置를 받은 財產

日本에 있는 韓國 및 韓國人의 財產은 다른 聯合國 및 聯合國人의 財產과는 다른 事情下에 있었다. 即 聯合國 및 聯合國人의 財產은 戰時中 日本의 「敵產管理法(昭和十六年十二月二十二日)의 適用을 받어 日本의 管

外務部

理를 받았으나 韓國및韓国人의 財産은 何等 特別한
措置를받지 않았던것이다. 그러나 戰爭終結後 特別한
措置를 받은것이 있다. 첫째는 所謂「閉鎖機関」Closed
institution(朝鮮銀行, 朝鮮殖産銀行, 信託銀行,
金融組合聯合会等의 在日機関)의 財産이 그것이오
둘째는 韓國人에게 支拂될 日本会社, 法人等의 配当
金等이 그것이다. 이러한 財産返還에 関하여서는 「聯合
国人의 在日財産返還節次에 関한 覺書」(Memorandum
concerning Procedure for Returning Property in Japan
of Nationals of the United Nations, 6. May. 1946)가
重要한 參考資料 가 될것이다.

(3) 韓國에 本社를 둔 歸屬企業体의 在日財産

一九四九年一月十八日의 SCAP覚書에 基하여 同年八月十日日本政府는「旧日本占領地域에 本店을 둔 会社의 本邦内에 있는 財産의 整理에 関한 政令」(政令二九一号)을 公布하고 旧日本占領地域에 本店을 둔 会社로서 日本人의 利益이 一割以上인 것 一一二三社를 指定하고 此等会社의 日本에 있어서의 事業再開를 目的으로 한 第二会社設立을 認하여 日本支店財産에 関한 整理事務를 認定하였다. 二千余社中에는 高周波会社, 小林鉱業 其他多数한 韓國歸屬企業体가 包含되어 있음은 勿論이며 此等機関의 在日財産은 相当한 巨額에 達한

外務部

것이 推想된다.

그러나 이러한 財產은 總히 韓國으로 返還되어야 할 것이다. 왜냐하면 上在日財產은 在日機關(支店等)의 所有가 아니라 上本社의 所有임이 明白하며, 本社의 財產은 軍政法令第三十三号에 依하여 總히 軍政庁에 歸屬되었다가 一九四八年의 韓美協定에 依하여 韓國政府로 移讓되었기 때문이다.

注意 이 財產의 返還交涉은 相当히 困難이 予想된다. 日本側은 가진 理由를 具하여 返還하지 않으려 할 것이다. 그러므로 이 交涉에는 愼重한 準備와 檢討가 必要하며 또, 爲先 詳細한 調査에 依하여

證據와 數字를 把握하여야 할것이다

(4) 船舶

앞서 韓國政府는 一九四五年八月九日以後 (1) 韓國船籍을 가졌으며 (2) 韓國水域에있던 船舶으로서 日本이 不法하게 携去한 船舶 三[illegible]八隻의 返還을 받었다

그러나 軍政法令 第三十三号에 依하여 前示期日에 韓國水域에있던 一切日本籍船舶은 韓國에歸屬된 것이 明白하므로 그 返還을 받어야 할것이다. 이것은 이미 一九五0年 五月에 韓國政府로부터 SCAP에 청하여 要求中에 있는 것이다

지난 八月에 SCAP 民間財產管理局에서는 日本

政府에 対하여 이에 関한 調査를 命하였던바 그後
本人이 入手한 情報에 依하면 日本政府는 全的으로 이
를 拒否하는 態度를 取하고 있다 日本政府가 이를
拒否하는 理由는
(1) 前示期日에 그船舶이 韓國水域에 있었다는 證據
가 不充分한것
(2) 韓國側 調査에 錯誤가 많은것
(3) 지금까지 SCAP은 前示期日에 韓國水域에 있던
船舶은 韓國으로 歸屬되지만 日本水域에 있던 船
舶은 韓國船籍을 가진것일지라도 日本에 歸屬
된것으로 取扱해온것

等을들고있었다 그中(1)、(2)는이를補充하고是正하면足하지
만(3)은强硬한抗議로써SCAP의政策을變更시키지
아니하면안된다 日本水域에있었던韓國籍船은日本에
歸屬시킬何等의法的根據가없기때문이다 韓國水
域에있었던船舶은日本籍船이라도韓國에歸屬되지않
韓國籍船은日本水域에있었던其他어떤水域에있
었던間에韓國에屬하는것으로서韓國에返還되어야
한다는것이다
現在日本政府는「金泉號」以下五隻의日本水域
에있었던韓國籍船이SCAP의命令으로韓國에來
航하였다가그때로韓國에抑留된것에對하여返還을

要求하고있으나「日本船主協會」는「對日講和草案과日本海運」이라는意見書를發表하여 이를要望하고있다) 이는理由없는것이다

(5) 確定債權

確定債權에關하여서는 이미「對日懸債要求調書」에相當한調書가되어있으므로 이곳에詳論치아니한다 그러나 (1) 確定債權의請求는「懸債」請求가아님을明白히하여야하며 (2) 前記調書는粗雜하므로 그項目을整理하고法的根據를明示할必要가있다

(6) 朝鮮奬學會其他財產

財團法人朝鮮奬學會는 그財產管理에關하여 別

外務部

途로「財團法人朝鮮奬學會維持財團」을 組織하여 그 住所를 日本에 둔 結果 日本法人이 되어버렸다 그 結果 現在 그 理事陣에는 朝鮮人聯盟系 左翼人物이 多數 들어가 있으나 이는 日本政府와 交涉하여 爲先 그 理事陣을 改替하여야 할 것이다

其他 此와 類似한 性格의 財産의 有無는 調査를 要한다

結論과 建議

在日韓國人의 國籍問題도 重要하지만 財産問題로 들어가면 問題는 한층 困難하고 日本側과의 紛糾도 豫想된다 또 이 問題는 短時日內에 簡單하게 結末지을 수 있는 것도 아니다 한편 우리 便에 充分한 準備가 없으면

는으로 韓日間의 交涉에 있어서 우리의 것인 줄 빤연히 알
면서 日本側에 빼아끼고 찾지 못하게 될 것이 明白하다 그
러므로 本人은 相當한 規模의 (最少限 五人 以上의 專門
家로서 構成되는) 機關을 駐日代表部 內에 設置하여
三個月 乃至 一年 間 此種 事務를 管掌케 함이 絶對 必要
한 것으로 思料하고 이를 政府에 建議한다

7. 대일회담 재산권 및 청구권 문제

한국 외교문서 87, 제1차 한일회담: 청구권 관계자료

이승만 대통령의 지시로 1951년 7월 28일부터 9월 초순까지 주일 대표부에 경제고문으로 파견되었다가 한일회담이 개최되면서 청구권위원회에 한국 측 대표로 참석한 임송본 조선식산(朝鮮殖産)은행장이 작성한 재산권 및 청구권 문제에 관한 자료다.

임송본은 앞서 기술한 유진오의 「일본 출장보고서」에 나와 있는 건의를 반영하고, 그간 주일 대표부가 수집하여 정리한 ① 구 이(李) 왕실이 보유한 재일재산, ② 기탁재산에 관한 문제(전쟁 종료 후 일본에 체류한 한국인들이 한반도로 귀환하면서 임시로 맡겨놓았던 재산의 환수 문제), ③ 체신부 관계 확정채권의 반환 문제, ④ 북한지대의 확정채권 문제 등의 자료를 참고로 하여 이 「대일회담 재산권 및 청구권 문제」를 작성한 것으로 보인다. 그는 한국이 1949년에 작성한 『대일배상요구조서』 중 '확정채권(제2부) 및 중일전쟁 및 태평양전쟁에 기인한 인적·물적 피해요구(제3부)' 등을 우선 일본 측에 제기해야 할 것이라고 제언하였다. 이 자료에 정리된 내용 중 강화조약 제4조 a)항 및 b)항에 대한 해석, 미 군정청령 제33호의 해석, 미군 점령 정책하의 한국재산 처리 상황 등은 초기 한일회담 청구권위원회 회의에서 일본의 재한일본인 사유재산에 대한 역청구권 주장을 반박하는 한국 측 논리로 활용되었다.

이 자료에서 특기할 만한 사항은, 일본과의 회담 시 제기할 '재산과 청구권 문제와 관련한 제목 및 조항'에서 구 동원자 공탁금, 태평양전쟁 중 전사자의 위자료 및 구 이(李) 왕실의 재일재산 관계와 함께, 태평양전쟁 중의 위안부 보관금 관계가 기재되어 있다는 점이다. 한국 측 장기영 대표는 1952년 5월 19일 개최된 제2차 회담 청구권위원회 제2차 회의에서 위안부 보관금 문제를 거론하였다. 그는 일본 또는 그 점령지로부터 귀국한 한국인의 예탁금 문제를 설명하는 과정에서 "한국 여자로서 전시에 해군이 관할했던 싱가포르 등 남방에 위안부로 갔다가 돈이나 재산을 놓고 귀국한 사람들이 있으며, 군 발행의 수령서를 보여주면서 무언가 해달라고 오는데 사회 정책적으로 동 수령서를 담보로 돈을 빌려준 경우도 있다"고 발언하고, "후에 일본 자료를 통해 실태를 확인해 나가길 원한다"고 하였다.[11] 이 기록으로 미루어 당시 한국 정부는 일본군'위안부' 존재를 인지하고 있었으나, 현재와 같은 전시 중 성폭력의 희생자로서가 아니라 단순히 재산청구권과 관련한 문제의 일환으로 간주했던 것으로 추정된다.[12]

11 『日本外交文書』693, 日韓交渉会議議事要録(十二) 第2回請求権関係部会, 1953. 5. 19.

12 유의상, 『대일 외교의 명분과 실리』, 137~139쪽.

~~極秘~~

對日會談 財産權및請求權問題

韓日會談 代表 林松本

白財務部長官 貴下

~(1)~

對日會談 財産權및請求權問題

一、 對日財産權및請求權또는確定債權關係

(1) 基本原理에關한資料 硏究

別添關係條文參照

概 論

우리韓國政府에서는 1949年에調査한 揭題에關한 調査請求書가 下記四部로써 作成되엿슴

第一部 現物返還要求等

第二部 確定債權要求等

第三部 中日戰爭및太平洋戰爭에基因한 人的物的被害要求等

第四部 日本政府의低價收奪에依한損害

以上 四部內調査書中에서 再檢討할것과 또는對日會談時에 先後를区別하여 提案할必要가有함 具体的으로指摘하면 上記四部內中 第二部 確定債權要求및 第三部 中日戰爭및太平洋戰爭에基因한 人的物的被害要求等은 爲先提出될性質로 思料됨

(a) 平和條約第四條A項및B項에關한見解

平和條約第四條A項에依하면 財産權및請求權(Property

~(2)~

and claims)은 韓日両國間의 協議의主題로 되였음 (shall be the subject of special arrangements between the Republic of Korea and Japan) 然이나 同條B項에서 韓國에있는美軍政当局의 日本國및日本國民의 財産處理의効力을 日本이承認하게 되였다

卽 同條B項을 吾詳細히讀釋하면 美軍政法令第三十三号에依하여 日本國및日本國民의財産이 美軍政府(USAMGIK)에歸屬(Vested)되고 其后다시 韓美財政特別協定(The Initial Financial and Property settlement between the Government of United State of America and the Government of the Republic of Korea.)에依하여 美國政府로부터 大韓民國政府에 移譲되였다

然이나 両國間의 複雜難涉한財産및 請求權處理에있어서 [權利發生의根源] 과 [財産補足] 의問題가 介在하고있다 이第四條B項에対하여서는 日本에서도 区々한論議、見解가있으나 우리韓國으로써는 法命No.33 韓美財政協定및 平和條約第十九條等을 援用하여 韓國에있는 日本國및 日本國民의財産權및請求權은 韓日両國의協定의對象이 아니될것이고 単只 韓國의財産및請求權의 resumption(回復)만을 協議의對象으로 할것이다

~(3)~

日本國內에있는 韓國의財産및 請求의概算은 別紙와如함

(6) 軍政法令第三十三号의適用및 그効力

(가) 構 造(A)—

日本에 本店또는本社를가지고 韓國內에 支店,支社 또는 分工場等 日本의在外資産이 있을境遇

韓國內支店의財産은 法命33号에依하여 取得清算된다 然이나 外國資産의清算이라하드래도 一般財産의 國內法上의清算과 同一한것이며 爲先 積極資産을 捕捉하고 다음 消極資産을 償却한后에 殘餘資産을處分하는데있어 共通的인것이다 萬一 消極資産이 積極資産을超過하여 赤字가 生起일時에는 赤字에対한 請求權이 日本所在店에 成立되지않는다 卽 領土主權內에서 限定處理되여 對日涉外關係는 切斷된다

以上解釋에 正当与否 如何할까。

(나) 構 造(B)—

韓國에 本店또는本支店을가지고 日本內에 支店,支社또는 分工場等 韓國의在外財産이 있을境遇

이境遇는 前述例와 完全히反異하나 法命三十三号의 適用効力은 本店의境遇는 株式 이歸屬되는것이다 故로 在日支店의資産은 積極資産 消極資産共히 承継되며 .支

～(4)～

配關係가 切斷되지않는다 그結果로 在日支店이 가지고있는負債도 償還義務가있는가 例之 金融機關의 日本人預金等이 日本支店에서 支拂되는것을 意味하는것이 아니다 그것은 即 日本人預金은 韓國에歸屬된것이며 單只当該在日支店이 直接가지고있는 負債만을 말하는것이다

如斯한思考方式은 近代株式會社理論의 発展으로써 当然事이며 過去美軍政의 法令三十三号以下 管理令第十號에 이르기까지의 運用方式에證하여도 우리가實地로 目擊한 바이다

即 法令第三十三號는 最初個々의資産 ― 例之하면 建物、商品 債權 什器等 許多한資産이 個々로 軍政府에 歸屬하는式으로 解釋되였다가 1946年4月27日附 Schutz 代將의「法令第三十三號에依하여 日本人財産을 取得함으로因한 法人債務의支拂에關한件」에依하여 軍政府의 法人取得効果는 株式其他持分權이 取得되였다는 解釋을하였으며 그後 此를敷衍하는 指令이있었고 結局 本精神은 管財令第十號에서 理事會의組織 株式總會再開의方式으로 結實되여 軍政府는 單純히 株主權의行使에 그치게되였다

이說明은 韓日兩國의 財産處理에있어 本支店關係가

~(5)~

依然히 持續되는것이며 國交關係로 事實上 遮斷되였다 하드래도 우리의支配權이消滅된것은 意味하지않는것이다

(다) 以上의理由로 現在CILC(Closed Institutions Liquidting Committee)에서 管理中인 朝鮮銀行, 殖産銀行, 金聯 信託等의 在日支店財産 80億円을 韓國에 返還되여야할것이다

故로 当然한歸結로써 對日本爲替(換)債權의請求는 우리側에서 除外되어야할것으로 思料된다

今番 對日會談에있어서 財産權및 請求權의 前哨戰으로볼수있는 船舶會談에서 過去 國際私法 又는慣例을 変更케한 SCAP의處理의實例를 作成한것이다. 換言하면 韓日両國間에있어서는 所謂 船籍主義와 水域主義의両者를 兼有한請求權을 SCAP에서 認定한 事例를 大書特書아니할수없다

以上 財産權및 請求權에關하여서는 Italy 講和條約 第十四條附屬書및 SCAPIN 1965号, 日本政令 291号 等이 参考例가된다 여기에서도 法令第三十三号가登場하여 最後의断을 내리게된다 이것이 即 日本의在外私有財産沒收라는것 自体(Confiscation of civil property of Japan and its nationals within outside of

~(6)~

Japan) 가 敗戰國日本에対한 新判例를 造成될것이다

(C) 占領政策下의 韓國財産處理状況

(가) 韓國에本社를둔 會社의 在日支店財産에關한件

(A) 本件에対한 SCAP当局의 措置

SCAP当局은 韓人의 在日財産에関하여 一旦 1945年9月22日発布한 SCAP覺書45号 (金融取引의 統制에関한 覺書) 로써 對外関係 (處分) 를 遮断 (禁止) 하였다.

그리고 後記一般的 Memorandum 形式으로써 一聯의清算 Liquidating 措置를 取하였다

左右間 我國의 在日財産은 大体 두가지系列로 管理되었다.

(1)은 開鎖機關令에 依한것

(2)는 SCAPIN 1965号에依한 整理會社方式이다.

(1) 開鎖機關令에 依한것

이에包含되어있는 在日財産은 朝鮮銀行、殖産銀行、信託銀行 金融組合聯合會의 四機關의 在日支店財産으로써 1950年9月30日 現在 B/S面 資産状態를 概算하면

	B/S 面	不確定資産	差 額
朝鮮銀行	6.910.463千円	268.070	6.642.393
殖産銀行	666.281	8.096	658.185
金 聯	1.307.351	607.792	699.559
信 託	34.250	8.812	25.438
計	8.918.347	892.772	8.025.575

上記閉鎖機関의 資産의 大宗은 日本國債等 有価証券이며 이것은 1945年8月25日 附朝鮮銀行本店의 所有로되어 있는 日本國債其他 4,793,972,385円을 恣意로 東京支店所有로 不法移替하여 閉鎖機関의 資産에 包含시킨것이다 日本側이 自己資産이라고 主張한다면 1945年8月25日 移替手續이 法令 No. 33 및 軍司令布告第二号(對外金融去來停止) 違反이며 掠奪財産임을 立証하여 移替된 有価證券만이라도 返還받어야할 것이다。

(2) SCAPIN 1965 号에 依한 整理会社方式 SCAPIN No. 1965 号 覚書 1号-4号 日本政令 291号로서 韓國에 本社를 둔 在外会社의 日本内財産으로서 韓國人의 利權이 九割以上 (日本人의 利益이 10% 以上) 의 会社 307 會社를 指摘하였다

(나) 前記清算方法

在日本支店에서 發生한 果実에 対한 韓國人의 債權과 在日

- (8) -

諸支店資産에對한担保物權은 優先順位로支拂하게되었으나 一般韓國人의債權은 原則的으로 在韓本社資産또는 其他資産으로도 完濟치못하는境遇에 ok 비로소 그不足額에限하여 在日支店財産에서 補償을請求하게되었음 또는債權이 完濟되는境遇에 ok 韓國人의株主또는 社債權所持人은日本人과同等히 按分比例로 淸算殘額의 分配를 받게되었다 이問題에関한 SCAPIN覚書는別添한다

(다) 特殊財産管理機構

日本内에서 日本財産管理機構로써 即韓國의在日財産 船舶, 閉鎖機関 SCAPIN 整理会社等은 日本側에서는 所謂〔特殊財産〕이라고稱하고 SCAP에서는 民間財産管理局(Civil property Custodian 略稱 C.P.C.)에서 管轄하고있고 大藏省 外務省 CILC 日本銀行等에서 連絡되고있다

二、今般対日会談時提起된 property and claims 에関連한 題目및條項을 摘記한다

I) SCAP書翰에依한旧動員者供託金関係

II) 〃 太平洋戰爭中戰没者의慰藉料請求.

III) 太平洋戰爭中의慰安婦保管金関係

IV) 旧李王宮在日財産関係.

V) 閉鎖機関令에依한 旧特殊法人関係書類

VI) 韓國에本社를둔法人(311個社)의在日財産関係

(a) 旧共済組合所有在日財産返還要求

(b) 旧朝鮮奨学會在日財産関係

(c) 韓國水産業会在日財産返還要求

(d) 旧朝鮮總督府鉄道局康生會在日財産関係

(e) Memorandam 1965号該当307個法人在日財産関係

VII) 確定債權一部関係書類

VIII) 其他請求權設定및返還要求関係

三 在外韓國人私有財産補償要求関係

對日占領軍管理法令및覚書等

I) 1949年1月18日字 SCAPIN 1965号〔日本國外에 本店을有하는会社支店의 日本内에있는 財産清算에関한件〕

II) 1949年6月1日 SCAPIN 1965/2号〔日本占領地에本店을有하는 会社支店의 日本内에있는 財産処分에関한件〕

III) 1950年2月28日字 政令第22号〔國外居住外國人等에対한 債務의弁済를為하야 하는 供託의特例에

關한件]

IV) 1949年 12月16日字 SCAPIN 2010/A〔朝鮮郵船会社의 貨物船返還에関한件〕

V) 1950年 10月3日字覚書〔朝鮮油槽船会社清算에関한件〕

VI) 1950年 10月12日字覚書〔京仁商船会社의再組織에関한件〕

VII) 1950年 10月19日字覚書〔西日本汽船会社의再組織에関한件〕

VIII) 1951年 1月2日字覚書〔朝鮮郵便会社의 再組織에関한件〕

IX) 1950年 2月28日字政令第22号〔國外居住外國人等에関한 債務의 弁済를為하여 하는 供託의特例에関한件〕

四 在韓美軍政廳関係法令

I) 1945年9月1日字 SCAP 宣言書 No.1, No.3.

II) 1945年9月25日字 軍政法令第33号

III) 〃 57号

IV) 〃 103号

V) 〃 125号

VI) 1946年4月27日字在韓美政指令〔法令第33号에依하여 日本人財産帰属으로써 発生되는 法人의 債務

~(11)~

支拂에関한件〕

vii) 1947年12月6日字〔在韓美軍司令部의 韓國人의権利에関한宣言〕

viii)〔朝鮮내創立된法人中 軍政庁이 利權을所有한 法人의 訴請에関한件〕

五、對日確定債權関係條項

i) 1945年10月9日字 SCAPIN 第113号〔旧日本軍人이었든 韓國人의給料支拂의件〕

ii) 1945年10月14日字 SCAPIN 第136号〔基金送金에関한件〕

iii) 1947年1月24日字 SCAPIN 第1484号〔日本炭鉱에있던 韓國人労動者의 預金과手当支拂에関한件

iv) 1947年11月26日字〔韓日間私有財産讓渡交換에関한措置와 処分에関한 同議의件〕

v) 1949年7月19日字 SCAPIN 2030号〔外國人預金計定의件〕

vi) 1949年8月4日字 SCAPIN 2030/1号〔外國人船員債權의 外國人預金計定에 移管에関한件〕蒐集

vii) 1950年1月15日字覚書〔韓國人을為하여 供託된基金에 関한件〕

viii) 1950年1月16日字 日本政府의 SCAP에對한答狀【韓國人을爲하여 供託된基金에 関한件】

ix) 1949年5月12日〔韓國人의軍人軍屬徵用工의 未拂金淸算要求의件〕

x) 1950年10月21日〔韓國人에게支拂하기爲한 供託金에関한件

xi) 1951年5月8日【外國人預金計定에있어서 韓國人을爲하여 供託된 基金에関한件】接受

xii) 1951年1月31日【韓國人을爲한 供託金에関한件】接受

六 旧王宮在日財産関係事項

i) 1947年10月11日字SCAPIN ~~2695/A~~【旧李王財産管理에 関한件】

ii) 朝鮮銀行在日支店 殖産銀行在日支店 信託會社在日支店 東拓會社 金融組合聯合會 朝鮮米穀輸入協會等大法人의淸算調査作成〔1950年10月10日現在〕

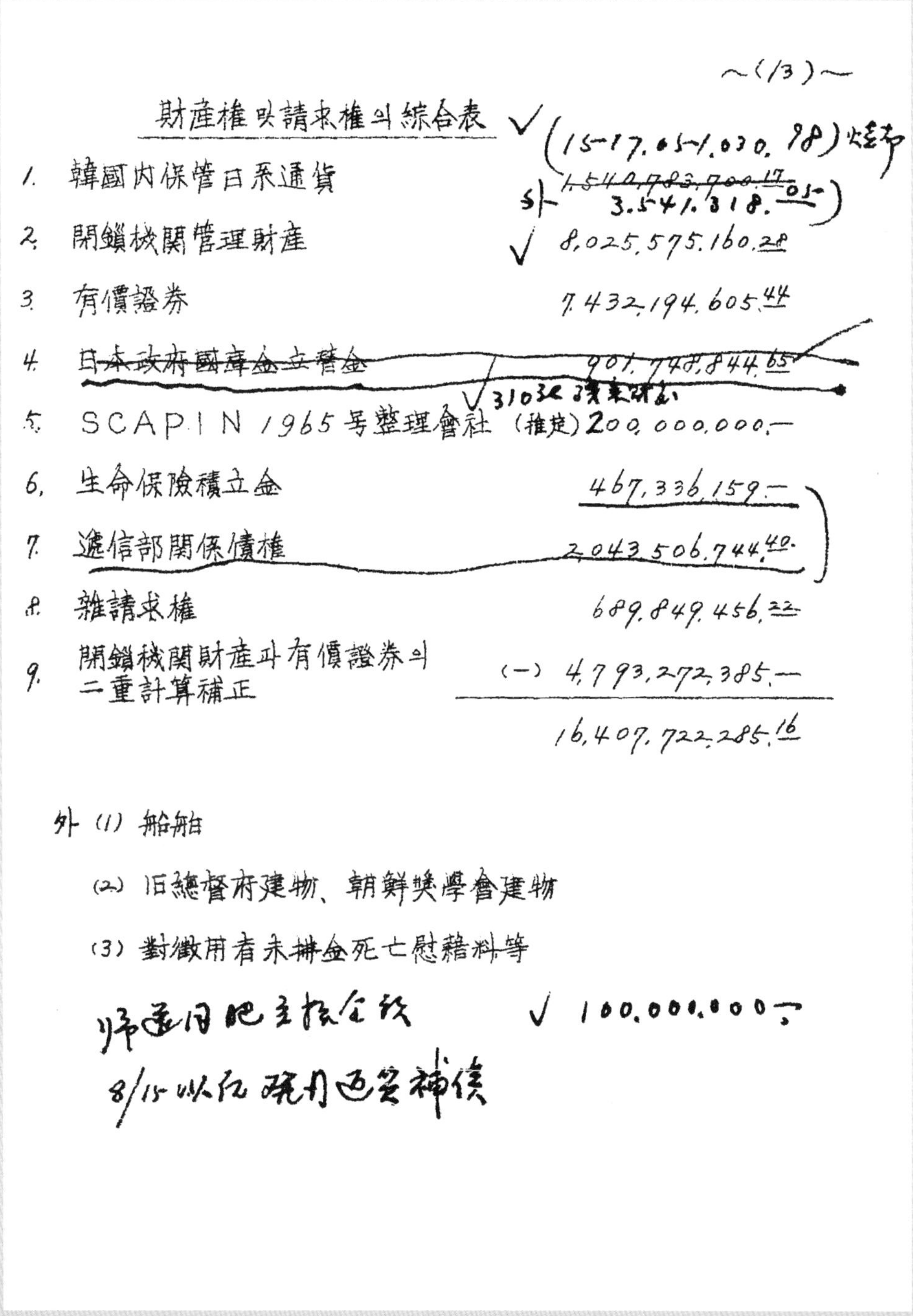
~(13)~

財産權및請求權의綜合表 ✓ (15-17.05-1.030.98) [illegible]

1.	韓國內保管日系通貨	~~1,540,783,700.17~~ 약 3.541.318.05
2.	閉鎖機関管理財産	✓ 8,025,575,160.28
3.	有價證券	7,432,194,605.44
4.	~~日本政府國庫金立替金~~	~~901,748,844.65~~ ✓31032 [illegible]
5.	SCAPIN 1965号整理會社	(推定) 200,000,000.—
6.	生命保険積立金	467,336,159.—
7.	遞信部關係債權	2,043,506,744.40
8.	雜請求權	689,849,456.22
9.	閉鎖機関財産과有價證券의二重計算補正	(—) 4,793,272,385.—
		16,407,722,285.16

外 (1) 船舶

(2) 旧總督府建物、朝鮮奬學會建物

(3) 對徵用者未拂金死亡慰藉料等

歸還日胞主張金額 ✓ 100,000,000.—

8/15以後 [illegible] 補償

韓國內保管日系通貨內訳表

1.	日本銀行券 (가)	1,491,616,748.00
2.	滿洲中央銀行券	1,462,795.41
3.	台湾銀行券	15,963.00
4.	聯合準備銀行券	64,289.30
5.	儲備銀行券 (나)	43,506.61
6.	日本軍票	23,225.00
7.	日本政府小額紙幣	19,800,042.90
8.	蒙疆銀行券	5.00
9	代理保管日系通貨 (다)	27,757,124.95

註 (가) 日本銀行券 ~~1,462,795~~ 1,491,616,748円은 下記內容으로 構成됨

朝鮮銀行固有의 所有 959,773,609.00

法令57号에依한預託日銀券 531,843,139.00

(나) 儲備銀行券은額面額 241,703円을交換率

100 : 18로 円貨換算表示한것임

(다) 代理保管이라함은 解放前交換勘定및日本銀行

代理店으로써, 当行이取得代價는決濟되었으나

法令三十三号에依하여 軍政府에歸屬된것임

(라) 其他日系通貨는 交換에依하여 保有된것임

(마) 銀行券現物은全部朝鮮銀行에서集中保管中임

(1) 國　債　　本店所有有價證券内譯表

銘柄	枚数	額面	備考
大東亜戰爭特別國庫	1,606	662,000	現物
〃 國庫債券	503	1,123,250	〃
支那事变 〃	1,394	193,300	〃
三分半利 〃	14	16,212,000	〃
	3,522	18,190,550	
食糧證券		152,006,330.05 170,196,880.08	登録

(3) 株　式

銘柄	株数	券面額	帳簿価格	備考
關東州工業土地	5,000	250,000	187,500.—	保管
満洲興業銀行	300,000	My 15,000,000	15,000,000.—	証有
華北工業銀行	30,000	Cy 1,500,000	1,500,000.—	〃
華興商業銀行	40,000	S$ 4,000,000	2,357,142.86	〃

(4) 日系外國證券

銘柄	額面	帳簿價格	備考
天津居留民國債	Cy 320,700	320,700	保管証存
濟南	Cy. 117,500	117,500	
	Cy 438,200	438,200	

閉鎖機關清算報告

韓鮮銀行
在日本支店

1950年9月30日現在 B/S (閉鎖1945.9.30日 特定業務廢止)

項目	資産 閉鎖時	資産 9月末
確定資産		
1. 回收될資産		
a. 貸出金	552,582,122.34	108,857,984.21
b. 現金及臨時支出金	14,062,667.94	
c. 受取計定	793.01	
3. 債券(日本.)		
a. 國債	5,649,157,167.61	5,637,812,627.07
b. 株券	1,268,113.—	604,300.—
c. 地方債其他	59,150,107.10	42,186,408.23
4. 固定資産		
a. 不動産	2,709,256.—	
b. 備品	34,414.—	3,306.—
5. 其他		
a. 保証金見返	2,197,000.—	247,000.—
b. 地金銀	510,761.30	510,761.30
c. 外國取先店에対한債权	14,587,802.75	551,031.26
d. 外國為替及外國債	176,116.—	3,056,962.37
計	6,296,436,321.09	5,793,835,380.44
未確定資産		
地金銀(在店保管)	3,211,957.65	3,211,957.65
6. 債券(日本國外)	243,099,530.20	243,099,530.20
8. 其他		
a. 株券	21,746,450.80	21,746,450.80
b. 日本外地銀行에対한債权	12,223.21	12,223.21
計	267,070,162.39	268,070,162.36

項目	資産 閉鎖時	資産 9月末
現金及預金		
11. 日本銀行代理店計定	235,837,343.08	6,423,240.28
12. 投資證券		860,267,300.—
13. 其他		
a. 第一次封鎖預金及自由預金	774,259.58	
計	236,611,602.66	866,690,540.28
資産總計	6,801,118,086.11	6,928,596,083.58
負債		
清算代金中対日本人債務		
2. 未支拂税金	403,115.42	
3. 従業員債務		2,928,974.09
5. 一般債券	370,465,410.38	14,742,435.19
9. 其他		
a. 保証金	2,197,000.—	247,000.—
b. 仮拂金	4,169,071.14	213,681.25
計	377,234,596.94	18,132,090.53
本店計定及株主에対한債权		
10. 海外에서発生된債務	85,682,667.09	78,885,571.75
11. 本店或은支店에支拂할金	6,174,401,478.50	5,585,363,830.47
12. 資本金及準備金		
a. 未支拂配当金	54,261.83	54,261.83
b. 余剰金	163,745,181.75	163,745,181.75
c. 清算益		1,082,415,147.25
計	6,423,883,489.17	6,910,463,993.05
負債總計	6,801,118,086.11	6,928,596,088.58

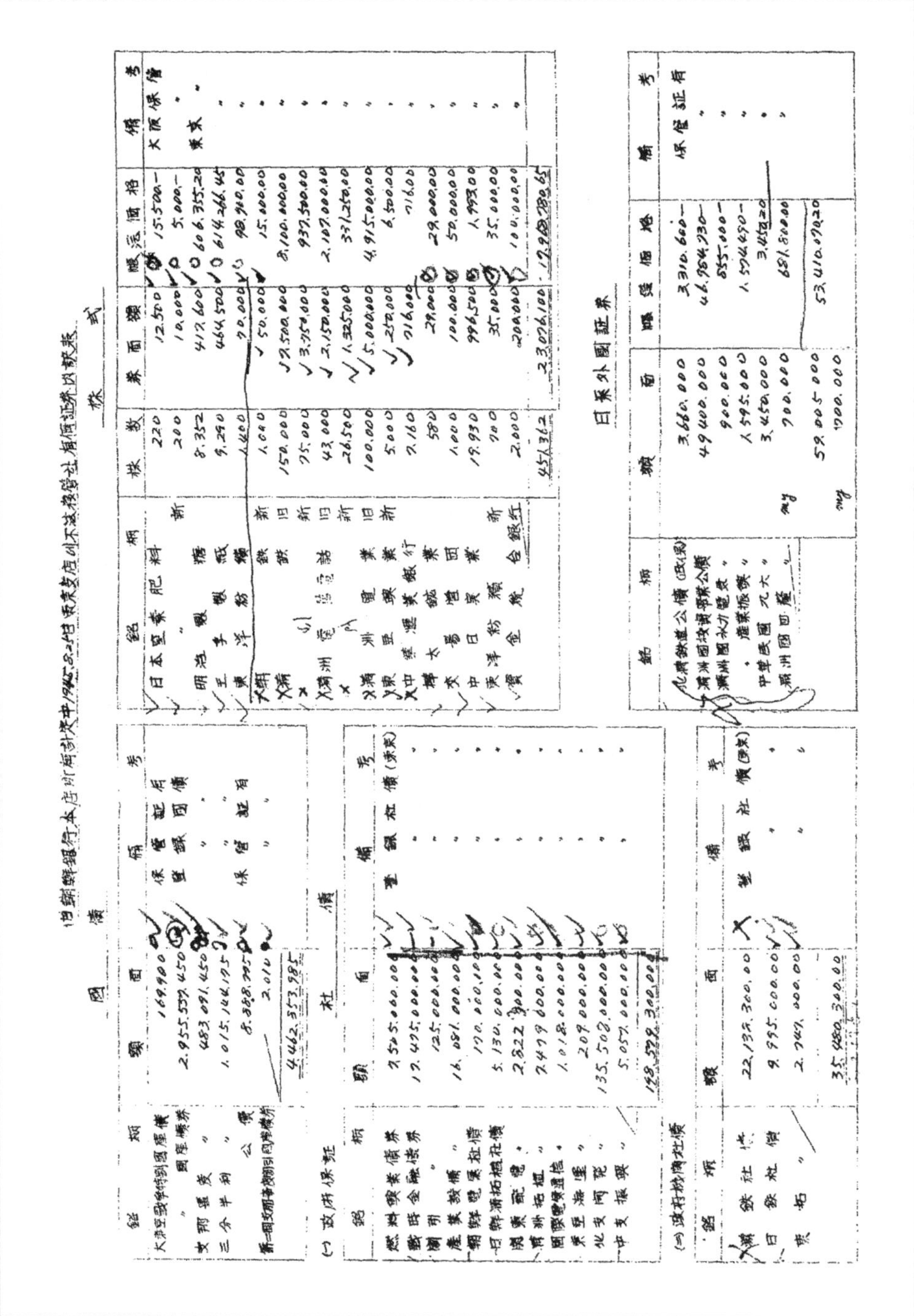

旧朝鮮銀行本店所有計定中1945.8.2?日東京支店에不法移管한有價証券內訳表

國債

銘柄	額面	備考
大東亞戰爭特別國庫債	169.900	保管証有
〃 國庫債券	2.955.557.450	登録国債
支那事変 〃	483.091.450	〃 〃
三分半利 〃	1.015.144.175	〃 〃
公債	8.888.795	保管証有
第二回支那事変割引国庫債券	2.010	〃 〃
	4.462.353.985	

(一) 政府保証 **社債**

銘柄	額面	備考
燃料興業債券	7.565.000.00	登録社債(東京)
戰時金融債券	17.475.000.00	〃 〃
〔illegible〕 〃	125.000.00	〃 〃
産業設備 〃	16.081.000.00	〃 〃
朝鮮電業社債	170.000.100	〃 〃
日鮮満拓植社債	5.130.000.00	〃 〃
関東電気 〃	2.822.300.00	〃 〃
満洲拓植 〃	7.479.600.00	〃 〃
國際電気通信 〃	1.018.000.00	〃 〃
東亞海運 〃	209.000.00	〃 〃
北支開発 〃	135.508.000.00	〃 〃
中支振興 〃	5.057.000.00	〃 〃
	198.579.300.00	

(二) 政府機関社債

銘柄	額面	備考
満鉄社債	22.137.300.00	登録社債(東京)
日鉄社債	9.995.000.00	〃 〃
東拓 〃	2.747.000.00	〃 〃
	35.480.300.00	

株式

銘柄		株数	券面額	帳簿価格	備考
日本窒素肥料		220	12.500	15.500.-	大阪保管
〃	新	200	10.000	5.000.-	〃
明治製糖		8.352	417.600	606.355.20	東京 〃
王子製紙		9.290	464.500	614.266.45	〃
東洋紡績		1.400	70.000	98.900.00	〃
朝鉄	新	1.000	50.000	15.000.00	〃
満鉄	旧	150.000	7.500.000	8.100.000.00	〃
〃	新	75.000	3.750.000	937.500.00	〃
満洲電信電話	旧	43.000	2.150.000	2.107.000.00	〃
〃	新	26.500	1.325.000	331.250.00	〃
満洲鉱業	旧	100.000	5.000.000	4.915.000.00	〃
東亞興業	新	5.000	250.000	6.500.00	〃
中華匯業銀行		7.160	716.000	716.00	〃
樺太鉱業		580	29.000	29.000.00	〃
交易営団		1.000	100.000	50.000.00	〃
中日実業		19.930	996.500	1.993.00	〃
東洋紡績	新	700	35.000	35.000.00	〃
資金統合銀行		2.000	200.000	100.000.00	〃
		451.362	23.076.100	17.9[illegible].780.65	

日系外國証券

銘柄	額面	帳簿価格	備考
北満鉄道公債(政保)	3.660.000	3.310.600-	保管証有
満洲国投資事業公債	49.400.000	46.984.730-	〃
満洲国水力電気 〃	900.000	855.000-	〃
〃 産業振興 〃	1.595.000	1.574.450-	〃
中華民国 九大 〃	3.450.000	3.450.20	〃
満洲国四厘 〃	my 700.000	681.800.00	〃
	59.005.000	53.410.070.20	
	my 1700.000		

閉鎖機關清算報告

韓鮮銀行
在日本支店

1950年9月30日現在 B/S （閉鎖1945.9.30日 指定業廢止）

項目	資産 開鎖時	資産 9月末
確定資産		
1. 回收見資産		
a. 貸出金	552,582,122.34	108,857,984.21
b. 先金及臨時支払金	14,062,667.94	
c. 受取計定	793.01	
3. 債券（日本人）		
a. 國債	5,649,157,167.61	5,637,812,627.07
b. 株券	1,268,113.—	604,300.—
c. 外國債其他	59,150,107.10	42,186,408.23
4. 固定資産		
a. 不動産	2,709,256.—	
b. 備品	34,414.—	3,306.—
5. 其他		
a. 供託金見返	2,197,000.—	247,000.—
b. 地金銀	510,761.30	510,761.30
c. 外國或先店에対한債权	14,587,802.76	551,031.26
d. 外國為替及外國債	176,116.—	3,056,962.37
計	6,296,436,321.09	5,793,835,380.44
未確定資産		
地金銀（本店保管）	3,211,957.65	3,211,957.65
6. 債券（日本國外）	243,099,530.20	243,099,530.20
7. 其他		
a. 株券	21,746,450.80	21,746,450.80
b. 日本外地銀行에対한債权	12,223.21	12,223.21
計	267,070,162.39	268,070,162.36

項目	資産 開鎖時	資産 9月末
現金及預金		
11. 日本銀行代理店計定	235,837,343.08	6,423,240.28
12. 投資證券		860,267,300.—
13. 其他		
a. 第二次封鎖預金及自由予金	774,259.58	
計	236,611,602.66	866,690,540.28
資産總計	6,801,118,086.11	6,928,596,083.58
負債		
清算代金中対日本人債務		
2. 未支払税金	403,115.42	
3. 従業員債務		2,928,974.09
5. 一般債券	370,465,410.38	14,742,435.19
9. 其他		
a. 保証金	2,197,000.—	247,000.—
b. 仮払金	4,169,071.14	213,681.25
計	377,234,596.94	18,132,090.53
本店計定及株主에対한債权		
10. 海外에서発生된債務	85,682,567.09	78,885,571.75
11. 本店或은支店에支払할金	6,174,401,478.50	5,585,363,830.47
12. 資本金及準備金		
a. 未支払配当金	54,261.83	54,261.83
b. 余剰金	163,745,181.75	163,745,181.75
c. 清算益		1,082,415,147.25
計	6,423,883,489.17	6,910,463,993.05
負債總計	6,801,118,086.11	6,928,596,088.58

閉鎖機關清算報告

1950. 9. 30. 日現在 B/S

朝鮮殖產銀行
東京及大阪支店

項目	資產 閉鎖時	資產 9月末
確定資產		
1. 固定資金		
a. 貸出金	52.900.000—	
b. [illegible]	3.122.669 55	
c. [illegible]	3.117.682 65	
3. 債权(日本内)		
a. 國債	472.553.225—	472.553.225—
b. 株券	10.191.562 50	8.042.500—
c. 内國債其他	7.100.000—	5.703.765 91
4. 固定資產		
a. 不動產	227.650—	
5. 其他		
a. 日本政府에 對한 債权		6.650—
計	549.212.789 22	486.306.140 91
未確定資產		
6. 債权(日本国外)	27.351.000—	7.996.500—
8. 其他		
a. 朝鮮[illegible]銀行에 對한 債权	320 40	320 40
b. 株券	100.000—	100.000—
計	27.451.320 40	8.096.820 40
現金及預金		
11. 日本銀行代理店勘定	1.202.809 40	1.343.908 28
12. 投資証券		170.642.800—
13. 其他		
(a) 第一次[illegible]	30.001.207 52	
計	31.204.017—	171.986.708 28
資產總計	607.868.127 10	666.389.669 59

項目	負債 閉鎖時	負債 9月末
清算代金中對日本人債務		
2. 未支払稅金	34.399 35	
3. 從業員債務	107.732 26	102.696 85
5. 一般債務	23.071.190 92	
9. 其他		
9. 假払金	30.068 43	5.584 34
計	23.243.391 56	108.281 19
本店勘定及株主勘定		
10. 海外에 發生된 債務		
11. 本店或은 支店에 [illegible]	584.228.756 04	569.903.395 20
12. 資本及準備金		
b. 余剩金	395.979 50	395.979 50
d. 清算金		95.982.013 20
計	584.624.735 54	666.281.388 40
負債總計	607.868.127 10	666.389.669 59

閉鎖機關清算報告

朝鮮金融組合聯合會
東京支店

1950年9月30日現在 B/S

項目	資産 閉鎖時	資産 9月末
1. 回收될資産		
b. 現金及臨時支拂金	9,966.93	
d. 預金— 閉鎖機關	2,148,076.40	
3. 債權(日本內)		
a. 國債	280,366,400.—	249,264,400.—
b. 株券	7,348,225.—	7,348,225.—
c. 内國債及其他	594,222,500.—	325,444,691.62
4. 固定資産		
a. 不動産	30,000.—	
b. 備品	4,000.—	
計	884,185,168.33	582,057,316.62
未確定資産		
6. 債券(日本國外)	460,213,400.—	460,213,400.—
8. 其他		
a. 回收不可能한資産	33,310.92	33,310.92
b. 株券	225,500.—	225,500.—
9. 缺損	7,740,655.88	7,740,655.80
10. 清算損		139,579,714.90
計	468,212,866.80	607,792,581.26
現金及預金		
11. 日本銀行代理店預金	228.40	2,241,829.46
12. 投資証券		115,259,650.—
13. 其他(第一回割當及自由預金)	14,500.—	
資産總計	1,352,412,763.53	1,307,351,377.78

項目	負債 閉鎖時	負債 9月末
清算代金中 対日本人債務		
2. 未支拂税金	1,236.—	
3. 從業員債務	25,112.—	
5. 一般債務	45,044,906.25	
計	45,071,254.25	
本店 및 支店과 株主債權		
11. 本店 또는 支店에 対한 債務	1,307,341,508.28	1,307,351,377.78
計	1,307,341,508.28	1,307,351,377.78
負債總計	1,352,412,763.53	1,307,351,377.78

閉鎖機関 清算報告

1950年9月30日現在 B/S

朝鮮信託株式会社
東京及大阪支店

項目	資産 閉鎖時	資産 九月末
確定資産		
1. 回收可能社資金		
c. 受取計定	46.341.24	
d. 閉鎖機関에預金	126.744.30	
3. 債権(日本内)		
a. 国債	14.332.125.—	14.333.125.—
b. 株券	8.624.012.50	8.627.012.50
c. 内国債其他	1.100.000.—	220.000.—
4. 固定資産		
8. 備品	11.580.—	
計	24.241.802.94	23.180.137.50
未確定資産		
6. 債権(日本国外)	8.807.500.—	8.807.500.00
8. 其他		
a. 株券	5.000.—	5.000.—
計	8.812.500.—	8.812.500.—
現金及予金		
11. 日本銀行代理店計定	368.20	269.658.13
12. 投資証券		1.988.170.—
計	368.20	2.257.828.13
資産総計	33.054.671.64	34.250.465.63

項目	負債 閉鎖時	負債 九月末
清算代金中対日本人債務		
3. 従業員請求金	29.000.—	
5. 一般請求金	2.769.20	
計	31.761.20	
本店計定及株主权利		
10. 海外에発生社債務	6.693.575.—	6.693.575.—
11. 本店或은支店에支拂	26.329.327.44	26.237.809.87
12. 資本及積立金		1.319.080.26
d. 清算益		
計	33.022.902.44	34.250.465.63
負債総計	33.054.671.64	34.250.465.63

閉鎖機関 B/S 分析表

1950. 9. 30. 現在 B/S

資	産	負	債
確定資産		未払債務其他	
朝銀	5,793,835,380 94	朝銀	18,132,090 53
殖銀	486,306,140 91	殖銀	108,281 19
金聯	582,057,316 62	金聯	—
信託	23,180,137 50	信託	—
小計	(6,825,378,975 97)	小計	(18,240,371 72)
未確定債資産		仮定計定其他	
朝銀	262,070,162 36	朝銀	242,625,015 33
殖銀	8,096,820 46	殖銀	395,979 50
金聯	607,792,581 76	金聯	—
信託	8,812,500 00	信託	8,012,655 76
小計	(892,772,064 58)	小計	(251,093,650 59)
現金및預金		本店에対한債務	
朝銀	866,690,440 28	朝銀	5,585,363,830 47
殖銀	101,986,708 28	殖銀	569,903,395 20
金聯	117,501,479 46	金聯	1,307,351,397 78
信託	2,257,828 13	信託	26,237,809 87
小計	(1,158,436,556 15)	小計	(7,488,856,413 32)
		清算益	
		朝銀	1,082,415,147 25
		殖銀	95,982,013 70
		金聯	〃
		信託	
		小計	(1,178,397,160 95)
総計	8,936,587,596 58	総計	8,936,587,596 58

摘	要
㉮ B/S面請求权算定	
株主計定其他	251,093,650 59
本店에対한債務	7,488,856,413 32
清算益	1,178,397,160 95
計	△8,918,347,224 86
㉯ 不確定債权을除外한正味財産残算額	
	△8,918,347,224 86
	892,772,064 58
	−) 8,025,575,160 28

聯合國總司令部SCAPIN諸覺書의要点

1949年1月18日字覺書1965號(別添英文參照)

此覺書에 있어서는 日本國外에本社를둔 會社의 在日支店財産의 淸算을指示하였는데

(1) 該會社의 範囲가確定되었고(但日本人의利權이一割以下인会社의 財産은除外함)

(2) 在日資産目録과 報告作成에있어서는「在日財産에関한 先取特權을 갖고있는外國(人)의債權」과「在日支店의 業務에서果実된 外國또는 外國人의債權」을 分別하게되었다

1949年3月8日字覺書1965/1號(別添)

1949年8月2日字覺書1965/3號(別添)

此覺書에있어서는 淸算을要하는 資産의範囲를明했다 (但閉鎖機関令에依해서 淸算中에있는것은除外함)

(1) 日本國外本社가 所有하고있거나 또는 請求할수있는 在日財産一部(但그것에 限한 意味가아님)

(2) 日本國外本社名儀로 日本國內에 登録되어있는 各種證券 (本社名儀로登録된 證券을抹消하고 그代身 新株式 또는 新公債를發行함)

(5) 日本國外本社가 갖고있는 在日財産에対한 權利證書 在日財産에対한抵当權 銀行預金通帳 領受證書 手票送金어음 約束어음 換어음 債權債務證書 及其他本社가 갖고있는 在日財産에関한 權利또는 利益에関한証憑書類

1949年6月1日字覺書 1965/2號 (別添)
1950年7月8日字覺書 1965/4號 (別添)

此覺書에 있어서는 清算方法에関한 具体的規準을 세웠다

(1) 清算이 新公社設立에 随伴되는境遇
清算會社의 株主및社債權者에対하여는 優先權을 附與해서 再建会社의 株式및 證券을取得시킬것

(2) 清算財産処分에関한原則
清算資産의 帳簿価格이 拾萬円 時価三十万円以下인 境遇에는 随意契約形式으로하고 拾万円以上인境遇에는 入札形式으로 公賣할수있다

(7) 在日支店業務에서 発生된果実에対한 日本國内또는 國外의 債權者及在日支店資産에対한 担保權者는 民法上의 優先順位에 依해서 支拂을 받을수있다

(ㄴ), (ㄱ)에依하서 弁濟한後 그殘餘資産이 있는境遇에는 株主、社債証券所持人 및其他債權者 또는 外國人債權(後記)者等은 前記殘額의 範囲内에서만 補償을 請求함

(ㄷ) 外國人債權者는(前記(ㄱ)項目을除外함)原則的으로는 그債權者가屬하는國家에있는該會社資産또는其他利用할수있는資産으로써 或은本社또는日本國外支店을爲해서 在日會社가 負荷된債務에対한 債權은 日本國外資産으로서 各支拂받게되였으며 万一完濟되지않는 境遇에는(ㄱ)을 弁濟한後 그殘額이있으면 그不足額数에 限해서만 日本國内債權者와같이 支拂받게되는데 그것도 不足되는境遇에는 内外人平等으로 取扱되게되였다

(ㄹ) 前(ㄷ)과如히 完濟된後에 依然히 分配할수있는境遇에는 外國人株主도 日本人과같이 殘余財産의 分配를 받게되였다 그리고 外國人債權에対한 支拂이 該外國資産으로써 完濟되는境遇에는 日本國内債權者에対한 支拂을 開始하는同時에 日本國内外의 株主및 社債權所持人에対하여 按分比例로 清算殘額의 分配를開始할수있다

1年 12月 12日字覺書 2189號 (別添)

此覺書에 있어서는 本件清算에関한 管理事務를 日本政府에 移管하는同時에 그債權 債務弁済方法을指示하였는데 外國人債權者의 請求에있어서는 本人의 正当한 委任形式의 手續을 거쳐서 本人이屬하는 駐日代表部의 代理申請이 있는境遇에만 支拂할수있다 그리고 本件管理에 必要하였던 若干의関係覺書를 廃止하였다

1949年 7月 19日字覺書 2030號 (別添)
1949年 8月 4日字覺書 2030/1號 (別添)

此覺書에 依하서

(1) 日本國外 外國人과

(2) 本社를外國에둔 法人으로써 適当한 額數의請求를 申請하지않았던 法人을爲하여서 「外國人債權者預託計定」를 別途 設置하였는데 此計定에는 戰時中 韓國人動員者의 未拂計定도 包含되었다

8. 割譲地域にある譲渡国の財産, 権利, 利益の取扱について, 1948. 5. 25

日本外交文書 1560 첫 번째 문서

전후 연합국과의 강화를 위해 일본이 작성한 강화자료의 일부로, 미국의 일본 점령 정책이 변화하면서 대일배상 완화 방침이 분명해지기 시작한 시점에 작성된 문서 중 하나다.

이 문서에서 일본은 이탈리아평화조약, 베르사유조약, 생제르맹조약의 선례를 들어 가면서 일본의 할양지(구 식민지)에서의 국유·공유·사유재산의 취급과 관련한 입장을 정리하였다. 할양지에 있는 국·공유 재산은 영토 승계국이 무상으로 승계함을 인정하였고, 사유 재산의 경우도 배상 개념으로 몰수될 것이라는 점을 인정하였으나, 조선의 경우는 배상 개념을 적용할 근거가 없다는 점에서 조선이 승계하는 것은 불합리하므로 일정한 구제 조치가 이행되어야 한다는 입장을 명기하였다. 일본은 이 자료를 추후 한일회담이 시작되면서 청구권 문제 교섭에서 한국 측에 역청구권을 주장하는 근거로 활용하였다.

번역

할양지역에 있는 양도국의 재산, 권리, 이익의 취급에 관하여

조약국 조약과, 1948. 5. 25

秘

강화자료 제22호 　　　　　　　　　　　　쇼와 26(1951)년 1월 편집

조약국 조약과

할양지역에 있는 양도국의 재산,
권리, 이익의 취급에 관하여

(조, 조약과) (1948. 5. 25)

1. 머리말

본 고는 할양지역에 있는 양도국의 공유, 사유재산, 권리, 이익의 취급과 관련해 이탈리아평화조약(Treaty of Peace with Italy)을 중심으로 베르사유조약, 생제르맹조약의 선례도 감안해 이것이 대략 일본의 사례에 어떻게 적용되는지를 추측해 본 것이다.

단, 이탈리아평화조약의 경우 식민지에 적용되는 경제적·재정적 처분은 제14 부속서 제19항 및 제13조에 따라 향후 결정을 기다린다고 정하고 있으므로, 일본 영토(예를 들어 조선, 가라후토, 타이완 등)의 할양이 식민지의 할양으로 취급되는 때에는 이탈리아평화조약을 그대로 선례로 다룰 수 없다는 점에 주의할 필요가 있다.

2. 양도국의 국유재산과 준 국유재산

가. 이탈리아평화조약은 "승계국은 이 조약에 따라 자국에 양도된 지역 내에 있는 이탈리아의 국유재산 및 준 국유재산 ……을 무상으로 수령한다"(제14 부속서 제1항)라고 규정하고 있다. 즉 본 건 재산의 승계는 영토 할양에 부수된 당연한 승계라는 개념을 채용하고 있다. 따라서 배상과는 다른 카테고리에 속하며 또 계수(繼受)는 무상계수다.

한편 베르사유조약은 "독일의 영토를 할양받을 국가는 그 양수 지역 내에 있는 독일제국 또는 그 각 방(邦)에 속하는 일체의 재산 및 소유물을 취득한다. 그 취득물의 가격은 배상위원회가 정하며, 또 독일 정부의 대변으로서 그 배상금액에 계상하기 위하여 해당 양수국이 배상위원회에 이를 불입하여야 한다"(제256조)라고 규정하고 있으며, 생제르맹조약 제208조도 비슷한 취지의 규정을 두고 있다.

위와 같이 본 건에 관한 이탈리아평화조약과 베르사유조약·생제르맹조약 두 조약의 차이점은 국유재산 및 준 국유재산을 유상승계할 것인가, 아니면 무상승계할 것인가에 있으며, 이 점에서는 얼핏 이탈리아평화조약이 베르사유·생제르맹 두 조약과 비교해 양도국에 더 가혹한 조건을 지우고 있는 듯 보인다. 하지만 실질적으로 베르사유조약은 위 재산의 수익금을 천문학적인 배상금액에서 공제하고 있을 뿐이므로 독일의 입장에서 보자면 무상으로 뺏긴 것이나 진배없다.

이탈리아조약의 규정 사례가 일본에 적용된다고 볼 때, 이에 따라 철도, 전신을 비롯한 방대한 국유·공유시설이 무상으로 영토 승계국에 승계된다. 그러나 이것이 배상 범위 밖의 양도이든 배상 계정에 포함되든 일본에는 어쩌면 실질적인 차이가 없을 듯하다. 아마도 원칙적으로 일본의 국내 시설 이외에는 철거 형태가 취해질 것이므로, 철거될 시설의 절대액은 이 원칙에 근거한 기준에 따라 최종적으로 결정되며, 할양지 자산을 배상 계정에 포함한다고 해서 그만큼 국내 시설의 철거량이 감소하리라고는 생각되지 않기 때문이다. 단, 요상국(要償国) 상호 간에 일본 국내 시설을 어느 정도씩 수령할 지의 비율은 본 건 자산이 배상 범위에 포함되는지 여부에 따라 차이가 발생한다.[베르사유조약도 알자스로렌에 관해서는 프랑스가 "1871년 알자스로렌을 독일에 할양한 조건을 감안하여" 독일의 국유재산과 준국유재산의 무상 취득을(제256조 제2항 및 제56조),

또 벨기에에 대해서는 특별히 위 재산의 무상 취득을 인정하고 있다(제256조 제3항). 덧붙여 독일 식민지의 위임통치와 관련해 '독일 제국 또는 독일 각 방에 속하는 일체의 재산 및 소유물'은 수임국에 무상양도 되어야 한다고 규정하고 있다(제257조, 제120조).]

나. 위와 같은 취급을 받는 재산의 범위를 이탈리아평화조약은, "이탈리아 정부, 지방 관헌, 공공시설과 공기업 및 조합의 동산 및 부동산 그리고 과거 파시스트당 또는 그 보조 단체에 속해 있던 동산 및 부동산은 이 부속서를 적용하는 때에 국유 또는 준국유재산으로 본다"(제14 부속서 제1항)라고 규정하고 있다.

베르사유조약은 제256조에 "본 조의 독일 제국 및 그 각 방의 재산과 소유물에는 황실 제국 또는 각 방의 일체의 재산과 전 독일 황실 기타 왕실의 사유재산 전부가 포함된다"라고 규정하고 있어(생제르맹조약 제208조에도 같은 취지의 규정이 마련되어 있다), 이탈리아평화조약과 비교해 범위가 좁다. 단, 이는 이탈리아평화조약이 할양지 소재 적국 재산을 다루는 때에 후술하는 바와 같이 사유재산 존중 원칙에서 사유재산의 범위를 엄격히 제한한 결과에 말미암는다. 일본의 경우는 이탈리아평화조약의 사례처럼 할양지에서는 사유재산 존중 원칙이 채용되지 않을 듯 보이나, 사유재산은 일정한 형태로 공유재산과 다르게 취급될 가능성이 있다(예를 들어 배상 계정에 포함되거나 연합국 사인의 청구권의 지급 담보로 하는 등. 이 점에 대해서는 타이완에 관한 중화민국 행정원 발표를 참조할 것). 따라서 그 경우에는 공유재산과 사유재산을 어떻게 구분할지가 문제가 되며, '공공시설과 공기업 및 조합(public institution and publicly companies and association)' 간의 구체적인 내용을 사전에 검토할 필요가 있다.

(덧붙여 본 건과 관련해 타이완은행, 조선은행 등 할양지 소재 특수 은행 회사가 접수되어, 그 내지 소재 재산이 장래 추궁될 수 있는지의 문제가 있다. 그런데 이탈리아평화조약에 따르면 이들은 공기업의 범주에 들어간다고 보이므로, 할양지에 있는 재산에 대해서만 영토 승계국이 계수할 수 있다고 주장할 수 있을 듯하다).

다. 해저전선

양도국의 해저전선에 관해 이탈리아평화조약은 특별히 규정을 마련하고 "할양 지역 내의 제반 지점을 잇거나, 할양 지역 내의 한 지점과 승계국의 타 지역 내의 한 지점을 잇는 이탈리아의 해저전선은 전선 일부가 영수 외에 있는 사실에도 불구하고 할양 지역 내에 있는 이탈리아의 재산으로 본다. 할양 지역 내 한 지점과 승계국의 법역 밖의 한 지점을 잇는 이탈리아의 해저전선은 종점 시설 및 전선 중 할양 지역의 영수 내에 있는 부분에 관한 한, 할양 지역 내에 있는 이탈리아의 재산으로 본다"(제14 부속서 제3항)라고 정하고 있다. 따라서 해당 해저전선이 공유재산일 때에는 전술한 원칙에 따라 영토 승계국에 무상으로 양도되며, 사유재산일 때에는 후술하는 제14 부속서 제9항에 따라 내국민 대우 또는 일반 외국인 대우로써 존중된다고 풀이된다.

일본의 경우에는 모든 해저전선이 공유재산이다. 따라서 이탈리아평화조약의 취지가 적용된다면, 할양 지역 내 모든 지점을 잇는 해저전선과 할양 지역 내 한 지점과 승계국의 다른 한 지점을 잇는 해저전선은 무상으로 양도되나, 홋카이도–가라후토 간, 규슈–조선 간, 혼슈–오가사와라 간, 규슈–오키나와 간 등의 해저전선은 영토 승계국의 영수 내에 있는 부분을 제외하고 일본의 것으로 남는다.

(베르사유조약은 제244조, 제8편 제1관 제7 부속서 및 제156조에 따라 독일 및 독일 국민이 그 권리, 권원, 특권을 포기해야 하는 해저전선을 열거하고 있으나, 이는 사실상 독일의 관유 및 사유 해저전선 전부를 포함한다. 일본의 경우도 일본 영토 밖의 해저전선에 대해서는 이 베르사유조약 방식이 준용될 가능성도 있다. 덧붙여 그 "해저 전신선 또는 그 일부로 사유에 속하는 것에 대한 가격은 …… 배상 계산에서 이를 독일의 대변에 계상한다"라고 규정하고 있다.)

한편 생제르맹조약은 제190조 및 제8편 제1관, 제6 부속서에서 오스트리아 해저전선의 처리를 정하고 있다. 즉 오스트리아 및 오스트리아 국민은 '이탈리아의 모든 지방(본 조약에 따라 이탈리아에 귀속되는 지방 전부를 포함한다)을 연결하는 해저전선 또는 그 부분'과, '본 조약에 따라 동맹국 및 연합국들에 양도하는 지방 전부를 상호 잇는 해저전신 또는 그 부분'에 관한 각종 권리, 권원 및 특권을 포기한다고 정하고, 위 가격은 배상 명의에서 오스트리아의 대변에 이를 계상한다고 규정하고 있다. 덧붙여 오스트리아는 조약에서 해수면에서 완전히 차단되었기 때문에 할양지, 비할양지 간의 해저전선에 관한 규정은 없다.

3. 양도국의 사인의 재산

본 건에 관해 이탈리아평화조약은 아래와 같이 규정하고 있다.

가. '이 조약 시행일에 할양 지역 내에 영주하는 이탈리아 국민의 재산, 권리 및 이익은 적법하게 취득된 것에 한하여 승계국의 국민의 권리와 평등한 기초에서' 존중된다.(제14 부속서 제9항)

나. 위 이외의 이탈리아 국민의 "재산, 권리 및 이익으로 할양 지역 내에 있는 것은 적법하게 취득된 것에 한하여 일반적으로 타국 국민 ……의 재산에 관하여 그때그때 제정되는 법령만 적용된다."(제14 부속서 제9항)

덧붙여 위 가, 나의 '재산, 권리 및 이익'은 이 조약의 제79조의 규정에 따라 동맹국 및 연합국의 영역에 있는 이탈리아의 재산에 적용되는 "유치 또는 청산에 부쳐지지 아니하며 1943년 9월 3일부터 이 조약 시행일에 이르기까지 시행된 이러한 유의 제반 조치 그리고 이전, 강제 관리 또는 차압에 관한 여타 조치를 해제하여 소유자에게 반환하여야 한다."(제14 부속서 제9항)

다. 덧붙여 국적 선택권을 행사할 자격을 가지며 더불어 이탈리아 국적을 선택하는 이탈리아인에 대해서는 동산 휴대, 자금 이전 그리고 영토 승계국 국민과 같은 조건하의 동산, 부동산 처분을 허가하고 있다.(제14 부속서 제10항)

위 가. 중 '할양 지역 내에 영주하는 자(permanently resident in the ceded territories)'라는 표현은 의미가 꼭 명료하다 할 수 없으나, 제19조 제1항의 국적 취득 규정 및 제10 부속서 제9항의 트리에스테 자유지역에 있는 이탈리아인 재산에 관한 규정 등에서 보더라도 적어도 이탈리아의 대프랑스 개전일(1940년 6월 10일) 이전부터 본 조약 시행일에 이르기까지 쭉 할양 지역에 거주하던 자로 풀이해야 한다.

이어서 이 점에 관한 베르사유조약의 규정을 살펴보면, 제297조 (나)에 "본 조약에 반대 규정이 있는 경우를 제외하고, 그 밖에 동맹국 및 연합국 …… 본 조약에 따라 양수된 지역 내에 있는 독일 국민 또는 독일 국민이 관리하는 회사에 본 조약 시행일에 속하는 일체의 재산, 권리 및 이익을 유치, 청산할 권리를 유보한다(중략). 본 조약의 규정에 따라 당해 동맹국 또는 연합국의 국적을 취득하는 독일 국민은 이를 본 호의 독일 국민으로 보지 않는다"라고 규정하고(생제르맹조약 제249조 (나)도 같은 취지의 규정을 두고 있다), 양도국의 사인의 재산 취급 원칙을 정하고 있다. 덧붙여 할양지에 있는 공공 사업 또는 특허 사업에 관한 독일 국민의 권리, 이익의 청산에 관해서는 제260조에 규정을 두고 있다. 단, 이 규정 후단의 '당연히 동맹국 또는 연합국 국적을 취득하는 독일 국민'이란 벨기에에 대한 할양 지역에 관한 제36조의 규정, 체코, 슬로바키아에 대한 할양 지역에 관한 제84조의 규정, 폴란드에 대한 제91조 제1항, 단치히 자유시에 관한 제105조, 슐레스비히 지역에 관한 제112조에서 명기하고 있듯이, 할양 지역에 '정주(habitually resident)'하는 독일 국민을 뜻한다(예를 들어 제36조 제1항은 "앞서 언급한 지역에 대한 주권의 이전이 확정된 때에 그 지역에 정주하는 독일 국민은 당연히 확정적으로 벨기에 국적을 취득하며 독일 국적을 상실한다"라고 규정하고 있다).

덧붙여 이 조약은 각 할양 지역에 관한 규정에서 각 할양 지역 내에 정주하는 독일인에게 국적 선택권을 부여하였고, 그 결과 독일 국적을 선택한 자는 할양 지역 내에 있는 그들의 '부동산을 보유할 권리를 가지며' 또 "각종 동산은 휴대하고자 하는 그 재산의 이동에 관해서는 일체의 수출세 또는 수입세를 부과할 수 없다"라고 정하고 있다. 즉 베르사유조약은 할양 지역에 영주하는 구 독일인의 재산에 관해 대체로 이탈리아평화조약과 동일한 내용을 규정하고 있으나, 할양지에 있는 기타 독일인의 재산에 대해서는 이탈리아평화조약에 비해 현저하게 가혹한 조건을 붙이고 있다(단, 위 재산의 청산 순잔액은 배상 지급에 쓰이며, 그 재산의 소유자인 사인에 대해서는 독일이 보상 의무를 진다).

하지만 일본에 참고가 되는 것은 베르사유조약의 알자스로렌에 관한 규정과 구 독일 식민지에 관한 규정이다. 즉 베르사유조약의 알자스로렌에 관한 규정을 보면, 제53조 및 제3편 제5관 부속서는 알자스로렌의 주민에 대해 프랑스 국적 취득을 위한 일정한 요건(국적 취득 자격을 가진 자를 두 범주로 나누고 있다. 첫 번째 범주는 주로 프로이센-프랑스전쟁(보불전쟁) 종식 당시 프랑스인이던 자와 그 직계비속이며, 이들에 대해서는 당연히 프랑스 국적을 회복시켰고, 두 번째 범주는 정주 기타 조건으로 알자스로렌 주민으로 인정되는 자로, 이들에 대해서는 해당 조약 시행 후 1년 이내에 프랑스 국적을 취득할 수 있다고 정하고 있다)을 마련하고, 프랑스 계통 이외의 주민은 프랑스 국적을 취득하지 못하도록 하고 있다. 그 결과, 프랑스 국적을 취득하지 못한 자는 '독일이 …… 전원 이를 영토 내에 받아들이며' 더불어 이 지역에 있는 독일인(프랑스 국적 취득자를 제외한다)의 재산은 제53조 및 제74조에 따라 연합국의 영역 및 연합국의 할양지 내 독일인 재산 취급에 관한 일반 원칙과 마찬가지로, 프랑스 측이 이를 잔치 청산할 권리를 유보한다고 정하고 있다. 위 사유재산의 소유자인 사인에 대한 보상 의무는 독일에 지우고 있다.

바꿔 말하면 이 지역에 관해서는 다른 할양 지역과 비교해 국적 선택권을 엄격하게 제한하는 동시에, 다른 할양 지역에 대해 인정하고 있는 국적 선택자의 퇴거에 관한 특별 취급을 인정하고 있지 않다는 점에 주의할 필요가 있다.

덧붙여 "독일 국민으로 프랑스 국적을 취득하지 아니하고 프랑스 정부로부터 위 지역의 거주 허가를 받은 자에 대해서는" 상술한 조치가 적용되지 않는다(생제르맹조약도 대개 베르사유조약과 구성이 같으나, 영토 승계국의 국적을 당연히 취득하는 자의 자격 요건으로 할양지 내 주민 자격(Heimatsrccht, Pertinenza)의 보유를 들고 있는 부분이 정주를 위 요건으로 든 베르사유조약과 다르다).

또 독일 식민지에 관한 베르사유조약의 규정은 제121조에 "제10편(경제 조항) 제1관 및 제4관의 규정은 전기(前記) 지역에 대한 통치 형식 여하에 상관없이 당해 지역에 대하여 이를 적용한다"라 하여 전술한 승계국의 유치 청산권의 적용을 인정하고 있으며, 그 밖에 제122조에서는 "독일 식민지에 대하여 권한을 행사하는 정부는 당해 지역 내에 있는 독일 국민의 송환에 관하여 그리고 유럽계 독일 국민의 해당 지역 내 거주, 재산 보유, 영업 또는 직업을 허가하거나 금지하는 조건에 관하여 적당하다고 인정되는 조치를 할 수 있다"라고 정하고 있다.

일본의 경우에는 실제 시행되고 있는 점을 고려할 때, 이탈리아평화조약보다 베르사유조약의 알자스로렌에 관한 규정과 구 식민지에 관한 규정에 준한 취급이 규정될 공산이 크다. 다시 말해 할양지로 인정되는 조선, 타이완, 가라후토(사할린) 등에 거주하던 일본인은 전원 종전 직후, 사실상 강제 퇴거당하였고, 사유재산도 대부분 남겨둘 수밖에 없었다. 타이완에 있는 일본인의 사유재산은 중화민국 행정원이 부동산을 제외하고 배상으로서 취득한다고 발표하고 있으며, 또 연합국 측의 지배적 의견으로 전해지고 있는 바를 보더라도 할양지에 있는 사유재산은 대체로 배상으로서 몰수될 것으로 보인다. 단, 배상 계정에 포함된들 일본 본토에서 철거될 배상 시설의 총량은 별반 달라지지 않으며, 요상국 간의 배분율에 영향을 미칠 뿐이라는 사실은 공유재산 항에서 살펴본 바와 같다. 그러나 조선에 있는 사유재산에 대해서는 배상 개념을 적용할 근거가 없으며 또 이를 공유재산과 마찬가지로 무상으로 조선이 승계하는 것은 불합리하므로, 일정한 구제 조치가 적용되어야 할 터이다(덧붙여 위 사유재산의 소유자인 사인에 대한 일본 정부의 보상 의무 문제가 남는데, 이는 배상을 위한 철거 재산의 보상에 준해 조약에 규정될 것이다).

4. 양도국의 사법인(私法人)의 재산

이탈리아평화조약은,

가. 제14 부속서 제9항에서 '이탈리아 법인의 재산, 권리 및 이익으로 할양 지역 내에 있는 것은' 원칙적으로 일반 외국인 대우를 받는다고 정하고,

나. 동 부속서 제12항에, "이탈리아의 법령에 의거하여 설립되어 할양 지역 내에 본점을 둔 회사로 본점을 이탈리아로 이전하기를 희망하는 곳은, 50%를 초과하는 회사 자본을 통상 할양 지역 밖에 거주하는 자 또는 이 조약에 따라 이탈리아 국적을 선택한 자로 이탈리아로 거주를 이전한 자가 소유하고 있는 한, 더불어 회사의 활동이 대부분 할양 지역 밖에서 영위되는 한" 회사의 동산, 자금을 할양 지역 밖으로 이전할 수 있으며 또 동산, 부동산을 영토 승계국 국민과 동일한 조건으로 처분할 수 있다고 규정하고 있다.

위 나.의 후단 '50%를 초과하는 회사 자본을 ……' 이하의 대목은 법인의 국적 선택을 허가하는 요건이 아닌, 동산, 자금의 이전 기타를 허가하는 요건으로 해석해야 한다. 즉 법인의 국적 이전에 관해서는 사인의 경우와 달리 요건을 특별히 정하고 있지 않다. 따라서 위 규정에 따르면, 법인의 국적 선택은 자유이되, 그에 수반해 재산을

이전하기 위해서는 자본, 업무 활동 면에서 실질적으로 이탈리아계 회사이어야 한다는 발상을 채택해 자본 도피를 제한하고 있다고 풀이된다. 덧붙여 본점을 이탈리아로 이전하지 않은 회사는 원칙적으로 당연히 할양지 승계국의 국적을 보유한 회사가 된다고 이해된다.

베르사유조약은 이 점과 관련해 일반적으로 영토 승계국은 독일인이 관리하는 회사에 '본 조약 시행일에 속하는 일체의 재산, 권리 및 이익'으로 할양지에 있는 것을 유치, 청산할 권리가 있다고 규정하고[제297조 (나)] 있을 뿐이다. 그러나 알자스로렌에 대해서는 일반적으로 독일 법인 재산에 관해 제53조 및 제74조에 따라 타 할양지와 마찬가지로 프랑스의 유치권, 청산권을 인정하는 한편, 특별히 "법인으로 프랑스 행정 관헌 또는 사법재판소가 그 자격을 가진다고 인정한 곳은 또한 알자스로렌인의 자격을 향유한다"(제54조 제3항)라며 법인의 국적 이전에 관해 규정하고 있다. 그리고 생제르맹조약도 제75조에 "이탈리아에 할양될 지역 안에 존재하는 법인으로, 이탈리아의 행정 관헌 또는 이탈리아 사법기관의 결정에 의하여 그 자격이 인정된 곳은 이탈리아 법인으로 본다"라고 규정하고 있다. 다시 말해 영토 승계국의 해당 관헌이 인정하면 예외적으로 법인의 국적 이전을 인정하고 있다(이 경우 국적 이전이 인정된 법인의 내지 재산이 추궁당할 수 있다). 그리고 이 이외의 법인의 재산은 청산 처분에 부쳐진다.

이탈리아의 할양지에 있는 사법인의 경우에는 그 재산의 존중을 전제로 국적 변경에 관해 상술한 규정이 적용되었는데, 일본의 할양지에 있는 사법인의 재산은 이 전제가 사실상 채택될 수 없는 상태이므로, 이탈리아평화조약의 규정 적용을 기대하기 어렵다. 하지만 만약 할양지에 있는 사법인의 재산이 존중되어 위 이탈리아평화조약의 발상이 적용된다면, 할양지에 본점을 둔 일본의 사법인은 전부 대부분의 영업 활동을 할양지에서 영위하였다고 생각되므로, 그 본점을 일본 내지로 이전하는 경우에 재산을 이전할 수 없고, 따라서 대개 영토 승계국의 법인이 되고 만다. 이때 위 영토 승계국의 국적을 취득한 사법인의 양도국에 있는 재산은 통상적으로 법인의 국적이 변경되어도 재산권의 귀속 관계는 변하지 않는다. 또 이탈리아평화조약 제14 부속서 제11항의 규정(이 조약은 이탈리아에 대해 이 조약에 따라 타국의 국민이 되는 구 이탈리아 국민의 재산, 권리, 이익으로 이탈리아에 있는 것을 존중해야 한다고 의무화하고 있다)의 정신을 보더라도, 또 베르사유조약의 알자스로렌에 관한 제60조가 독일에 대해 알자스로렌(자연인, 법인 및 영조물 법인)이 소유하는 재산, 권리, 이익으로 독일에 있는 것을 반환할 의무를 지우고 있음을 보더라도 할양지 승계국 국적으로 이전한 구 일본 법인의 일본 내지에 있는 재산은 여전히 구 일본 법인의 재산으로 남는다고 주장할 수 있다. 현재 할양지 소재 구 일본 법인 특히 특수회사 등은 할양지 승계국 관헌에 접수되어 대부분이 새로운 할양지 국적 법인으로 운영되고 있는 듯하나, 장래 이들이 구 회사의 재일 재산을 추궁해 올 가능성도 있다. 단, 이 경우에는 접수의 성격 여하가 문제가 된다. 따라서 우리 측은 이탈리아평화조약의 사례와 달리 접수에 의해 법인 성격의 계속성(continuity)은 상실되었으므로, 당연히 구 회사의 재일 재산을 추궁할 만한 근거는 없다는 입장을 취할 수 있다. 또 국책회사에 관해서는 공유재산 항에서 서술한 바와 같이 준국가기관의 재산은 할양지에 소재하는 것만 영향을 받는다는 규정 사례를 원용할 수도 있다.

秘密指定解除
外交記録・情報公開室

1560

講和資料 第二十二号

昭和二十六年一月編集
條約局條約課

割讓地域にある讓渡国の財産、權利、利益の取扱について

(條、條約課)(昭二三、五、二五)

秘

割譲地域にある譲渡国の財産、権利、利益の取扱について

（條、條約課）（昭二三、五、二五）

一、序言

本稿は割譲地域にある譲渡国の公有、私有の財産、権利、利益の取扱について、イタリア平和条約を中心として、ヴェルサイユ、サン・ジェルマン両条約の先例をも勘案して、これが日本の場合に如何に適用されるかの大略につき推測を試みたものである。

ただ、イタリア平和条約においては殖民地において適用される経済的及び財政的処分は、第十四附属書第十九項及び第二十三条によつて今後の決定に俟つことになつているから、日本領土（例えば朝鮮、樺太、台湾等）の割譲が殖民地の割譲の取扱を受けることになる場合は、イタリア平和条約はそのまま先例として取扱うことができないことは注意を要する。

二、譲渡国の国有及び準国有の財産

(イ) イタリア平和条約においては「継承国は、この条約に基いて自国に譲渡された地域内に在るイタリア国の国有及び準国有の財産、、、、、、を無償で受領する」（第十四附属書第一項）と規定されている。すなわち本件財産の継承は領土割譲に附随した当然の継承であるという観念をとつて居り、従つて賠償とは別のカテゴリーに属し又、その継受は無償継受である。

一方ヴェルサイユ条約においては「独逸国ノ領土ノ譲渡ヲ受クル諸国ハ其ノ譲受地域内ニ在ル独逸帝国又ハ其ノ各邦ニ属スル一切ノ財産及所有物ヲ取得スベシ其ノ取得物ノ価格ハ賠償委員会之ヲ定メ且独逸国政府ノ貸方トシテ其ノ賠償金額ニ計上セシムル為該譲受国ヨリ賠償委員会ニ之ヲ払込ムヘシ」（第二百五十六条）

一

二

と規定し、サン・ジェルマン条約第二百八条にも同様の趣旨の規定がある。

右のように本件に関するイタリア平和条約とヴェルサイユ、サン・ジェルマン両条約との相違点は、国有及び準国有の財産を有償継承とするか、無償継承とするかにあり、この点においてイタリア平和条約はヴェルサイユ、サン・ジェルマン両条約に比し譲渡国に対して、より苛酷な条件をとつたもののように考えられる。しかし実質的に見れば、ヴェルサイユ条約の場合は右の財産の代り金を天文学的数字の賠償金額から差引くだけであるから、ドイツ国にとつては無償でとられたのと同じであろう。

イタリア条約の規定例が日本に適用されると考えるとき、これによつて鉄道、電信を始めとして膨大な国有公有施設が無償で領土継承国に継承されることとなろう。しかしてこれが賠償の枠外の譲渡とされるか、賠償勘定に繰入れられるかは日本にとつてはおそらく決定的な差を生じないであろう。けだし日本の国内施設以外は撤去するという形で行われる建前であるから、撤去されるべき施設の絶対額はこの建前を基礎とする割前によつて終局的に決められるのであつて、割譲地資産を賠償勘定に繰入れることによつてそれだけ国内の施設撤去の量が減少するとは考えられないからである。ただ要償国相互間の日本国内施設の受取比率決定については、本件資産が賠償のカテゴリーに含まれるか否かによつて差異を生ずることが考えられる。（ヴェルサイユ条約もアルザス・ロレーヌについてはフランス国は「千八百七十一年「アルザス・ロレーヌ」ヲ独逸国ニ譲渡シタル条件ニ顧ミ」ドイツ国の国有及び準国有財産を無償取得することを（第二百五十六条第二項及び第五十六条）又ベルギー国については特に右財産の無償取得を認めている（第二百五十六条第三項）。旧ドイツ植民地の委任統治について「独逸帝国又ハ独逸各邦ニ属スル一切ノ財産及所有物」が受任国に対して無償譲渡されるべき旨を規定している（第二百五十七条、第百二十条）。

(ロ)

右のような取扱の対象となる財産の範囲についてはイタリア平和条約においては

「イタリア国、地方官憲、公共施設並びに公有の会社及び組合の動産及び不動産並びに従前ファシスト党又はその補助団体に属していた動産及び不動産は、この附属書の適用上においては国有又は準国有の財産とみなされる」（第十四附属書第一項）と規定している。

ヴェルサイユ条約において第二百五十六条に「本条ノ独逸帝国及其ノ各邦ノ財産及所有物ニハ独逸帝国又ハ各邦ノ一切ノ財産及前独逸皇帝其ノ他ノ王族ノ私有財産ノ全部ヲ包含ス」と規定し（サン・ジェルマン条約第二百八条にも同様の趣旨の規定がある）イタリア条約に比較して範囲が狭い。但しこれはイタリア条約が割譲地所在の敵国財産に対する取扱について後述の様に私有財産尊重の建前をとるから私有財産の範囲を厳格に制限した結果によるものであろう。

日本の場合については、イタリア平和条約におけるような割譲地における私有財産尊重の原則はとられないであろうが、ただ私有財産は何等かの形において公有財産と異つた取扱を受ける可能性があり（例えば賠償協定に繰入れ乃至連合国私人の請求権の支払源泉とする等。この点については台湾に関する中国行政院発表参照）従つて、その場合は公有財産と私有財産の区分が問題となり「公共施設並びに公有の会社及び組合」(public institutions and publicly companies and association) の語の具体的内容を予め検討して置く必要があろう。

（なお本件に関連して台銀、鮮銀等割譲地所在特殊銀行会社が接収され、その内地所在の財産が将来追求されるか否かの問題があるが、イタリア条約によればこれ等は公有会社のカテゴリーに入ると思われるから、その財産は割譲地所在のものについてのみ領土継承国が継受し得るに止ると主張し得るであろう）。

(ハ) 海底電線

譲渡国の海底電線についてはイタリア平和条約は特に規定を設けて「割譲地域内の諸地点を結び又は割譲

三

地域内の一地点と継承国の他の地域内の一地点とを結ぶイタリア国の海底電線はこれら電線中の部分が領水外に在る事実にかかわらず割譲地域内に在るイタリア国の財産とみなされる。割譲地域内の一地点と継承国の法域外の一地点とを結ぶイタリア国の海底電線は終点の施設及び電線中割譲地域の領水内に在る部分に関する限り割譲地域内に在るイタリア国の財産とみなされる」（第十四附属書第三項）と定めている。従つて当該海底電線が公有財産であるときは、前述の原則に従つて領土継承国に無償譲渡され私有財産であるときは、後述の第十四附属書第九項によつて内国民待遇又は一般外国人待遇をもつて尊重されるものと解される。

日本の場合には海底電線はすべて公有であるからイタリア条約の趣旨が適用されれば割譲地域内の諸地点を結ぶもの及び割譲地域内の一地点と継承国の他の一地点とを結ぶものは無償譲渡されるが、北海道樺太間、九州朝鮮間、本州小笠原間、九州沖縄間等の電線は領土継承国の領水内にある部分を除き日本のものとして残ることになる。

（ヴェルサイユ条約においては第二百四十四条、第八編第一款第七附属書及び第百五十六条によつてドイツ国及びドイツ国人がその権利、権原、特権を拋棄すべき海底電線を列挙しているが、これは事実上ドイツ国の官有及び私有の海底電線のすべてを含むものである。日本の場合も日本領土内以外の海底電線についてはこのヴェルサイユ条約方式が準用される可能性もあり得よう。なおその「海底電信線又ハ其ノ一部ニシテ私有ニ属スルモノニ対スル価格ハ、、、、、賠償計算ニ於テ之ヲ独逸国ノ貸方ニ計上スヘシ」と規定している。

一方サン・ジェルマン条約においては第百九十条及び第八編第一款、第六附属書にオーストリア国海底電線の処理を定めオーストリア国及びオーストリア国民は「伊太利ノ諸地方（本条約ニ依リ伊太利国ニ帰属スル＝至リタル諸地方ヲ含ム）ヲ連絡スル海底電線又ハ其ノ部分」並びに「本条約ニ依リ同盟及連合国中ノ諸国ニ譲渡スル諸地方ヲ互ニ連絡スル海底電信又ハ其ノ部分」に関する各種の権利、権原及び特権を抛棄する旨を定め、右の価格は「賠償名義ニ於テ填地利国ノ貸方ニ之ヲ計上」すべき旨を規定している。なお、オーストリア国は同条約で海面から全くしや断されることになつたから、割譲地非割譲地間のものについての規定はないのである。）

三、譲渡国の私人の財産

本件に関しイタリア平和条約は左のように規定している。

(イ) 「この条約実施の日において割譲地域内に永住するイタリア国民の財産、権利及び利益は、適法に取得されたものである限り継承国の国民の権利と平等の基礎において」尊重せられる（第十四附属書第九項）。

(ロ) 右以外のイタリア国民の「財産、権利及び利益で割譲地域内に在るものは適法に取得されたものである限り、一般に別国の国民、、、、の財産に関し時時制定される法令のみの適用を受ける」（第十四附属書第九項）。

なお前記(イ)(ロ)の「財産、権利及び利益」はこの条約の第七十九条の規定に基いて、同盟及び連合国の領域内にあるイタリア国財産に適用されるところの「留置又は清算に付されることなく千九百四十三年九月三日からこの条約の実施の日に至るまでの間に執られたこの種類のいかなる措置をも、又移転強制管理又は差押に関する他のいかなる措置をも解除してその所有者に返還されなければならない」（第十四附属書第九項）。

(ハ) なお国籍選択権を行使する資格を持ち且つイタリア国籍を選択するイタリア人に対しては動産携行、資金移転及び領土継承国民と同一条件による動産不動産の処分を許可される（第十四附属書第十項）。

右の(イ)の項の「割譲地域内に永住する者」（permanently resident in the ceded territories）という語は

五

その意味が必ずしも明瞭でないが、第十九条第一項の国籍取得の規定及び第十附属書第九項のトリエスト自由地域におけるイタリア人財産に関する規定等から見ても、少くともイタリア国の対仏開戦の日（千九百四十年六月十日）以前から引続き本条約実施の日に到る迄割譲地域に居住する者と解すべきである。

次にこの点に関するヴェルサイユ条約の規定を見れば第二百九十七条(ロ)に「本条約中反対ノ規定アル場合ヲ除クノ外同盟国及連合国ハ、、、、、本条約ニ依リ譲受ケタル地域内ニ在ル独逸国民又ハソノ管理スル会社ニ本条約実施ノ日ニオイテ属スル一切ノ財産、権利及利益ヲ留置シ及清算スルノ権利ヲ留保ス（中略）本条約ノ規定ニ依リ当然同盟国又ハ連合国ノ国籍ヲ取得スル独逸国民ハコレヲ本号ノ独逸国民ト看做サザルヘシ」

と規定し（サン・ジェルマン条約第二百四十九条(ロ)も同様の趣旨を規定している）譲渡国の私人の財産取扱の原則を定めている。なお割譲地に在る公共事業又は特許事業に関するドイツ国民の権利、利益の清算については第二百六十条に規定している。但し右規定後段の「当然同盟又ハ連合国ノ国籍ヲ取得スル独逸国民」とはベルギー国に対する割譲地域に関する第三十六条の規定、チェッコ、スロヴァキア国に対する割譲地域に関する第八十四条の規定、ポーランド国に対する第九十一条第一項ダンチッヒ自由市に関する第百五条、シュレスウイヒ地域に関する第百十二条において明記しているように、割譲地域に「定住」(habitually resident) するドイツ国民を意味する（例えば第三十六条第一項は「前掲地域ニ対スル主権ノ移転確定シタルトキハ該地域ニ定住スル独逸国民ハ当然確定的ニ白耳義国国籍ヲ取得シ独逸国国籍ヲ喪失ス」と規定している）。

なお同条約は各割譲地域に関する規定において夫夫割譲地域内に定住するドイツ人に国籍選択権を与え、その結果ドイツ国籍を選択した者は、割譲地域内にある彼等の「不動産ヲ保有スルノ権利ヲ有ス」又「各種ノ動産ハコレヲ携帯スルコトヲ得ヘク該財産ノ移動ニ関シテハ一切ノ輸出税又ハ輸入税ヲ課スルコトヲ得ス」と定めている。

すなわち、ヴェルサイユ条約においては割譲地に永住する旧ドイツ人の財産については大体イタリア条約と同様の趣旨を規定しているが、それ以外のドイツ人の割譲地に在る財産についてはイタリア条約に比して著しく苛酷な条件をとつている。(但し右の財産の清算純残高は賠償支払に用いられ、その財産の所有者たる私人に対してはドイツ国は補償の義務を負うている)。

しかし日本の場合参考になるのは、ヴェルサイユ条約中のアルザス、ロレーヌに関する規定及び旧ドイツ植民地に関する規定である。すなわちヴェルサイユ条約中のアルザス、ロレーヌに関する規定を見ると、第五十三条及び第三編第五款附属書はアルザス、ロレーヌの住民に関してフランス国籍取得のための一定の要件(国籍取得の資格を有する者を二つのカテゴリーに分け第一は普仏戦争終了当時フランス人であつた者及びその直系卑属を主とし、これについては当然にフランス国籍を回復させ、第二は定住その他の条件でアルザス、ロレーヌ人と認められるものその他で、これについては該条約実施後一年以内にフランス国籍を請求することができる旨を定めている)を規定し、フランス系統以外の住民はフランス国籍を得られないことにし、右の結果フランス国籍を取得した者以外については「独逸国ハ、、、、総テコレヲ領土内ニ引取リ」且つこの地域に在るドイツ人(フランス国籍取得者を除く)の財産については第五十三条及び第七十四条により連合国の領域及び連合国の割譲地内のドイツ人の財産の取扱についての一般原則と同様に、フランス国側はこれを留保清算する権利を留保する旨を定めている。右私有財産の所有者たる私人に対してはドイツ国に補償の義務を負わせている。

すなわち、この地域に関しては他の割譲地域に比して国籍選択権を厳重に制限し、且つ他の割譲地域につ

七

いてあるような国籍選択者の退去に対する特別の取扱を認めていないことは注意を要する。

なお「独逸国民ニシテ仏蘭西国国籍ヲ取得スルコトナクシテ仏蘭西政府ヨリ前記地域内ニ居住スルノ許可ヲ受ケタル者ニ対シテハ」上述の措置は適用されない。

(サン・ジェルマン条約も大体ヴェルサイユ条約と同様の構成をとっているが、領土継承国の国籍を当然取得する者の資格要件に該地域内に住民資格(Heimatsrecht, Pertinenza)を持つことを挙げている点が「定住」を右要件に挙げたヴェルサイユ条約と異っている)。

又ドイツ国植民地に関するヴェルサイユ条約の規定は第百二十一条に「第十編(経済条項)第一款及第四款ノ規定ハ前記地域ニ対スル施政ノ形式如何ニ拘ラス該地域ニ付コレヲ適用スヘシ」として前述の継承国の留置清算権の適用を認める外、第百二十二条において「ドイツ国植民地ニ対シ権限ヲ行使スル政府ハ該地域内ニ在ル独逸国民ノ送還ニ関シ及欧羅巴系独逸国国民ノ該地域ニオケル居住、財産保有、営業又ハ職業ヲ許可シ又禁止スルノ条件ニ関シ其ノ適当ト認ムル処置ヲ執ルコトヲ得」としている。

日本の場合について現実に行われているところを見ると、イタリア条約等よりもヴェルサイユ条約中のアルザス、ロレーヌに関する規定及び旧植民地に関する規定に準じた扱を規定される公算が大きい。すなわち割譲地と目される朝鮮、台湾、樺太等に居住していた日本人はすべて終戦直後、事実上強制退去させられ、その私有財産も大部分残置するの止むなきに至った。在台湾邦人の私有財産につき中国行政院は不動産以外は、これを賠償として取る旨発表して居り、又連合国側の支配的な意向として伝えられるところを見ても割譲地に在る私有財産は大体賠償として取られるものと考えられる。尤も賠償協定になつても日本本土から撤去されるべき賠償施設の総額には変りなく要償国間の配分率に関係するだけであることは公有財産の項で述べたところと同様である。ただ朝鮮に在る私有財産については賠償の観念を適用する根拠がなく又これを公有財産と同様無償で朝鮮に継承されることにするのは不合理であるから何等かの救済措置が適用されるべきであろう。

（なお、右私有財産の所有者たる私人に対する日本国政府の補償義務の問題があるが、これは、賠償による被害財産の補償に準じ条約中に規定されよう。）

四、譲渡国の私法人の財産

イタリア平和条約においては

(イ) 第十四附属書第九項において「イタリア国法人の財産、権利及び利益で割譲地域内に在るものは」原則として一般外国人待遇を享けることを定め

(ロ) 同附属書第十二項に

「イタリア国の法令に基いて設立され、且つ割譲地域内に本店を有する会社で、本店をイタリア国に移すことを希望するものは、会社の資本の五割を超えるものが、通常割譲地域外に居住する者か又はこの条約に基いてイタリア国籍を選択した者でイタリア国に住居を移すものかによつて所有されている限り、且つ又会社の活動の大部分が割譲地域外において営まれる限り」会社の動産、資金を割譲地域外に移転し、又動産、不動産を領土継承国民と同一条件によつて処分し得る旨を規定している。

右の(ロ)の後段「会社の資本の五割を超えるものが……」以下は法人の国籍選択を許可する要件ではなく動産、資金の移転、その他を許可する要件と解釈すべきである。すなわち法人の国籍移転に関しては私人の場合と異りその要件については特に定めていないのである。

従つて右の規定によれば法人の国籍選択は自由であるが、それに伴い財産をも移転するためには資本的、営業活動的に実質上イタリア系会社であることを要するという考え方をとり、資本の逃避を制限したものと

解される。なお、本店をイタリアに移さなかつた会社は当然割譲地継承国の国籍を有する会社となる建前であると解される。

ヴェルサイユ条約はこの点に関し一般的に領土継承国はドイツ人の管理する会社に「本条約実施ノ日ニ於テ属スル一切ノ財産、権利及利益」で割譲地内に在るものを留置、清算する権利があるとし（第二百九十七条(ロ)）ているのみであるが、アルザス、ロレーヌについては一般的にドイツ法人財産について第五十三条及び第七十四条によつて他の割譲地と同様にフランス国の留置、清算権を認めている一方、特に「法人ニシテ仏蘭西国行政官憲又ハ司法裁判所ニ依リ其ノ資格ヲ有スト認定セラレタルモノハ亦「アルザス、ロレーヌ」人タルノ資格ヲ享有スヘシ」（第五十四条第三項）として法人の国籍移転について規定して居り、又サン・ジェルマン条約においても第七五条に「伊太利国ニ割譲セラルル地域内ニ存在スル法人ニシテ伊太利国ノ行政官憲ニ依リ又ハ同国ノ司法上ノ決定ニ依リ共ノ資格ヲ認メラレタルモノハ之ヲ伊太利法人ト看做スヘシ」と規定している。

すなわち、領土継承国の当該官憲の認定により、例外的に法人の国籍移転を認め、（この場合国籍移転を認められた法人の右内地財産を追求される可能性があろう）。これ以外の法人の財産は清算処分に附することとしている。

イタリアの割譲地に在る私法人の場合はその財産が尊重されることを前提としてその国籍変更について上述のような規定を見たわけであるが、日本の割譲地に在る私法人財産についてはこの前提が事実上とられない状態になつているから、イタリア条約の規定例は期待し得ないであろう。しかし若し、割譲地に在る私法人財産が尊重されていたとして、前記イタリア条約の将え方が適用されれば、割譲地に本店を持つている日本の私法人はいずれも営業活動の大部分を割譲地内で行つていたと考えられるから、その本店を日本内地に移す場合にその財産を移転することはできないわけであり、従つて大体領土継承国法人となることになろう。かかるばあい右の領土継承国国籍を取得した私法人の譲渡国に在る財産については、法人の国籍変更によつて財産帰属関係は変更しないのが通常であり、又イタリア条約第十四附属書第十一項の規定（右条約によつて別国の国民となる旧イタリア国民の財産、権利、利益でイタリア国にあるものはイタリア国によつて尊重されるべき旨を規定している）の精神によつても又ヴェルサイユ条約中のアルザス、ロレーヌに関する第六十条がドイツ国にアルザス、ロレーヌ（自然人、法人及び営造物法人）の所有する財産、権利、利益でドイツ国にあるものを還付する義務を課しているのを見ても、割譲地継承国国籍に移つた旧日本法人の日本内地に在る財産は依然その財産として残ると主張される可能性がある。現在、割譲地所在旧日本法人特に特殊会社等は割譲地継承国官憲が接収し新な割譲地籍法人として運営している事例が多いようであるが、将来これらが旧会社の在日財産を追求して来る可能性も考えられる。但し、この場合には接収の性質如何が問題となるので、我方としてはイタリア条約の場合と異り、接収により法人の性格のコンティニュイティーは失われて居り当然に旧会社の在日財産を追求し得る根拠はないという立場をとることができよう。又国策会社については、公有財産の項で述べたように準国家機関の財産は割譲地所在のもののみアフェクトされるという規定例を援用することもできるであろう。

9. 在外財産並に涉外負債の処理に関する原則, 1949. 3. 10
日本外交文書 1560 두 번째 문서

1949년 1월 18일 자 연합군총사령부 각서에 따라 외국에 본점을 둔 회사의 내지(일본 본토) 지점 재산이 청산되기에 이르면서, 이와 관련하여 총사령부가 비공식적으로 제시한 청산 방식을 설명한 자료다.

외국에 본점을 둔 회사의 일본 내 지점 재산 청산 또는 일본 내에 본점을 둔 재외 점포의 청산 과정에서 재외 재산과 해외 부채를 여하히 처리해야 하는지에 관한 기준 등이 기록되어 있다.

번역

재외 재산과 해외 부채의 처리에 관한 원칙

관, 경제과, 1949. 3. 10

강화자료 제25호

1951년 1월 편집
조약국 조약과

재외 재산 및 섭외 부채 처리에 관한 원칙
(관, 경제과) (1949. 3. 10)

목차

1. 머리말

우리 재외 재산을 처리하는 때에 이들이 섭외 부채와는 무관하게 처분되어 부채가 따로 청구된다면, 일본에는 심히 가혹한 조치라 할 수 있다. 재외 재산 중 부채와 긴밀한 관계에 있는 것은 물론이거니와, 그렇지 않은 것 중 부채의 지급에 쓸 수 있는 재산도 부채와 관련해 처리되기를 일본은 바라고 있다. 그런데 재외 재산 처리와 섭외 부채 지급과의 관련성에 대한 연합국 측의 의향은 과거 전연 불분명하였다.

그러나 이번 쇼와 24(1949)년 1월 18일 자 각서에 따라 외국에 본점을 둔 회사의 내지 지점 재산이 청산되기에 이르면서, 이와 관련해 총사령부의 청산 방식이 비공식적으로 제시된 덕분에 표제의 건에 관한 원칙이 얼마간 명확해졌다.

단, 위 각서에 따른 청산은 비일본화 정책이 목적으로, 폐쇄 기관의 정리와 마찬가지로 특별한 정치적 의도에 기인한 조치이다. 따라서 그 밖의 일반 사례에 직접 적용할 수 없다는 일면도 있으나, 원칙적으로 문제를 바라보는 시각으로 다른 사례에도 적용할 수 있으리라 생각한다.

2. 청산 방침

총사령부의 청산 방침과 관련해 입수한 주요 사항은 다음과 같다.

(1). 청산 대상이 되는 재외 본점을 둔 회사의 범위

일본인의 이익이 10% 미만인 회사의 내지 재산은 외국인 소유재산으로 취급되어 청산 대상에서 제외된다. 지령서는 이러한 재산에 관해 '회사의 재산으로 존치하며 ……'라고 명하고 있으므로, 비단 내지 재산만 청산 대상에서 제외되는 게 아니라 외국에 있는 본점까지 포함한 회사 자체가 외국인 소유 회사로 존속된다. 그 밖의 재외 본점 회사는 원칙적으로 청산된다.

'일본인의 이익이 10% 미만'이란 해당 회사의 구성 자본금 중 일본인이 차지하는 부분이 채 10%가 되지 않는 경우 등이 대표적인 사례라 할 수 있다. 단, 이러한 회사의 주주인 일본인의 권리는 본사가 외국에 있는 회사이므로, 재외 재산으로서 처분 대상이 될 수 있다.

그러나 이러한 회사는 실제 존재하지 않는다고 생각되므로, 외지에 본점을 둔 회사는 전부 일본 회사로 취급되며, 따라서 후술하는 바와 같이 그 내지에 있는 재산이 외국 재산으로서 훗날 연합국 측으로부터 청구되는 사례는 사실상 발생하지 않으리라 생각한다. 가령 조선에 본점을 두고 있던 조선은행이 조선에 의해 접수되어도 조선 측에서 일본 내지에 있는 조선은행의 재산을 청구해 올 일은 없다.

(2). 섭외 부채 처리와 재외 재산 청산의 관련성의 원칙, 그리고 그때의 풀(pool) 계산제도의 확립

지령에 따르면 일본 밖에 있는 외국인의 채권은 내지 지점의 영업에서 파생된 것, 그리고 내지 재산이 담보로 제공된 것을 제외하고(이 채권들은 그 채권자의 소재 여하에 상관없이 일본에 있는 일본인의 동일한 채권과 함께 일차적으로 해당 회사의 내지 재산에서 지급된다), 나머지는 일차적으로 해당 외국 채권자의 소속국 내에 있는 관계 회사의 재산 혹은 기타 일본의 재외 재산에서 지급된다. 후자의 경우에는 지급에 쓸 수 있는 재산이라면 지급될 채권과의 관련성을 묻지 않는다. 즉 일본의 재외 재산은 전부 섭외

부채 지급의 원천으로 쓰인다. 이로써 첫머리에서 설명한 바와 같이 해외에 있는 적극재산만이 접수되며 소극재산이 따로 추궁될 위험성은 일단 배제되었다. 또 재외 채무를 갚는 때에 재외 재산이 풀(pool)되는 것도 확실해졌다. 덧붙여 일본 밖에 있는 외국인의 채권 중 내지 지점의 영업에서 파생된 것은 내지 재산에서 갚도록 정하고 있는 점을 보면, 재외 점포의 청산에서는 일단 재외 점포에 대한 채무의 변제만을 전제로 하고 있다고 보인다.

(3). 한정 책임제도의 확립

내지 재산이 청산되어 소정 채권의 지급이 끝난 잔여 자금은 일본 정부의 관리 하로 이양된다. 다른 한편 전항에 따라 일본의 재외 재산에서 지급되었음에도 여전히 만족되지 않은 채권은 채권자 소속 국가의 정부를 통해 일본 정부의 위 보관 자금 중 관계회사 재산의 청산 잔여 자금에서 지급된다. 그리고 자금이 부족한 나머지 채권이 여전히 완제되지 않았어도 채무는 소멸하며 일본 측은 책임을 면한다.

1945년 말에 파리에서 열린 대독일배상회의 의정서 제2조 C항 제1호는 독일과 해당 서명국 간에 전쟁 상태가 존재하기 이전과 해당 서명국의 영역이 독일에 점령되기 이전 중 더 이른 시기에 체결된 계약과 여타 채무 그리고 획득된 권리로부터 발생한 독일과 독일 국민에 대한 청구권의 완제를 독일 국내의 적절한 관헌이 장래 확보할 의무가 있다고 규정하고 있다.

일본의 경우에는 위와 같이 채무 변제는 해당 회사의 내지 재산의 청산 잔여 자금 범위에서 끝나며, 정부는 위 이상 어떠한 책임도 지지 않는다. 따라서 일본에 설사 독일의 원칙이 적용되어도 일본 정부가 '청구권의 완제를 장래 확보할' 의무의 범위는 이러한 한정 승인적 의무가 될 가능성이 있다. 단, 재외 재산을 청산해도 재외 채무를 다 변제하지 못하는 때에는 본국 측에 추궁할 수 있다는 원칙이 인정된다는 점을 주목할 필요가 있다. 만약 이 원칙이 재외에 본점을 둔 회사 이외의 재외 회사에 적용된다면 영향이 상당히 클 듯하다(단, 유럽 배상 협정의 취지를 보면, 점령지에서 점령 기간 중 발생한 채무는 배상에 의해 면제될 가능성이 있다).

그러나 본 지령이 적용되는 회사는 자산 대부분을 외지에 두고 있으므로 위 자산은 재외 채무를 지급할 만큼 충분할 듯하다(재외 채권자의 경우에는 담보권이 재일 재산에 설정된 경우에도 재외 재산으로 충분히 변제가 가능할 듯하다). 따라서 훗날 추궁될 사례도 발생하지 않을 것이며, 또 내지에 있는 자산이 적어 청산 잔여도 남지 않는다. 만약 추궁되더라도 한정승인의 효과에 의해 실제로는 지급하지 않아도 되므로, 재외 채무를 내지에 있는 자산으로 변제하는 사례는 현실에서 일어나지 않을 것이다. 만일 내지에 있는 재산을 청산한 결과 잉여가 나온 경우에도 청산 잔여금에서 재외 채무를 지급하는 때는 일본 내 채권자와 재외 채권자가 같은 대우를 향유한다고 정하고 있으므로(3조 후단), 연합국 측이 재외 재산을 청산하는 때에 채권을 전혀 존중받지 못한 재일 채권자가 우선 청산 잔여금에서 지급받게 된다(재외 채권자의 채권이 재외 재산에서 변제를 받는 같은 비율로). 따라서 재외 채권자가 재일 재산에서 변제를 받을 여지는 남지 않는다((4) (바) 참조).

3. 남은 문제

덧붙여 재외 재산과 섭외 부채의 처리 관계와 관련해 본건 지령에서 판명되지 않은 문제로는 다음의 제반 사항을 생각할 수 있다.

가. 내지에 본점을 둔 재외 점포의 부채 처리

내지에 본점을 둔 회사의 섭외 부채를 처리하는 때는 이 회사의 재외 지점이 소유한 재산에서 해당 지점이 지는 부채가 변제되리라 생각되는데, 그 경우 부족분을 과연 일본에 있는 점포에 추궁할 수 있을까의 문제이다. 상술한 바와 같이 본 지령이 적용되는 회사에 대해 추궁 원칙이 인정된 것은 하나의 시사점을 준다. 또 본점이 진 섭외 부채를 일본의 재외 재산으로 지급할 수 있는지 여부는 여전히 불분명하나, 요코하마정금은행의 미국 내 지점의 청산에 관한 정보에 따르면, 부정적인 듯하다. 폐쇄 기관의 청산 시 청산된 기관이 가진 섭외 부채 부분은 일단 내지에서 유보되고 있는데, 이러한 사실만 놓고 보면 여전히 재외 재산과 부채의 관계는 명확하지 않다.

내지에 본점을 둔 회사로 거액의 섭외 부채를 가진 곳 중에는 요코하마정금은행과 같은 사례가 있으며, 이들 중 많은 회사가 동시에 섭외 채권과 재외 재산을 보유하고 있다. 단, 주요 회사는 폐쇄 기관으로 지정되고 있다.

향후 내지에 본점을 둔 회사, 재외 본점을 둔 회사, 폐쇄 기관이라는 3자의 부채 처리에 관한 종합적 원칙을 파악할 필요가 있다.

나. 내지에 있는 개인이 가진 섭외 부채

위 가. 호와 같은 문제가 있다.

다. 타인의 채무 변제에 충당되면서 재외 재산 소유자에게 손해가 발생했다면 과연 이 손해는 보상되어야 할까. 만약 그렇다면 어떠한 방법으로 보상되어야 할까—관계 회사 내에서 결제할지 아니면 정부가 보상할지—등의 문제가 있다.

4. 내지 지점의 청산 절차

덧붙여 본 지령이 지시하고 있는 내지 지점의 청산 절차를 참고를 위해 포괄적으로 싣는다.

가. 우선 재산을 금전화한다. 이때 해당 회사가 가진 내지의 미수채권이 접수되어 청산 자금에 포함된다. 이 금전화된 자금이 채무 지급의 원천이 된다.

나. 내지 재산의 청산 시 제2회사로의 매각이 인정되어 구 회사의 주주, 사채권자는 제2회사에서 구 회사의 지위와 동일한 지위가 우선적으로 인정된다. 이 경우에도 구 재산이 금전화되었다고 본다.

다. 이 금전화된 자금에서 다음과 같은 청구권을 가진 채권자가 지급 받는다.

1) 채권자의 소재지와 관계없이 내지 지점의 영업에서 발생한 일체의 채권
2) 마찬가지로 채권자의 소재지와 관계없이 내지 재산이 담보로 제공된 일체의 채권

라. 현실적으로는 재외 회사가 내지 재산을 담보로 제공해 내지 은행단으로부터 차입하고 있는 사례가 거의 전부이므로, 이로써 변제하는 채무가 재외 채무인 경우에도

채권자는 현지인이 아닌 내지인이다. 전 호의 지급이 끝난 뒤 남은 잔액은 청산인에서 일본 정부로 이관되어 이 자금에서 다음의 채권자가 지급 받는다.

1) 일본인 주주

2) 일본인 사채권자

3) 다음 마.에서 말하는 외국인 채권자로 아직 그 채권이 만족 되지 않은 자

마. 일본 밖에 있는 채권자는 일본의 재외 재산에서 지급 받으며, 여전히 만족되지 않은 때에는 전호 라.의 채권자로 참가한다.

바. 잔여 자산이 채권을 완제하는 데에 부족한 때에 재외 채권자의 소속 국가와 일본에서의 수취 합계액은 동일한 지위에 있는 일본인 채권자의 수취액과 같아지도록 처리된다. 이는 일본인은 외국인과 달리 재외 점포에 채권을 가지고 있어도 재외 재산에서 지급을 받지 못하고 오로지 내지 재산으로만 지급 받기 때문이다. 가령 재외 채권자와 같은 액수의 사채를 가진 재일 사채권자가 이러한 재외 채권자의 합계액과 등가의 지급을 받음으로써 재외자가 재외 재산에서 상환받는 분을 재일자는 내지 재산에서 상환받게 된다. 따라서 이는 재일 채권자에게 매우 유리한 제도이다.

사. 만약 잔여 자금이 충분해 재외 채권자의 전술한 추궁에 응할 수 있다면, 내지의 채권자(재외 점포에 대한)에게 지급되며, 또 비율법에 따라 내외의 주주에게 배당된다.

자. 청산 시 본지점계정은 고려되지 않는다. 이는 청산 절차를 가능한 한 간략화하기 위한 것으로, 굳이 이를 청산하지 않아도 외국인 채권자는 해당 회사 이외의 재산도 변제의 원천이 되므로 그 이익을 침해당할 일은 없다고 생각되기 때문이다.

청산에 관한 총사령부 지령서(가역)

지점의 재산은 아래의 방침에 따라 취급되어야 함을 지령한다.

제1조 당해 회사의 일본인 이익이 10% 이하인 때에는 관리 실시 가능성과 편의성을 고려하여 재일 자산은 당해 회사의 재산으로 존치하며, 별개의 재외 외국인 소유재산으로 취급된다.

제2조 전조의 조건이 적용되지 아니하는 때에 재일 자산은 동 자산을 취득하기 위하여 신 회사에 매각하거나 청산인이 정하는 기타 절차에 의하여(회사의 채권으로 일본에 있으면서 아직 지급받지 못한 것의 접수를 포함하여) 청산하여야 한다.

청산에 위와 같은 신 회사로의 자산 매각이 포함된 때에는 본사가 외국에 있는 당해 회사의 주주와 사채 소유자에 대하여 행정적으로 실행 가능한 경우 신 회사의 주식 내지 기타 채권의 취득에 의하여 신 회사에 참가할 우선권(타 투자자와 비교하여)이 부여된다. 이 취득을 위한 지급은 신규 자본을 투하하거나 채권을 포기하며 그러하지 않은 때에는 후술하는 제3조에 따라 당해 주주 내지 채권 소유자에게 지급되어야 할 청산잉여의 일부분을 신 회사에 양도하는 등 이 중 어느 하나에 의하여 이루어져야 한다.

제3조 전조에 언급한 청산 잉여금은 아래의 원칙에 따라 처리하여야 한다.

제1항 재일 지점의 영업으로부터 발생한 채권을 보유한 일본인과 외국의 채권자 및 당해 재일 지점의 자산을 담보로 보증받은 채권자에 대하여는 보상의 법적 우선제에 따 라 지급하여야 한다.

제2항 전항에 언급한 채권자에게 지급한 뒤 남는 재일 자산 청산 잉여금은 전부 일본 정부로 이관한다. 이에 관해서는 일본인 주주, 일본인 사채 소유자 그리고 재외 지급 청구자 중 미수채권자(아래 제3항에서 언급하는 자)가 보상을 요구하여야 한다. 그 보상은 위 잔액에서 또 그 범위 내에서만 지급된다.

제3항 일본 국외에 있는 채권자(위 제1항에서 언급한 자는 제외한다)는 당해 채권자의 국적이 속하는 국가 내에 소재하는 회사의 자산 또는 그 지급에 쓸 수 있는 일본

국외 소재 여타 자산에서 지급받아야 한다. 만약 그러한 자산이 부족한 때에는 초과액에 대한 채권자의 지급 청구는 당인이 국적을 보유한 국가의 정부를 통해 일본 정부에 통달하여야 한다. 일본 정부는 위 제1항의 지급 후 쓸 수 있는 자금에서 재일 채권자 전부와 위 타국 정부로부터 통달 받은 지급 청구의 완제를 꾀하여야 한다. 만약 쓸 수 있는 자금이 전부를 지급하기에 부족한 때에 일본 정부는 재외 채권자에 대하여 그 국가와 일본에서 그들이 추징할 총계가 같은 일본인 채권자의 수취액과 동일해 지도록 조치하여야 한다. 외국인과 일본인 채권자에게 전부 지급한 뒤 여전히 배당할 수 있는 금액이 있는 때에는 전부 일본에 있는 주주의 배당으로 돌린다.

제4항 위 제3항에서 지시한 유의 외국의 지급 청구가 같은 항에서 지시한 방식으로 지급하기에 충분하다고 명확해진 때에 지점은 재일 채권자에 대한 지급 그리고 일본 국내 및 외국에 있는 주주에 대한 잔여금 비율법에 따라 배당에 착수한다.

제5항 청산 처분에서는 지점 간 그리고 본점 계정 자산은 무시하여도 무방하다.

제4조 위 각 조에 따라 청산되는 자산에 선박이 포함된 때에 그 선박은 지난 7월의 고시에서 따로 정한 바를 제외하고 여기서 기술한 결정에 따라 처리한다.

제5조 위 각 조의 사항에 대하여는 어떠한 지급 청구의 결제 시에도 연합군총사령부 또는 일본 정부가 외국환의 제공을 알선 내지 실시한다고 해석되어서는 아니 된다.

秘密指定解除

外交記録・情報公開室

講和資料 第二十五号

昭和二十六年一月編集
條約局條約課

在外財産並に渉外負債の処理に関する原則

（管、経済課）（昭二四、三、一〇）

秘

目次

在外財産並に渉外負債の処理に関する原則

（管、経済課）（昭二四、三、一〇）

一、はしがき

我が在外財産の処理に当つて、これらが渉外負債とは関連なく処分せられ、負債は別途請求せられるとしたならば、日本にとつて、はなはだ過酷な措置というべきであろう。在外財産の中、負債と見合い関係に立つものはもち論、そうでないものでも負債の支払に向けることのできる財産は、負債と関連して処理されることが、日本の望むところである。然るに在外財産処理と渉外負債支払との関連についての連合国側の意向は従来全く不明であつた。

然るに今度昭和二十四年一月十八日付覚書に基き、外国に本店を有する会社の内地支店財産が清算されることになり、これに関して総司令部の清算方針が内示せられた結果、首題の件について若干の原則が明かとなつた。

但し前記覚書による清算は非日本化政策を目的とするもので、閉鎖機関の整理と同様、特別の政治的意図に基く措置であるから、その他の一般事例に直接適用し得ない点もあろうが、原則問題の考え方として他の場合にも適用される可能性もあり得ると思われる。

一、清算方針

総司令部の清算方針につき知り得た重な事項は次の通りである。

(一) 清算の対象となる在外本店を有する会社の範囲。

日本人の利益が一割に満たない会社の、内地財産は、外国人所有の財産として取扱われ、清算の対象とされない。このような財産は指令書によれば「会社の財産として存置し…」とあるから、単に内地財産が清算せられないばかりでなく、外国にある本店も含めて、会社そのものを外国人所有の会社として存続せしめんとするものである。その他の在外本店の会社は清算される建前である。

「日本人の利益が一割に満たない」とは、当該会社の構成資本金の中、日本人の占める部分が一割に満たない場合等が主なケースであろう。

もつともこのような会社の株主たる日本人の権利は、本社が外国にある会社であるから、在外財産として処分の対象とされる可能性があると考えられる。

併し、かゝる会社は実際には存在しないと思われるので、外地に本店を有する会社はすべて日本会社として扱われ、したがつて、後述の如く、その内地にある財産が外国財産としてアンブロックに後日連合国側から請求される事例は事実上起らないと考えられる。例へば朝鮮に本店を有していた朝鮮銀行が朝鮮によつて接収されても朝鮮側から、日本内地にある同銀行の財産を請求してくることはない。

㈢ 渉外負債処理と在外財産清算の関連性の原則。並その際のプール計算制度の確立。内地財産不追求の原則の確立。

指令によれば、日本外にある外国人の債権は、内地支店の営業から生じたもの、並びに内地財産が担保となつているものを除いて（これらの債権はその債権者の所在の如何に拘らず、日本に在る日本人の同様の債権と共に、第一次的に当該会社の内地財産から支払いを受ける）その外は第一次的に当該外国債権者の所属国内にある関係会社の財産、若しくはその他の日本の在外財産から支払を受ける。後者の場合は、支払に利用できる財産であれば、支払われる債権との関連性を問はない。即ち日本の在外財産は総て渉外負債支払の源泉に利用される。これにより冒頭で述べたような、在外の積極財産だけとられ、消極財産は別途追求されるというような危険は一応除かれたわけである。又在外債務弁済に当り在外財産がプールされることも明らかになつたわけである。なお日本外にある外国人の債権のうち内地支店の営業から生じたものを、内地財産から弁済することにしている点を見ると、在外店舗の清算においては、一応、在外店舗に対する債務のみを弁済することを前提としていると思われる。

限定責任制度の確立。

内地財産の清算が行われ、所定債権の支払が終つた残余資金は日本政府の管理に移される。他方前項に従つて、日本の在外財産から支払を受けて未だ満足せられない債権は、債権者所属国家の政府を通じて日本政府の前記保管資金中、関係会社財産の清算残余資金中から支払われる。そして資金不足の結果未だ債権が完済されることがないとしても、債務は消滅し日本側の責任は免かれる。

一九四五年末にパリに開かれた対独賠償会議議定書第二条C項第一号にはドイツ国と当該署名国との間の戦争状態の存在以前か又は当該署名国の領域のドイツ国による占領以前かのうち、いずれか早い方の時期に結ばれた契約及び他の債務並びに獲得された権利から生じたドイツ国及びドイツ国民に対する請求権の完済を将来において確保するというドイツ国内の適当な官憲の義務があることを規定している。

日本の場合、前記の通り債務弁済は当該会社内地財産の清算残余資金の範囲で打切られ、政府には右以上には何ら責任がかゝつてこないのである。したがつて日本の場合にはドイツの場合の原則が適用せられるとしても、日本政府の「請求権の完済を将来において確保する」義務の範囲は、かゝる限定承認的の義務になる可能性があるわけである。たゞ在外財産の清算によつて、在外債務の弁済に足りない場合は、本国側に追求し得る原則が認められたことは注目すべく、この原則が在外に本店を置く会社以外の在外会社に適用せられるときは、その影響は相当大であろう。（もつとも巴里賠償協定の趣旨によれば、占領地における占領期間発生の債務は賠償により免責される可能性にある）。

三

もつとも本指令にカヴァーされる会社は、その資産の大部分を外地に有するので、右資産をもつてその在外債務を支払うに十分なるべく（在外債権者の場合は担保権が在日財産に設定されている場合でも在外財産から十分に弁済され得よう）従つて後日、追求される事例も起らないであろうし、又在内資産僅少であるので、清算残余は残らず、したがつて追求されても限定承認の効果により、実際は支払わなくてすむであろうから、事実上の問題としては在外債務を在内資産をもつて弁済する事例は現実には起らないと思われる。万一在内地財産清算の結果に余剰の出た場合でも、清算残余金から在外債務を支払うにあたつては、日本内債権者と在外債権者は同待遇を享けることを指定されているから（三条後段）、連合国側による在外財産の清算にあたり、その債権を会殺算査されてないと思惟される在日債権者が、先ず清算残余金から支払を受ける（在外債権者の債権が在外財産より弁済されたと同率まで）こととなるので、在外債権者が在日財産から弁済を受ける余地は残らないであろう（四(ヘ)参照）。

三、残された問題

なお在外財産と渉外負債の処理の関係について、本件指令で明らかになつていない問題として次のような諸事項が考えられる。

(イ) 内地に本店を有する在外店舗の負債の処理

内地に本店を有する会社の渉外負債処理について、かかる会社の在外支店の財産から当該支店の負う負債が弁済せられることは考えられるが、その場合不足分は在日本店に追求して来るのであろうか。上述の如く本指令にカヴァーされる会社について、追求の原則が認められたことは一つの示唆を与えるものであろう。又、本店の有する渉外負債が日本の在外財産から払われるか否かは未だ不明であるが、在米正金支店の清算に関する情報によれば、否定的のようである。閉鎖機関の清算に当つては清算された機関の有する渉外負債の部分は一応内地で留保されているが、このことからは未だ在外財産と負債との関係は明かになつていない。

在内本店を有する会社で多額の渉外負債を有するものは、横浜正金銀行の如きものがあり、これらの会社は同時に渉外債権、並びに在外財産を有するものが多い。但し主なものは閉鎖機関に指定されている。

在内本店を有する会社、在外本店を有する会社、閉鎖機関の三者の負債処理に関する総合的原則を知ることが今後必要である。

(ロ) 内地にある個人の有する渉外負債

前(イ)号と同様な問題がある。

(ハ) 他人の債務の弁済にあてられた在外財産の所有者の損害補償について、かかる損害は補償せらるべきものであろうか。もしそうとすれば如何なる方法で補償せられねばならないであろうか―関係会社内において決済するか、政府が補償するか―等の問題がある。

四、内地支店の清算手続

なお本指令の指示している、内地支店の清算手続を包括的に参考までに掲記する。

(イ) 先ず財産の金銭化が行われる。この際内地における当該会社の有する未払債権は取立てられて、清算資金に入れられる。この金銭化された資金が債務支払の源泉となる。

(ロ) 内地財産の清算に当つて、第二会社への売却が認められ、旧会社の株主、並社債権者は第二会社において旧会社におけると同様の地位が優先的に認められる。

右の場合も旧財産の金銭化が行われたと見做されるのである。

(ハ) かく金銭化された資金から次の如き請求権を有する債権者が支払いを受ける。

五

六

1、債権者の所在地に関係せず、内地支店の営業から生じた一切の債権。

2、同じく債権者の所在地に関係なく、内地財産が担保となつている一切の債権。

(ニ) 現実には在外会社が内地財産を担保として内地銀行団から借入れている事例がほとんど全部なので、これによつて弁済する債務は在外債務の場合でもその債権者は現地人でなく、内地人である。

前号の支払を終えた残額は清算人から日本政府に移管され、この資金から次の債権者が支払われる。

1、日本人株主

2、日本人社債権者

3、次号(ホ)にいう外人債権者で未だその債権を満足せられない者。

(ホ) 日本外にある債権者は日本の在外財産から支払を受け、未だ不満足な際、前号(ニ)の債権者として参加する。

(ヘ) 残余資金が債権を完済するに足らない場合は在外債権者のその所属国並日本における受取合計額が、同様の地位にある日本人債権者の受取額と等しくなるように取扱われる。

これは日本人は外国人とは異なり、在外店舗に債権を有する場合でも在外財産から支払を受けないと思惟され専ら内地財産からのみ支払われるであろうから、例えば在外債権者の同額の社債を有する在日社債権者が、かかる在外債権者の合計額と等価の支払を受けるということで、在外者が在外財産により支払われた分を在日者は内地財産から支払われるという、在日債権者に対して甚だ有利な制度である。

(ト) 若し残余資金が充分にあつて在外債権者の前述の請求に応じ得る見込があれば、内地における債権者（在外店舗に対する）に支払い、又比率法に基いて内外の株主に配当される。

(チ) 清算に当つて、本支店勘定は考慮されない。

これは清算手続を出来るだけ簡単にしようとするためと、敢えてこれを清算しないでも、外国人債権者は、当該会社以外の財産も弁済の源泉とされるから、その利益を害せられることはないと考えられるからであろう。

七

清算に関する総司令部指令書（假訳）

支店の財産は下記の方針により取扱われるべきことを指令する。

第一条　当該会社における日本人の利益が一割以下の場合は、管理の実施可能なことと便宜とを顧慮し、在日資産は該社の財産として存置し、別個の在日外国人所有財産として取扱われるものとする。

第二条　前条の条件が適用されぬ場合は在日資産は、同資産を取得するため新会社に売却するか、あるいは清算人の定めるその他の手続により（会社の債権にして日本にあり且つ支払いを未だ受けていないものゝ取立を含めて）清算すべし。

清算の中に右の如き新会社への資産の売却が含められる場合は、本社が外国にある当該会社の株主並びに社債所有者は、行政上実行可能な場合は、新会社の株式ないしその他の債券の取得により、新会社に参加する優先権（他の投資者と比べ）を賦与せらるべきである。この取得のための支払は、新規資本を投下するかあるいは債権を放棄し、然らざる場合後記第三条に基き該株主ないし債権所有者に支払わるべき清算剰余の一部分を新会社に譲渡するか、いずれかによって為さるべきである。

第三条　前条に記した清算剰余金は下記の原則によって処理せねばならぬ。

第一項、在日支店の営業から生じた債権を持つ日本人並びに外国の債権者及び該在日支店の資産を担保として保証されている債権者に対しては、慣用の法的優先制に従って支払をせねばならない。

第二項　前項に掲げた債権者への支払後に残る在日資産清算剰余金の残額は総べて日本政府に移管せらるべく、これに就ては日本人株主、日本人社債所有者、並びに在外支払請求者中の未払債権者（下記第三項に挙げる者）が補償を求むべきである。該補償は右の残額中から、またそれの範囲内においてのみ、支払はるべきである。

第三項　日本国外に在る債権者（前記第一項に挙げた者を除く）は当該債権者の国籍の属する国家内に所在する会社資産、またはその支払に利用し得る如き日本国外所在の他の資産から支払われるべきものとする。若し斯かる資産が不充分な場合には、超過額に対する債権者の支払請求は、当人が国籍を持つ国家の政府を通じて日本政府に送達すべきである。日本政府は、前記第一項の支払をなした後利用し得る資金の中から在日債権者全部並びに右の如く他国政府から通達された支払請求全部の皆済を図らねばならぬ。若し利用し得る資金が全部の支払にとつて不足の時は、日本政府は在外債権者に対し、該国並びに日本における彼等の取立ての総計が同様の状況下にある日本人債権者の受取る額と等しくなる如き処置を講ずべきである。外国人並びに日本人債権者に全部支払つた後なお配当し得る金額あらばその時は総べて日本に在る株主の配当に廻すべきである。

第四項　前記第三項に指示した部類の外国への支払請求を同項において指示した方式で支払つて確かに充分であり得ることが納得された場合は、支店は、在日債権者への支払、並びに日本国内及び外国に在る株主への残余金の比率法に基く配当に取掛るべきである。

第五項　清算処分においては、支店間並びに本店勘定資産は無視して宜しい。

第四条　前記各条に応じて清算される資産中に船舶が包含されている場合は、該船舶の処理は、去る七月の告示において別に定めたものを除き、茲に述べた決定に即してなさねばならぬ。

第五条　前記各条の事柄に就ては、如何なる支払請求の決済に当つても、連合軍総司令部または日本政府が、外国為替の提供を斡旋ないし実施するものと解してはならぬ。

10. 平和条約第4条について(上, 下) (未定稿), 1951. 9
日本外交文書 1562

일본 외무성의 의뢰로 나고야대학의 야마시타 야스오(山下康雄) 교수가 작성한 평화조약 제4조에 관한 연구 보고서다.

일본 외무성은 애초 재일한인 문제만을 의제로 다룬다는 전제하에 한일회담 개최에 응하긴 하였으나, 한국 측의 요구로 회담 의제에 '한일 간의 현안에 관한 장래의 교섭을 위한 방법과 수단의 개발'이 포함됨에 따라, 일단 회담이 개최되면 청구권 문제가 한일 양측 간에 핵심적인 사안이 될 수밖에 없을 것이라는 점을 잘 알고 있었다. 이에 따라 내부적으로는 조약국이 중심이 되어 관련 자료를 준비하는 한편, 외부 인사로는 대일강화조약 연구자인 나고야대학의 야마시타 교수에게 청구권 문제에 관한 일본 측 입장을 검토하도록 요청하였다.

외무성의 의뢰를 받은 야마시타 교수는 한일 간에 예비회담이 개최되기 한 달 전인 1951년 9월에 상, 하편으로 구성된 「평화조약 제4조에 관하여」라는 자료를 작성하였다. 그는 이 자료에서 "대일강화조약 제4조 b)항이 '최종적인 몰수'가 아니라 '관리책임의 이전' 규정에 불과하므로 비록 일본이 재한 일본인 재산에 대한 미군 당국의 조치를 인정했다고 하더라도 최종적인 재산권은 일본에 남는다"는 주장을 펼쳤다. 즉 일본은 한국에 남겨두고 온 재산에 대해 재산권을 주장할 수 있다는 논리였다. 그의 이러한 주장에 대해 외무성 내에서나 다른 학자들로부터 비판적인 견해가 제시되기도 하였으나, 결국 외무성은 제1차 회담을 앞두고 청구권 문제에 대해 "재한 일본재산에 대한 일본 및 일본 국민의 권리가 완전히 소멸되지 않았다"는 기본 입장을 수립하였다.[13]

13 金恩貞, 「日韓国交正常化交渉のおける日本政府の政策論理の原點: '対韓請求権論理'の形成を中心に」, 日本国際政治學会編, 『国際政治』 172, 2013, 34쪽.

번역

평화조약 제4조에 관하여(상, 하) (미정고)

극비

평화조약 제4조에 대하여(상)(미정고)

쇼와 26(1951)년 9월

야마시타 야스오(山下康雄)

조약국 법규과

목차

1. 머리말

평화조약 제4조는 다음과 같이 규정하고 있다.

(a) 이 조의 (b)의 규정을 유보하여 일본 및 일본 국민의 재산으로 제2조에 언급된 지역에 있는 것과 그의 청구권(채권을 포함한다)으로 현재 이들 지역을 통치하고 있는 당국 및 그곳의 주민(법인을 포함한다)에 대한 것의 처리, 그리고 일본에 있는 이들 당국 및 주민의 재산과 일본 및 그 국민에 대한 이들 당국 및 주민의 청구권(채권을 포함한다)의 처리는 일본과 이들 당국 간의 특별 협정의 주제로 한다. 제2조에서 언급된 지역에 있는 연합국 또는 그 국민의 재산은 아직 반환되지 아니한 한, 통치하고 있는 당국이 현 상태 그대로 반환하여야 한다(이 조약에서는 국민이라는 표현을 사용할 때 언제나 법인을 포함한다).

(b) 일본은 제2조 및 제3조에 언급된 지역의 어느 하나에 있는 합중국 군 정부에 의하여 또는 그 지령에 따라 이행된 일본 및 그 국민의 재산 처리의 효력을 인정한다.

(c) 일본과 이 조약에 따라 일본의 지배에서 벗어난 영역을 잇는 일본 소유의 해저전선은 이등분되며, 일본은 일본의 종점 시설 및 이와 연결된 전선의 절반을 보유하며, 분리되는 영역은 나머지 전선 및 그 종점 시설을 보유한다. 위 규정은 다양한 문제를 포함하고 있다. 즉

(1) 분리 지역에 있는 일본 국민의 재산(a항)

(2) 일본에 있는 분리 지역 주민의 재산(a항)

(3) 분리 지역에 있는 일본의 국유재산(a항)

(4) 분리 지역에 있는 연합국 재산(a항)

(5) 분리 지역에 있는 미군의 일본자산 처리(b항)

(6) 해저전선(c항).

지금 이들 문제의 연구에 들어가기에 앞서 제4조의 용어에 대해서는 다소 설명을 덧붙일 필요가 있다.

(1) '제2조에 언급된 지역'이란 다음의 것을 가리킨다.

(a) 조선(제주도, 거문도 및 울릉도를 포함한다)(제2조 a)

(b) 타이완 및 평후제도(제2조 b)

(c) 지시마열도(쿠릴열도) 및 가라후토(사할린) 남반(제2조 c)

(d) 남양위임통치지역(제2조 d)

(e) 일부 남극지역(제2조 e)

(f) 남사군도 및 서사군도(제2조 f)

위 중 조선은 독립국이 되었으므로, 할양지가 아니다. 남양위임통치 지역도 미국의 신탁통치 지역으로 바뀌었으므로, 할양지가 아니다. 남극지역은 일본의 영토로서 확정되어 있던 것이 아니라 단순히 claim(영유권에 관한 주장)이 있던 것에 불과하므로, 이 또한 할양지가 아니다. 서사군도도 대체로 사정이 같다고 말할 수 있다[외무성 정보부 『일본국과의 평화조약 초안 해설』(줄여 『강화백서』라 부른다) 8쪽]. 따라서 할양지라 해도 타이완과 펑후제도 그리고 지시마열도 및 가라후토의 남쪽 절반 정도이므로, 할양지라기보다 분리 지역(detached territory)이라 하는 편이 적절하다. c항의 일본의 지배에서 벗어난 영역(territory removed from Japanese control)이라는 대목도 마찬가지일 것이다. 위 분리 지역 중 남극 지역, 남사군도 및 서사군도는 실제 문제가 되지 않을 듯하다.

(2) '통치하고 있는 당국'. 조선을 제외한 그 밖의 분리 지역에 대해 일본은 권리, 권원 및 청구권을 포기할 뿐, 권리 포기 후의 귀속에 관한 기술은 찾아볼 수 없다(강화백서 7쪽). 베르사유조약에 따르면, 영토권을 포기하는 때에는 통상적으로 "독일은 …… 에 대한 일체의 권리 및 권원을 …… 국을 위하여 포기한다"는 형식을 띤다. 예를 들어 제34조, 제49조, 제83조, 제87조, 제99조, 제11조, 제110조, 제119조이다. 단, 알자스로렌의 경우에는 "…… 조약에 따라 독일에 양도된 지역은 …… 프랑스의 주권하에 복귀한다"라고 정하고 있다(제51조). 이탈리아평화조약에서는 "이탈리아는 …… 를 여기서 완전한 주권과 함께 …… 국에 양도한다"라는 형식을 띠고 있다. 예를 들어 제6조, 제11조, 제14조이다. 단, 이탈리아평화조약 제23조는 이탈리아의 식민지에 대해 단순히 "권리 및 권원을 포기한다"고 정하고 있을 뿐, 최종적 귀속 즉 최종 처분은 조약 시행일로부터 1년 이내에 소비에트, 영국, 미국 및 프랑스 네 나라 정부가 공동 결정한다(제23조 제3항 및 제11 부속서)고 규정하고 있다. 네 나라가 평화조약 시행일로부터 1년 이내에 처분을 협정하지 못한 때에는 유엔 총회에 회부해서 권고를 받아야 한다. 총회의 권고는 구속력을 가진다(제11 부속서 제3조). 총회의 권고에 관해서는

『구 이탈리아 식민지의 처분 문제』(조약국 『조약집』 제28집 제49권)을 참조하기 바란다.

이처럼 분리된 지역에 대해 거의 전면적으로 귀속을 밝히고 있지 않은 점은 금번 강화조약의 특징 중 하나이다. 이는 다양한 정치적 고려에 기인하는 듯하다. 가령 타이완을 예로 들면 중공 정권과 국민정부를 생각해 볼 수 있다. 그 중 어디를 주권자로 할지는 승인 문제, 조인 자격 문제와 얽혀 있어 민감하다. 그러한 연유로 귀속을 밝히지 않고 있으며, 따라서 '당국'이라는 표현을 사용할 수밖에 없던 것이다.

제1장 사유재산

제1절 재산

강화조약에 따라 분리된 지역에 있는 패전국 국민의 재산에 관해 베르사유조약과 이탈리아평화조약은 정반대의 처리 방침을 취하고 있다.

베르사유조약에 따르면, 할양지에 있는 독일 국민의 사유재산은 할양지를 넘겨받은 연합국에 의해 유치·청산된다(제297조 (나)호). 구(舊) 독일 식민지 즉 위임통치지역도 마찬가지이다(제121조).

반면 이탈리아평화조약에 따르면, 이탈리아 국민이 할양지에 보유한 재산은 청산되지 않는다(제14 부속서 제9조).

(一) 자연인의 경우

(1) 할양지 주민인 경우

(a) 국적을 선택하지 못한 경우. 할양지 주민으로, 국적을 선택하지 못한 상태로 확정적으로 양수국의 국적을 취득한 자연인의 경우이다. 베르사유조약에 따르면, 이러한 자가 할양지에 보유한 재산은 양수국이 청산할 수 없다. 그뿐만 아니라 이러한 자가 연합국에 보유한 재산도 청산되지 않는다(제297조 (나)호 제3항). 이탈리아평화조약에서도 마찬가지이다(제79조 제6항 (사)호).

(b) 국적을 선택한 경우. 할양지 주민으로 국적을 선택한 자(즉 양도국의 국적을 회복한 자)는 베르사유조약에 따르면 할양지에서 퇴거해야만 하는데, 퇴거 시에는 동산을

휴대할 수 있다. 이를 매각해서 매각대금을 휴대할 수도 있다. 할양지에 있는 부동산을 계속해서 보유하는 것도 가능하다(예를 들어 제37조 제4항). 이탈리아평화조약도 대체로 같다(제14 부속서 제10조). 단, 이러한 자가 할양지 외에 연합국의 영토에 소유한 재산의 경우 베르사유조약에서는 청산을 피할 수 있으나(제297조 (나)호 제3항), 이탈리아평화조약에서는 청산된다(제79조 제6항 (사)호).

(c) 양도국의 국적을 보유한 자. 영토 할양에 따라 양수국의 국적을 취득한다는 원칙에 따르지 않고 구 국적을 보유해 국적 선택권이 없는 자를 말한다. 베르사유조약에서 보자면 연합국이 허가할 때만 연합국의 국적을 취득할 수 있는 자(예를 들어 제36조 제2항)로, 이러한 자의 재산이 할양지에 있다면 연합국의 영토에 있는지 여부를 불문하고 청산된다(제297조 제3항). 단, 예외가 존재한다(제54조 제2항, 제73조). 이에 반해 이탈리아평화조약에서는 청산될 수 없다. 단, 할양지에 있는 재산에 한하며(제14 부속서 제9조 제2항), 할양지 이외의 연합국에 있는 재산은 그러하지 않다(제79조 제6항 (사)호).

(2) 할양지 주민이 아닌 경우. 양도국의 본국에 주소를 둔 경우가 전형적인 사례일 듯하다. 이 경우, 국적 변경이 없다. 베르사유조약에서는 할양지에 있는 재산이나 그 외 연합국에 있는 재산이나 청산된다(제297조 (나)호 제3항). 이탈리아평화조약에서는 이러한 자가 할양지에 보유한 재산에 한해서는 청산되지 않는다. 휴전일로부터 조약 시행일까지 청산된 때에는 청산 조치가 해제되어 반환된다. 이에 반해 이러한 자가 할양지 이외의 연합국(양수국이 아닌 연합국도 포함한다) 영토에 보유한 재산은 청산된다(제79조 제6항 (사)호).

(二) 법인의 경우

베르사유조약에서는 '독일 국민이 관리하는 회사'의 재산은 할양지에 있는 것이나 연합국의 영토에 있는 것이나 똑같이 청산된다(제297조 (나)호 제1항)고 정하고 있다. 베르사유조약은 회사에 관해 관리주의를 채용하고 있다. 회사의 국적도 회사의 주소(본점 소재지)도 기준으로 삼지 않고, 오로지 '관리'만을 기준으로 삼고 있다. 관리의 의미에 대해서는 「강화조약의 연구」 제2부 28쪽 이하, 『강화조약 연구자료』 하권 171쪽, 쇼와 16(1941)년 7월 28일 「외국인 관계 거래 단속 규칙」(대장성령 제46호) 제4조를 참조하기 바란다.

이탈리아평화조약에서는 할양지와 연합국의 영토를 나누어 규정하고 있다.

(a) 할양지의 경우에는 이탈리아국 법인의 재산으로 할양지에 있는 것은 청산되지 않는다. 일반 외국 법인의 취급을 받는 셈이다. 휴전일로부터 조약 발효일까지의 기간 중 청산된 때에는 청산 조치가 해제되어 반환된다. 이 경우에는 국적주의를 채용하고 있다(제14 부속서 제9조 제2항 및 제3항).

(b) 연합국의 영토인 경우에는 할양지에 본점을 둔 회사 또는 조합으로 이탈리아에 거주하는 자가 소유 또는 관리하지 않는 곳이 연합국에서 소유한 재산은 청산되지 않는다(제79조 제6항 (사)호). 반대로 말하면 할양지에 본점을 두고 있지 않은 회사로 이탈리아 국민이 관리하고 있는 곳, 할양지에 본점을 두고 있되 이탈리아 국민이 관리하고 있는 곳 또는 이탈리아 국민이 관리하고 있지 않지만 할양지에 본점을 두고 있지 않은 회사의 경우에는 이탈리아 법인인 한 연합국에서 소유한 재산이 청산된다.

위와 같이 할양지에 있는 패전국 국민의 사유재산에 대해 베르사유조약과 이탈리아평화조약의 규정을 비교해 보면, 대체로 다음과 같이 요약할 수 있다.

(1) 자연인의 경우

(a) 양수국의 국적을 취득하는 할양지 주민에 대해서는 국적 선택권의 행사 여부와 관계없이 할양지에 소유한 재산은 청산되지 않는다. 이 점에서 두 조약은 같다.

(b) 양도국의 국적을 보유한 할양지 주민이 할양지에 소유한 재산의 경우, 베르사유조약에서는 청산되나, 이탈리아평화조약에서는 청산되지 않는다.

(c) 할양지 주민이 아닌 패전국 국민이 할양지에 소유한 재산의 경우, 베르사유조약에서는 청산되나, 이탈리아조약에서는 청산되지 않는다.

(2) 법인의 경우

베르사유조약에 따르면, 패전국 국민이 관리하는 회사가 할양지에 소유한 재산은 청산된다. 이탈리아평화조약에서는 패전국 법인이 할양지에 소유한 재산은 청산되지 않는다.

대일강화조약 초안을 보면, 1951년 4월 6일 자 UP가 전한 미국 초안은 대체로 베르사유조약의 방식에 따라 할양지에 있는 일본 국민의 재산은 청산된다고 정하고 있다(제6장 제2항). 하지만 7월 13일에 공개된 영미 공동 초안과 8월 15일의 최종 초안은 베르사유조약의 방식을 포기하고 있다. 그렇다고 해서 이탈리아평화조약의 방식을 따르고 있지도 않다. 분리 지역에 있는 일본 국민의 재산 처리는 향후 특별 협정의 대상이라고 정하고 있다(제4조 a).

하지만 구 위임통치 지역에 있는 일본 국민의 자산은 차치하고 조선, 타이완, 가라후토(사할린), 지시마(쿠릴) 등에 남은 일본자산이 실제 반환될 가능성은 현실적으로 기대하기 어려울 듯하다. 조선에서는 후술하는 바와 같이 전후 특별 조치로서의 청산을 전제한 재산 처리가 시행되었고, 더더구나 한국전쟁으로 인해 많은 일본자산이 파괴되고 사라졌다. 타이완에서도 청산 조치를 전제한 조치가 시행되었다(강화조약 연구자료 하권 295쪽 이하 참조). 더불어 분리 지역에 있는 일본자산의 처리는 분리 지역의 주민이 일본에 보유한 자산과 일본 및 일본 국민에 대해 위 주민이 가지는 청구권의 처리와 상관적으로 실시되므로, 가장 유리한 때를 감안해도 상계되는 것이 최선이다.

그렇다면 분리 지역에 있는 일본 국민의 재산은 조약 초안 제14조 a (2)에 따라 청산되어 분리 지역의 주민이 일본에 대해 가지는 청구권에 할당된다.

할양지 주민이 양도국에 소유한 재산에 관해 이탈리아평화조약은 일반 규정을 두고 있다. 그에 따르면, 할양 지역 내에 거주하며, 조약에 따라 이탈리아 국적을 상실하고 타국 국민이 된 구 이탈리아 국민이 이탈리아 국내에 소유한 재산을 이탈리아는 연합국 국민의 재산과 동등하게 존중해야 한다(제14 부속서 제11조). 베르사유조약은 이와 같은 일반 규정을 두고 있지 않으나, 알자스로렌에 관해 특별 규정을 마련하고 있다. 즉 독일은 알자스로렌 주민이 휴전 당시 독일 국내에 소유하고 있던 일체의 재산, 권리 및 이익을 반환해야 하며, 손해가 있는 때에는 배상해야 한다(제60조 및 제73조). 또 공업소유권 및 저작권에 관해서도 특별 규정을 마련하고 있다. 즉 독일에서 분리된 지역의 주민은 분리 당시 독일의 법령에 따라 보유하고 있던 공업소유권 및 저작권에 관해 계속해서 독일 국내에서 완전한 권리를 향유한다(제311조 제1항 및 제76조). 자세한 내용은 「강화조약과 공업소유권」(강화조약의 연구 제4부 115~116쪽)을 참조하기 바란다.

강화조약 초안은 분리 지역의 주민이 일본에 소유한 재산의 처리도 향후 체결될 특별 협정에 맡기고 있다. 그래서 그 처리를 지금 여기서 예측하기란 어려우나, 선례에 비춰보나 앞뒤 문맥에서 보나 분리 지역의 주민이 일본에 소유한 재산은 당연히 일반 외국인의 재산과 똑같이 존중되어야 한다. 이 경우, 이탈리아평화조약의 선례(제14 부속서 제4조 및 제16조)를 볼 때 일본이 분리 지역에서 불법으로 반출한 재산의 반환이 문제가 될 수 있다. 또 이탈리아평화조약의 선례(제14 부속서 제17조)나 총사령부 각서(SCAPIN 2705-A, 1437, 6392-A/1, 7010-A, 7028-A)에 따라 점령 관리 중에 시행된 조치에서 볼 때 조선 치적선 문제가 최종적으로 결정될 필요가 있다(다른 논문에서 다룰 예정).

이와 같은 문제를 해결하는 때에는 당연히 분리 지역 주민의 국적 문제가 의제가 되어야 한다. 강화조약 초안은 분리 지역 주민 또는 분리 지역 출신자의 국적에 대해 어떠한 규정도 두고 있지 않다. 이 문제는 이들의 재산을 처리하는 때에 전제가 된다. 분리 지역 주민 또는 분리 지역 출신자가 일본에 소유한 재산뿐만 아니라 연합국에 소유한 재산의 처리 문제는 국적 문제와 무관할 수 없다. 재산 처리 문제만이 아니다. 분리 지역 출신자가 일본에 거주하는 경우 또는 연합국에 거주하는 경우에도 국적 관계는 중요한 요소이다. 따라서 분리에 동반하는 국적 처리 문제는 적어도 재산 처리와 동시에 결정되어야 한다(「영토 할양과 국적. 사유재산」 강화조약의 연구 제1부를 참조할 것).

제2절 청구권

평화조약 제4조 a에 따르면, (1) 일본 및 일본 국민의 청구권(채권을 포함한다)으로 분리 지역을 통치하고 있는 당국 및 분리 지역의 주민에 대한 것, 및 (2) 분리 지역을 통치하고 있는 당국 및 분리 지역 주민의 청구권(채권)으로, 일본 및 일본 국민에 대한 것은 모두 특별 협정에 의해 처리된다.

여기서는 일본 국민의 청구권 및 채권만이 아니라 분리 지역 주민의 청구권 및 채권이 장래 체결될 협정에 의해 처리된다는 원칙을 세우고 있으나, 가장 문제가 되는 것은 분리 지역 주민의 일본 및 일본 국민에 대한 청구권과 채권이다. 분리 지역은 전쟁 중 일본의 일부였기 때문에 일본과 분리 지역은 전쟁 상태에 있지 않았다. 그곳의 주민도 적국민이 아니었던 셈이다. 따라서 전쟁 손해라 할 만한 것이 있을 턱이 없으며,

‘배상’ 청구권도 없다. 그러나 일본이 영유하고 있던 기간에 다양한 형태로 발생한 분리 지역 주민의 청구권이 존재한다. 예를 들어 쇼와 23(1948)년 8월 27일 자 『조선정보』(서울발 조통특보(朝通特報) –KIP)는

“조선의 대일배상 요구액은 1945년 8월 9일 현재 가액으로 약 480억 엔에 달할 것으로 추산되며, 현재 조선·일본 간의 환율이 정해져 있지 않아 정확하게 평가하기는 어려우나, 종전 당시 환율 일본엔 15엔 대 1달러의 기준으로 보더라도 지금의 일본 엔으로 환산하면 8,460억 엔에 이른다. 이 배상액 수치는 임시정부(신정부 수립 전)의 심사위원회, 각 부처장 및 미국인 고문이 긴밀하게 연락하면서 조사한 것으로, 완성된 조사는 얼마 전 신정부로 이관되었다. 적산(조선에 있는 일본인 재산)이 향후 어떻게 처리될지는 불분명하나, 개인 재산의 약 80%를 차지하던 일본인 재산과 상계한다면 요구액은 예상보다 훨씬 적어지리라 예상된다.”

고 보도한 뒤, 이른바 ‘배상’ 요구액 480억 엔의 내역을 다음과 같이 설명하고 있다.

(1) 노동부 관계(일본인과 조선인 간의 부채 잔액)

1,525,668,523

(2) 인사행정처 관계(조선총독부 조선인 관리의 은급. 55,378명분)

506,194,970

(3) 운수부 관계(경리, 자재, 공제조합 및 기타)

5,843,379,000

(4) 문교부 관계(동산 및 부동산)

1,660,742,444

(5) 토목부 관계(이 중 기채 미상환액 15,700,186)

46,739,930

(6) 사법부 관계(형무소 보유 자재 관계)

18,401,070

(7) 상무부 관계(대일 수출, 금광, 철광, 석탄, 구리광 기타)

2,220,079,593

(8) 체신부 관계(예탁금, 자본금, 미결제액)

2,347,776,754

(9) 농무부 관계(수산, 토지개량, 축산, 면화, 송근유 공출 기타)

2,649,902,706

(10) 보건후생부 관계(피동원노무자 미불금)

5,478,850,104

(11) 재무부 관계(그 중 대일본인 대출금, 국채, 은행 접수 관계, 일본정부 소액지폐, 일본계통 지폐 등 1,738,052,695. 8월 15일 이후의 대일본인 미상환 대부 52,752,143)

25,613,657,764

총계 47,811,411,848엔

위와 관련해서는 금액도 문제이나, 특히 법률적으로 요상(要償) 비목이 타당한지를 검토할 필요가 있다. 요상 비목 중에는 비교적 내용이 명확한 것도 있으며, 전혀 가늠하기 어려운 것도 있다. 가령 노동부 관계의 채무 잔액은 아마도 미지급 임금을 가리키는 듯하며, 인사행정처 관계의 은급이나 운수부 관계의 공제조합비, 토목부 관계의 기채 미상환액, 상무부 관계의 대일 수출(이는 아마도 수출대금 중의 미지급분을 가리키는 듯하다), 체신부 관계의 예탁금, 농무부 관계의 공출(미지급 공출 대금을 말하는 듯하다), 보건후생부 관계의 미지급 노임, 재무부 관계의 각 비목은 대개의 내용을 알 수 있다. 하지만 재무부 관계는 요상 총액에서 약 53% 이상을 차지하고 있음에도 불구하고 명시된 비목의 총계는 1,790,804,838엔에 불과하며, 잔액 23,822,852,926엔(재무부 관계 총액의 93%, 요상 총액의 약 50%)의 내용이 사뭇 불분명하다는 점에 주의할 필요가 있다.

또 운수부 관계의 일부, 문교부 관계의 전부, 사법부 관계의 전부, 농무부 관계의 일부는 지나치게 간단해 내용을 알 수 없다.

위 요상 비목을 검토하는 때에는 선례와 앞뒤 문맥을 살펴볼 필요가 있다.

(一) 금전 채무

영유권이 변경되어도 국가 또는 개인의 사적 채무(채권)는 영향을 받지 않는다는 것이 국제법상의 원칙으로, 조약은 이 전제 위에 존속하는 채무를 처리하는 것이다. 따라서 영토의 할양, 분리로 인해 채권 채무 관계는 소멸하지 않는다고 해야 한다. 이탈리아평화조약 제16 부속서 제13조는 이 원칙을 확인하고 "이탈리아에 있는 자(법인을 포함한다)가 할양지역 내에 있는 자에 대하여 또는 할양지역에 있는 자가 이탈리아에 있는 자에 대하여 지고 있는 금전 채무는 양도로 인한 영향을 받지 아니한다. 이탈리아와 승계국은 위 채무의 결제를 용이하게 실현하기로 약속한다"고 규정하고 있다. 따라서 이탈리아와 승계국 간의 사인의 금전 채무 결제는 원칙적으로 당사자 자치의 원칙을 인정하고, 관계국은 당사자 간의 결제를 용이하게 실현하는 데 필요한 조치를 해야 한다.

베르사유조약은 할양지에 관해 이러한 일반적 규정을 두고 있지 않으나, 알자스로렌에 관해서는 특별히 규정하고 있다. 즉 제72조에 따르면, 독일에 거주하는 독일 국민과 알자스로렌에 거주하는 알자스로렌 주민 간의 금전 채무는 제296조에 정하는 결제 절차에 따라 처리된다(결제 절차에 관해서는 「강화조약과 재외자산」 강화조약의 연구 제2부 7쪽 이하를 참조할 것).

이 규정은 물론 영토의 할양이 금전 채무의 존속에 영향을 주지 않음을 전제로 하고 있다.

따라서 일본 국민과 분리 지역 간의 금전 채무도 분리 사실에 상관없이 존속하며, 그 처리는 향후 문제로 남는다. 이탈리아평화조약처럼 당사자 간의 직접 결제에 맡길 것인지 아니면 베르사유조약처럼 일본과 분리 지역 당국이 중개하는 간접 결제 방법을 채용할지 혹은 정치적 해결에 의한 상계주의를 채용할지는 향후 문제일 터이다. 단, 직접 결제 주의를 채용하면 특별히 거론할 만한 문제는 없을 듯하나, 간접 결제 주의를 채용하는 때에는 국가의 담보 책임이 평등해야 한다. 결제를 위한 표준 통화의 선택, 환산율의 결정에서도 문제가 발생하며, 국가 간의 결제에서 결제 차액을 처리하는 때도 문제가 발생한다. 상계주의를 채용하는 경우에는 당연히 국내 보상 문제가 발생하며, 채무자와 채권자 간에 발생하는 불공평한 상황을 시정하기 위해 일정한 입법 조치가 필요해진다.

분리 지역과 관련된 금전 채무에서 특히 주의할 점은 법인 관계, 특히 은행 관계의 금전 채무이다. 분리 지역에 본점을 둔 은행은 일본 법인으로 현재 폐쇄 기관이 되었지만, 해산한 것이 아니다. 이러한 은행에 관한 금전 채무 관계는 특히 오해를 말끔히 해소할 필요가 있다. 예를 들어 이와 같은 은행의 대부금으로 분리 지역 주민에 대한 것은 일본 국민(일본 법인인 은행)이 보유한 분리 지역 주민에 대한 채권이며, 이러한 은행에 대해 분리 지역 주민이 가진 예금은 일본 국민이 지고 있는 분리 지역 주민에 대한 채무이다. 따라서 위 대부금은 분리 지역 주민에 대한 채권이며, 위 예금은 일본 국민에 대한 채권이다.

반대로 위 은행의 일본 국민에 대한 대부금은 일본 국민이 일본 국민에 대해 보유한 채권이며, 위 은행에 대한 일본 국민의 예금은 일본 국민이 일본 국민에 대해 지고 있는 채무이다.

가령 조선은행이나 타이완은행의 일본 국민에 대한 대부금은 일본 국민인 은행이 일본 국민에 대해 가진 채권으로, 조선 국민이 일본인에 대해 보유한 채권이 아니다. 혹여 위 조선의 배상 요구 중 재무부 관계의 대일본인 미상환 대부금 안에 조선은행 기타 조선에 본점을 둔 일본 법인인 은행의 대부금이 포함되어 있다면, 이는 확실하게 삭제되어야 할 것이다.

(二) 은급

할양지 주민이 양도국에 대해 가지는 은급 청구권은 일종의 금전 채권으로 영토의 할양으로 인해 소멸하지 않는다(기득권 존중의 원칙).

이탈리아평화조약은 제14 부속서 제8조에

"이탈리아는 이 조약에 따라 승계국의 국적을 취득하는 자가 이탈리아의 국가 또는 여타 지방 행정 관청에서 근무하여 이 조약의 시행일까지 받아온 문관 또는 군인 은급을 아직 지급기일이 도래하지 아니한 은급 수령권까지 포함하여 지급하는 것에 대한 책임을 계속해서 부담하여야 한다. 이 책임을 수행하는 방법을 규정하는 협정은 승계국과 이탈리아 사이에 체결되어야 한다."

고 규정하고 있다. 베르사유조약에서는 이러한 일반 규정을 두고 있지 않으나, 알자스로렌에 관해 제62조 제1항에

"독일 정부는 1918년 11월 11일까지 '알자스로렌'에서 권리가 취득되었고 독일 제국의 예산에서 지출된 군인 및 비군인의 은급비 일체를 부담할 것을 약속한다."

고 규정하고 있다. 따라서 조선의 배상 요구 중 인사행정처 관계 은급은 비록 '배상'이라는 명칭이 적절하지는 않으나 일본이 부담해야 할 것이다. 하지만 세부 문제는 일본

과 조선 간에 체결할 특별 협정의 대상이 되므로(제4조 a), 이탈리아평화조약의 방식이 채용되고 있다. 일본은 조선이 요구하는 금액을 반드시 일괄해서 조선 측에 인도할 필요는 없다. 조선인이나 타이완인의 은급 청구권은 일본의 은급법상의 권리인 만큼, 이에는 일본의 국내법이 적용된다. 일본이 발급한 은급증서에 의거해 은급이 지급되는 셈이다. 은급법의 개정은 당연히 조선인이나 타이완인 은급권자에게도 적용된다. 군인 은급이 폐지된 오늘날, 군인 은급을 지급할 필요는 없을 터이다. 단, 은급 청구권의 행사에 관한 시효 기간(5년 - 회계법 제30조)에 대해서는 특례를 마련할 필요가 있다.

조선인 또는 타이완인 은급권자는 일본의 은급법에 따라 은급의 재정을 청구할 수 있다. 이때도 은급권의 시효 기간(7년 - 은급법 제5조)에 대해서는 특례를 마련할 필요가 있을 듯하다.

(三) 사회보험

이탈리아평화조약 제14 부속서 제7조는 이탈리아의 관영 또는 민영 사회보험기관이 할양지 주민에 대해 지고 있는 채무(보험금 지급) 및 적립금(책임준비금)의 이전에 관해 승계국과 이탈리아 간에 특별 협정을 체결해야 한다고 정하고 있다. 할양지에 본점을 둔 관영 및 민영 보험사가 이탈리아에 거주하고 있는 자에게 지고 있는 채무도 마찬가지이다.

베르사유조약은 제312조에 독일은 독일의 공적·민영 기관이 할양지에서 사회보험 또는 관영 보험을 운영하기 위해 적립한 준비금 일부를 양수국에 인도해야 한다고 정하고 있다(제1항). 양수국은 건네받은 기금으로 보험상의 채무를 변제해야 한다(제2항). 덧붙여 제77조를 참조하기 바란다.

이탈리아평화조약이 상호주의를 따르고 있는 데 반해, 베르사유조약은 상호주의가 아니라는 점에 주의할 필요가 있다. 어쨌든 조선이나 타이완의 경우에 일본의 관영 또는 민영 사회보험기관은 적립금 중 일부를 송금해서 채무 변제에 충당해야 할 것이다. 그 송금액이나 송금 조건은 특별 협정의 대상이 된다.

제2장 국유재산

제1절 재산

할양지에 있는 양도국의 국유 또는 공유재산은 양수국이 취득한다. 이는 국제법상의 일반 원칙이라고 말할 수 있다.

이탈리아평화조약에 따르면(제14 부속서 제1조), 승계국은 할양지에 있는 이탈리아의 국유 또는 준국유 재산을 '무상으로' 수령한다(제1항). 여기서 '국유 또는 준국유 재산'이란 이탈리아 정부, 지방 관헌, 공공시설과 공기업 및 조합의 동산 및 부동산 그리고 과거 파시스트당이나 그 보조 단체에 속해 있던 동산 및 부동산을 가리킨다.

베르사유조약에서도 승계국은 할양지에 있는 독일 정부 및 그 방(邦)의 재산을 취득한다(제256조 제1항). 이때, 제실 재산, 전 독일 황제 기타 왕실의 사유재산도 국유재산과 동일하게 취급된다(제2항). 베르사유조약에 따르면, 할양지에 있는 국유재산의 가액은 배상위원회의 결정에 따라 배상계정의 독일의 대변에 계상된다(제1항). 이 대목이 이탈리아평화조약과 다르다. 단, 이는 어디까지나 원칙일 뿐 여러 예외가 있다. 즉

(1) 알자스로렌(제256조 제3항)

(2) 벨기에가 양수하는 지방(제256조 제4항)

(3) 위임통치령(제120조, 제257조 제2항)

에 있는 국유재산은 제실 재산 등을 포함해 배상계정의 독일의 대변에 계상되지 않는다. 또 위 지역에 있는 독일의 국유재산 및 기타 재산이 담보 목적으로 쓰이고 있는 때도 취득한 나라는 이 재산에 관해 '하등 지급할' 필요가 없다.

평화조약에 따라 일본에서 분리되는 지역에 대해서도 대체로 동일한 내용이 적용될 것이다. 문제는 분리 지역에 있는 국유재산이 이탈리아평화조약처럼 '무상으로' 양도되는지, 아니면 베르사유조약처럼 분리 지역을 통치하고 있는 당국이 요구하는 금액의 변제와 대체할 수 있을지 여부이다. 선례를 보면, 이러한 대체를 꼭 단념할 필요는 없어 보인다.

제2절 채무(특히 공채)

할양지에 관한 채무 즉 할양지의 이익을 위해 양도국이 진 부채 또는 할양지의 수입을 담보로 하는 부채는 양수국에서 부담해야 하는가의 문제를 둘러싸고는 일치된 학설도 선례도 없다. 최근 체결된 평화조약의 선례들도 전혀 일관성이 없다.

가령 이탈리아평화조약에 따르면(제14 부속서 제6조), 원칙적으로 승계국은 이탈리아의 공채 지급에서 면제된다. 단, 할양지에 계속해서 거주하는 공채 소지인 또는 그곳에 계속해서 본점 또는 주된 영업소를 두는 법인인 공채 소지인에 대한 이탈리아의 채무는 다음의 세 조건을 만족하는 때에 승계국에 승계된다.

(1) 이탈리아 참전일(1940년 6월 10일) 이전에 발행된 것일 때

(2) 할양지의 이익인 공공사업 및 민정 업무를 위해 발행된 것일 때

(3) 직접적으로나 간접적으로나 군사 목적을 위해 발행된 것이 아닐 때

이에 반해 베르사유조약에서는 원칙적으로 승계국이 독일의 채무를 지급할 의무를 진다. 그 인수 부분은 다음과 같다(제254조 제1항).

(1) 제국의 금전 채무. 개전 이전 3회계연도의 할양지의 수입 평균액과 독일 제국의 수입 평균액의 비율을 기초로 개전 당시의 독일 제국의 금전 채무를 안분해 얻은 금액.

(2) 각 방(邦)의 금전 채무. (1)과 동일한 원칙으로 산출한다.

위 비율은 배상위원회가 할양지의 상대적 지급 능력을 참작해 결정한다. 따라서 할양지의 인수 부분은 배상위원회에 의해 결정된다(제2항). 인수 채무의 이행 방법도 배상위원회가 결정한다(제3항). 덧붙여 제39조를 참조하기 바란다. 위는 어디까지나 일반 원칙으로 이 원칙에는 예외가 있다. 즉

(1) 관유재산을 위해 쓴 지출에 해당한다고 인정된 공채는 할당에서 제외한다(제255조 3). 그것은 관유재산이 독일의 대변에 계상되기 때문이다(제256조 제1항).

(2) 폴란드에 할양한 지역에 관해서는 폴란드에서 시행된 독일의 식민정책을 위해 발생한 공채는 할당에서 제외한다(제255조 2). 그것은 할양지를 위해 진 채무가 아니기 때문이다.

(3) 위 원칙은 알자스로렌에는 적용하지 않는다(제255조 1). 즉 프랑스는 공채 할당

에 응하지 않는다. 그것은 1871년의 강화조약에서 알자스로렌에 대해 독일이 프랑스의 공채를 인수하지 않았기 때문이다.

(4) 독일 식민지(위임통치지역)에 대해서도 수임국은 독일의 공채를 인수하지 않는다(제257조 제1항). 그것은 군사 목적이나 기타 비생산적인 목적을 위해 쓰였기 때문이다(Kraus-Rödiger, Urkunden zum Friedensvertrag, Bd.I.,S.637).

덧붙여 베르사유조약의 규정에 관한 독일 전권위원의 의견에 대해서는 강화조약 연구자료 제6권 『평화조약안에 대한 독일 의견서』 223~226쪽을 참조하기 바란다.

앞서 기술한 조선의 소위 배상 요구 중 토목부 관계의 기채 미상환액이 토목 사업을 위한 공채에 관한 것이라면 기채 목적이 군사 목적이 아닌 한, 수익자는 조선 민중이므로 조선이 이 공채를 인수하는 것이 도리라고 생각된다.

(미완)

(1951년 9월 15일)

극비

평화조약 제4조에 대하여(하)(미정고)

(평화조약연구 제4호)

쇼와 26(1951)년 9월

야마시타 야스오(山下康雄)

조약국 법규과

목차

제3장 연합국 재산

평화조약 제4조 a에 따르면 "제2조에 언급된 지역에 있는 연합국 또는 그 국민의 재산은 아직 반환되지 아니한 한, 통치하고 있는 당국이 현 상태 그대로 반환하여야 한다."

일본은 평화조약 제15조 a에 따라 일본에 있는 연합국 및 그 국민의 재산을 반환해야 하는 셈이다. 여기서 '일본'은 두말할 나위도 없이 평화조약에 따라 분리되는 지역을 포함하지 않는다. 이러한 지역은 현재 일본의 관할 밖에 있으며, 그곳에 있는 연합국 재산에 관해 일본은 처리할 하등의 권능도 가지지 않는다. 반환하고 싶어도 일본에는 이행 수단도 없을뿐더러 권능도 없다. 따라서 분리 지역에 있는 연합국 재산의 반환은 현재 분리 지역을 통치하고 있는 당국이 이행해야 한다.

분리 지역에 있는 연합국 재산에 전쟁으로 인해 손해가 발생한 때에 그 손해를 어느 쪽이 보상할지가 문제가 된다. 평화조약 제15조 a에 따라 일본이 지는 보상 의무는 '일본'에 있는 연합국 재산에 관한 것으로, 분리 지역에 있는 연합국 재산과는 무관하다.

「연합국재산보상법안」은 "연합국 또는 연합국 국민이 개전 당시 본방 내에 소유하고 있던 재산에 전쟁 결과 손해가 발생한 때에 일본 정부는 그 손해를 보상한다"라고 정하고 있는데(제3조), 이때 '본방'이란 '혼슈(本州), 홋카이도, 시코쿠, 규슈 기타 평화조약에 따라 일본의 주권이 회복되는 지역'을 가리키며, 평화조약 제2조에 따라 분리되는 지역은 포함되지 않는다(제2조 제3항). 따라서 일본에는 보상 의무가 없다고 말해야 할 것이다. 단, 「연합국보상법안」은 조약이 아니라 일본의 국내법에 불과하나, 이 법안을 연합국이 기안했다는 사실은 법안의 문체를 보나 7월 13일의 평화조약 조문을 보나 자명하다. 따라서 이 법률은 사실 평화조약의 일부라 할 수 있을 터이다.

분리 지역에 있는 연합국 재산에 발생한 손해를 일본이 보상하지 않는다면, 현재 분리 지역을 통치하고 있는 당국이 보상하는 것을 생각해 볼 수 있다. 그러나 이는 근거가 없다. 분리 지역을 통치하고 있는 당국이 이러한 보상을 이행해야 할 책임이 전혀 없다.

예를 들어 일본이 일본에 있는 연합국 국민의 재산에 대한 손해를 보상하는 것은 손해 발생에 일정한 책임이 일본에 있기 때문이다. 연합국 재산보상법안의 보상에 관한 이론 구성은 선례에서 찾아볼 수 없는 특이한 것으로, 요약하면 다음과 같다.

첫째, 보상되어야 하는 손해는

(1) 전투 행위에 기인하는 손해

(2) 전시특례조치 기타 일본 정부 또는 그 대리 기관의 조치에 기인하는 손해

(3) 해당 재산의 관리자 또는 소지인이 선량한 관리자의 주의의무를 해태한 것에 기인하는 손해

(4) 연합국 국민이 전쟁으로 인해 본방 내에서 해당 재산과 관련해 보험에 가입할 수 없어 발생한 손해

(5) 연합국 점령군이 해당 재산을 사용한 기간 중 발생한 그 사용에 기인하는 손해

이다(제4조 제1항). 그러나 이들 손해가 발생했다고 해서 전부 보상하는 것은 아니다. 다음과 같은 이유로 연합국 국민이 소유재산을 자유롭게 처분할 수 없어 위와 같은 손해가 발생한 경우로 제한하고 있다(제3조 제1항).

(1) 소유자인 연합국 국민이 구 적산관리법에 따라 적국으로 고시된 나라에 소속되었기 때문

(2) 소유자인 연합국 국민이 전시특례조치에 따라 체포 또는 구금되었기 때문

(3) 소유자인 연합국 국민의 소유재산이 전시특례조치에 따라 압수, 처분 또는 매각되었기 때문

즉 손해 자체가 일본에 책임이 있는지 여부는 따지지 않는다(제4조에 언급된 손해 원인은 반드시 일본에 귀책 사유가 있는 것이 아니다. 대신에 손해 발생이 일본의 전시특별조치(제2조 제4항의 정의를 참조)로 인해 회피할 수 없었다는 점에 일본의 책임을 구하고자 했던 셈이다. 이 이론 구성은 베르사유조약에서도 이탈리아평화조약에서도 볼 수 없는 특이한 것이라 하지 않을 수 없다. 단, 제3조 제2항을 보면 손해 발생을 회피할 여지가 일본의 전시특별조치로 인해 사라졌다는 점을 일본의 보상 의무의 근거로 삼는 원칙이 반드시 관철되고 있지는 않다. 이 조문에 따르면, 단순히 '부재' 자체를 근거로 하고 있다. 재산 소유자가 부재자라는 점은 역시 손해의 발생을 미연에 막는 요소, 가령 재산 매각으로 손해가 발생한 때에 본인에게 손해가 발생하지 않도록 막는 데에 하나의 걸림돌이다. 이 경우, 전쟁의 개시가 재산 처분에 관한 통신 기타 교섭을 불능에 빠뜨렸다는 점이 손해의 부담을 초래하는 원인이다. 따라서 부재자 재산의 손해를 보상할 책임의 근거는 손해 부담을 회피하기 위한 자유 처분을 불능에 빠뜨린 '개전'에 있으며, 결국 일본이 전쟁을 시작한 사실 자체에 보상 의무의 근거를 구하고 있는 것과 다름없다.

어쨌든 보상 의무의 근거는 전시 특별 조치 혹은 전쟁의 개시에 있다. 결국, 일본의 행위에 있는 셈이다.

그런데 분리 지역에 있는 연합국 재산에 전쟁으로 인해 발생한 손해는 분리 지역을

통치하는 당국이 보상해야 할 근거는 없다. 이러한 당국은 전쟁 자체에 책임이 없을뿐더러 전시특별조치를 시행한 적도 없다. 결국 분리 지역에 있는 연합국 재산에 발생한 손해에 관해 연합국은 평화조약 제14조 (b)에 따라 포기한 것으로 봐야 한다.

단, 분리 지역을 통치하고 있는 당국이 협정 기타로 손해의 보상을 직접 떠맡는 행위는 문제가 되지 않는다. 예를 들어 1949년 9월 11일에 경성에서 조인된「대한민국 정부 및 미국 정부간의 재정 및 재산에 관한 최초 협정」(이하 줄여 한미협정이라 부른다. 『조약집』 제27집 제16권 수록) 제6조에 따르면, 대한민국 정부는 한국 소재 연합국 재산을 보호 및 보존하며, 소유자와 한국 정부 간의 합의에 따라 반환해야 한다. 소유자의 관리 하에 있지 않던 기간 중 연합국 재산에 발생한 손해는 일본에 의해 압수 및 몰수 또는 보관된 한국인 재산과 같은 정도로 보상되어야 한다. 단, 이는 미국과 한국의 협정이므로 이 협정에 따라 제3자인 연합국 국민(가령 영국 국민)은 수익자 지위를 얻게 된다.

제4장 미군의 일본자산 처리

평화조약 제4조 (b)는

"일본은 제2조 및 제3조에 언급된 지역의 어느 하나에 있는 합중국 군 정부에 의하여 또는 그 지령에 따라 이행된 일본 및 그 국민의 재산 처리의 효력을 인정한다."

고 규정하고 있다. 이 규정은 최종 장 안에서 처음 삽입되었다. 여기서 제3조에 언급된 지역, 즉 오가사와라제도나 오키나와제도도 문제가 되나, 실제로는 제4조 a와의 관계에서 볼 때 문제가 되는 것은 미군이 한국에서 실시한 일본자산의 처리이다. 이때, 제4조 (b)의 규정이 어떠한 형태로 제4조 (a) 규정에 영향을 주는지, 반대로 말하면 제4조 a는 제4조 b로 인해 어떠한 제약을 받는지가 특히 중요하다고 보인다. 구체적으로는 한국에 있는 일본자산이 제4조 a에 따른 특별 협정의 주제 밖에 온전히 놓이는지, 아니면 역시 별개 협정의 주제가 되는지, 더 나아가 구체적으로 한국 소재 일본자산에 대해 일본 및 일본 국민은 어떠한 청구권도 가지지 않는지의 문제가 제기될 수 있다.

따라서 미 군정 당국이 한국에서 일본자산을 어떤 식으로 처리했는지를 우선 살펴

볼 필요가 있다. 주요 처리 방법은 '재조선 미국 육군사령부 군정청 법령 제33호'에 규정되어 있으며, 그 내용은 다음과 같다(영문은 권말에 싣는다).

조선 내 소재 일본인 재산권 취득에 관한 건[군정법령 제33호]

제1조 법령 제31호는 관보에 공포하지 않음. 여기서 전연 발령하지 않은 것과 같이 무효로 함.

제2조 1945년 8월 9일 이후 일본 정부, 그 기관 또는 그 국민, 회사, 단체, 조합, 그 정부의 기타 기관 혹은 그 정부가 조직 또는 단속하는 단체가 직접 간접으로 전부 또는 일부를 소유 또는 관리하는 금, 은, 백금, 통화, 증권, 은행 계정, 채권, 유가증권 그리고 본 군정청의 관할 내에 존재하는 기타 모든 종류의 재산 및 그 수입에 대한 소유권은 1945년 9월 25일부로 조선군정청이 취득하고 조선군정청이 그 재산 전부를 소유함. 누구를 불문하고 군정청 허가 없이 그 재산에 침입 또는 점유하고 그 재산의 이전 또는 그 재산의 가치, 효용을 훼손함을 불법으로 함.

제3조 본령 제2조에 의하여 조선군정청이 취득한 재산을 소유, 관리 또는 지배하는 보관자, 관리자, 관리, 은행, 신탁회사, 기타 개인 단체 또는 조합은 아래 각항을 준수할 것.

(가) ① 군정장관의 지령 하에 그 재산을 보지(保持)하며, 그 지령이 있을 때까지 그 재산의 이동 또는 지방법으로 처분치 못함.

② 그 재산을 보존, 유지, 수호하고 그 재산의 가치와 효용을 훼손하는 행위를 방지할 것

③ 정확한 기록과 회계장부를 유지할 것

(나) 군정장관의 지시가 있을 때는 그 지시에 따라

① 전기 재산에 관하여 요구된 자료와 1945년 8월 9일 이후 그 재산에 관련한 모든 수입 또는 지출을 기술한 보고서를 제출할 것

② 그 재산의 보관, 관리권과 모든 장부, 기록, 회계서류를 인도할 것

③ 재산과 모든 수입 또는 수익금을 결산할 것

제4조 본령의 조규, 본령에 의하여 발령한 허가 또는 규정을 위반한 자는 재판소의

판결에 의하여 처벌함.

제5조 본령은 관보에 공포함과 동시에 효력이 발생함.

1945년 12월 6일

재조선 미국 육군사령관의 지령에 의하여
조선군정장관
미국 육군소장 A. V. 아놀드

이어서 1948년 9월 11일에 조인된 위 한미협정[14] 제5조는 다음과 같이 규정하고 있다.

"(1) 대한민국 정부는 한국 소재 합중국 육군 군정부 법령 제33호에 의하여 귀속된 전쟁 전의 일본인 공유 또는 사유재산에 대한 처분으로 한국 소재 합중국 육군 군정부가 이미 행한 처분을 승인하고 추인한다. 본 협정 제1조 및 제9조에 담긴 미 합중국 정부에 의한 재산의 취득 또는 사용에 관한 보류 건을 제외하고, 매각하지 아니하고 남은 귀속 재산, 기득 재산의 임대 및 매각으로 발생하였음에도 지출되지 아니한 순수 입금 그리고 모든 수취 계정 및 매각 계약은 다음의 방법으로 대한민국 정부에 이전된다.

(a) 모든 현금, 은행예금 또는 기타 유동 자산은 여기에 본 협정 시행일에 이전된다.

(b) 이전될 기타 모든 귀속 재산, 모든 입수 가능한 재산 목록, 도면, 증서 또는 기타 소유권 증서와 함께 대차대조표, 운영명세서 및 기득 재산의 회계 기록을 첨부하여 이전을 질서 정연하게 실시할 수 있는 한, 조속히 대한민국 정부에 차례로 인도된다. 대한민국 정부는 법령 제33호에 의하여 현재까지 귀속된 재산으로 이 조의 규정에 따라 대한민국 정부에 이전되었거나 이전될 것을 한국 국민의 이익을 위하여 수령하고 관리할 별개의 정부 기관을 설치하는 데에 동의한다.

(2) 대한민국 정부는 이 조에 따라 대한민국 정부가 취득할 한국 소재의 전쟁 전 일본재산에 대하여 일본과 전쟁 상태에 있던 나라의 국민이 직접 또는 간접적으로 가지

14 '한미 간 재정 및 재산에 관한 최초 협정'을 의미한다.

는 권리 및 이익을 존중하고, 보존하고 보호한다. 다만, 이 권리 및 이익이 법령 제33호 시행일 전에 선의의 이전에 의하여 합법하게 취득됨을 조건으로 한다.

(3) 대한민국 정부는 이 조에 언급된 재산의 귀속 결정, 관리 및 처분으로 발생하는 현재 및 장래의 청구권 일체를 포함한 모든 책임에서 미합중국을 해제한다."

여기서 법령 제33호와 한미협정을 종합해 보면, 평화조약 제4조 (b)의 의미는 다음과 같다.

(1) 한미협정 제5조 제1항에 따라 법령 제33호에 따른 일본재산의 처리는 한국 정부에 의해 승인되었으나, 이번에는 평화조약 제4조 (b)에 따라 일본 정부에 의해서도 승인되었다.

(2) 한미협정 제5조 제3항에 따라 미국은 일본자산의 처리에서 발생하는 책임을 면하며, 이 책임은 한국 정부로 이전되었다. 따라서 일본자산에 관한 일본 및 일본 국민의 청구권은 미국 정부가 아닌 한국 정부에 대한 것이다. 이러한 청구권 자체는 평화조약에 따라서도 한미협정에 따라서도 소멸하지 않는다.

(3) 평화조약 제4조 (b)에서 말하는 일본자산의 처리의 '효력을 인정한다'는 뜻은 법령 제33호에 따라 미 군정청이 일본자산의 소유권을 취득하고, 한미협정에 따라 일본자산을 한국 정부에 이전한 것이 유효하다는 점을 인정한다는 말이다. 일본자산의 처리가 유효하게 시행된 것을 인정했다고 해서 일본자산에 관한 청구권을 포기한 것이 아니다. 일본자산 처리의 효력을 인정하는 것과, 일본자산에 관한 청구권을 포기하는 것은 완전히 별개의 문제로, 평화조약 제4조 (b)는 청구권의 포기와는 직접적인 관련성이 없다. 따라서 한국 소재 일본자산 또는 그 매득금에 대한 일본 및 일본 국민의 반환 청구권은 여전히 잔존한다. 그 처리는 제4조 a에 따른 특별 협정의 주제가 될 수 있다.

(4) 일본자산에 관한 미군정청의 처리가 유효하게 이행되었음을 인정한 결과, 법령 제33호에 따른 일본자산의 소유권 이전 자체에 일본은 이견을 제기할 수 없다. 이 점은 베르사유조약 제10편 제4관 부속서 제1조의 경우와 완전히 같다. 동 부속서 제1조는 상호주의에 의해 연합국도 독일도 상대국이 전시특별조치에 의거해 실행한 적산 처리가 유효하다고 인정하고, 적산 이전의 적법성 여부를 둘러싼 논쟁의 제기를 허용

하고 있지 않다. 모든 적산의 처리는 유효하게 실행된 것이라고 정하고 있다(이러한 규정이 마련된 의미에 대해서는 「강화조약과 재외자산」 13~14쪽 참조). 그렇다고 해서 이 조문에 따라 연합국이나 독일이나 적국에 있는 자국민의 재산에 관한 청구권을 포기하지는 않았다. 그 증거로 연합국 국민은 독일에 있는 재산에 대해 배상 청구권과 반환청구권 모두를 가지고 있다(베르사유조약 제297조 (마) – (사)호 참조). 독일 국민은 이러한 청구권을 포기할 수밖에 없었으나, 그것은 제297조 (라)호나 부속서 제1조에 따라 포기된 것이 아니다. 이와 같은 포기는 전연 별개의 규정, 즉 제297조 (나)호에 따라 비로소 이루어졌다. 그런데 한국에 있는 일본자산에 관한 한, 일본 국민의 청구권을 포기하도록 정한 규정은 평화조약 어디에도 존재하지 않는다. 제4조 (b)는 이러한 포기를 포함하고 있지 않다.

(5) 단, 법령 제33호에 따라 일본재산의 소유권은 미군으로 이전되었고, 더 나아가 한미협정에 따라 대한민국으로 이전된 것으로 보인다. 하지만 이러한 재산권 이전 조치가 유효하게 실행되었다고 인정한 결과, 일본 및 일본 국민의 한국 소유 재산은 완전히 '몰수'되었다는 견해도 나올 수 있다. 그러나 이 견해는 이치에 맞지 않는다고 하지 않을 수 없다. 왜냐하면 미군은 한국에서 점령군으로서 행동하고 있었고, 1907년의 '육전의 법 및 관습에 관한 협약' 부속서 '육전의 법 및 관습에 관한 규칙' 제46조에 제2항에 따르면, 사유재산은 몰수할 수 없다. 또 제53조에 따르면, 국유 동산은 현금, 기금 및 유가증권, 비축 무기, 운송 수단, 재고품 및 식량과 군사작전에 사용될 수 있는 것 외에는 압수할 수 없다. 더 나아가 제55조에 따르면, 국유 부동산에 관해 점령군은 그 관리자 및 용익권자에 불과하며, 이 부동산의 기본을 보호하고, 용익권의 법규에 따라 관리하는 행위만 가능하다. 따라서 한국에서 미군이 실행한 행위가 '몰수'이며 그 몰수가 평화조약 제4조 a에 따라 인정된 것이라는 의견은 불합리하다. 제아무리 전승국이라 할지라도 국제법에 반하는 행위를 정당한 행위라고 인정시킬 수 없다. 그에 따른 손해 배상 청구권을 포기시킬 수는 있어도 위법을 적법하다고 인정시킬 수는 없는 셈이다.

(6) 더더구나 한국에서 미군이 시행한 행위는 결코 일본자산의 몰수가 아니며, 관리와 다름없다는 점에 유의해야 한다. 법령 제33호가 규정하는 바를 전반적으로 살펴보면, 소위 '적산관리'와 다름없고, 법령 제33호는 '적산관리령'에 진배없다. 가령 일본

자산의 소유권을 취득하는 행위나 그것을 매각하는 행위나 일본자산이나 그 매각대금을 보관하는 행위나, 전부 미국이나 영국에서 전쟁 중 시행된 적산관리제도와 추호도 다르지 않다. 미국이나 영국이 시행한 적산관리제도를 간소화한 것이 법령 제33호라 말할 수 있다.

(7) 예를 들어 '귀속' vest라는 개념은 적산관리법 상의 개념이다. 법령 제33호 중 일본자산에 대한 "소유권은 1945년 9월 25일부로 조선군정청이 취득하고 조선군정청이 그 재산 전부를 소유함"이라는 조목은 영문으로 "…… is hereby vested in …… and …… is owned by"라고 쓰여 있다. 또 한미협정 제5조에도 '귀속 결정' vesting 이라는 용어가 사용되고 있다. 이때의 '귀속' vest는 결코 '몰수'가 아니다. 흔히 '접수'라는 애매한 낱말이 남용되고 있으나 이 또한 '관리'와 다름없다. '몰수'가 아니다.

이 귀속이라는 용어는 보통법(common law)에서 쓰이는데, 가령 신탁 관계에서는 위탁자가 신탁 재산을 수탁자(trustee)에 맡기는 때에 귀속된다(vest)고 말한다. 이 경우, 신탁 재산의 소유권은 수탁자에게로 이전되며, 수탁자는 수익자에게 일정 급부를 줄 채무를 진다. 신탁 재산은 수탁자 명의가 되었으나, 실질적으로는 위탁자의 재산이다.

영국의 적성국교역법은 이 vest에 해당하는 용어를 적산관리에서 쓰고 있다. 적산은 적산 보관인 Custodian of enemy property에 귀속(위탁) vest된다. 가령 1914년 11월 27일의 적성국교역(수정)법 제1절 제1항(강화조약 연구자료 하권 131쪽), 제4절(강화조약 연구자료 하권 135쪽), 1916년 1월 27일의 적성국교역(수정)법 제4절(위 책 153~154쪽), 제6절(같은 책 155쪽), 제9절(같은 책 157쪽), 1918년 8월 8일의 적성국교역(수정)법 제8절(같은 책 168쪽)을 들 수 있다. 1939년의 적성국교역법 제7절은 상무부가 적산 보관인을 임명해야 하며, 적산은 이 보관인에게 귀속된다고 정하고 있는데, 이 규정의 목적은 with a view to preventing the payment of money to enemies and of preserving enemy property in contemplation of arrangement to be made at the conclusion of peace[적에 대한 돈의 지불을 방지하고 전쟁 종료 시 강화조약 체결을 고려할 때 적의 재산을 보존하기 위한 목적으로] 첫머리에 쓰고 있듯이, 적산을 보관, 보전하는 것이므로 최종 처리는 강화조약에 따라야 한다.

미국에서도 전쟁 중 적산관리가 시행되었다. 1917년 10월 6일의 적성국교역법(강화조약 연구자료 하권 201쪽 이하 참조) 제6절은 적국자산관리인의 임무를 "적인 또는 적의 동맹국 국민에게 합중국에서 지급되어야 하거나 속하는 현금 및 재산으로, 이 법의 규정에 따라 위 관리인에게 지급되고, 이전되고 양도되고 인도되어야 하는 것을 수령하고, 대통령의 일반 지령 및 이 법의 규정에 따라 보관, 관리하며, 그 출납을 명확히 한다"라고 정하고 있다(위 책 210쪽). 또 제7절 (다)항은 대통령의 요구가 있은 때에 적인에게 속하는 현금 기타 재산은 적국자산관리인에게 양도되고 이전되고 인도되거나 지급되어야 한다고 규정하고 있다. …… shall be conveyed, transferred, assigned, delivered, or paid over to ……

(위 책 215쪽. 덧붙여 1948년 3월 15일까지의 수정을 포함한 적성국교역법에 관해서는 『조약집』 제28집 제54권을 참조할 것. 특히 10쪽).

1917년의 적성국교역법이 미 의회에 상정된 때, 이 법률에 규정된 적산관리제도가 1907년의 헤이그협약(위 '육전의 법 및 관습에 관한 규칙' 제46조)을 위반한 것이 아니냐는 한 의원의 질문에 정부 측은 다음과 같이 설명하고 있다. (Congressional Record[의회 기록], p. 4851, 9, July 1917)

If the gentleman has studied this bill, as I have no doubt he has, for I know his assiduity as a student and his carefulness as a lawyer, he will see clearly, that instead of its being confiscatory in its nature it is in the nature of requisition of property and a conservation of the property in the hands of the trustee, who is to hold it in escrow until the termination of the war, when his property is to be returned to the legal owner thereof subject to the equities existing between the parties. [나는 그 사람의 학생으로서의 근면함과 법률가로서의 조심성을 알기 때문에 그렇게 하리라는 것에 의심의 여지가 없지만, 만약 그 사람이 이 법안을 연구한다면, 그는 틀림없이, 그것이 몰수가 아닌 재산의 징발과 보존이라는 성격으로, 전쟁이 끝나 그의 재산이 당사자 간 형평성 측면에서 법적 소유자에게 반환될 때까지 조건부로서 관리자의 손에 놓여지게 될 것이라는 점을 알게 될 것이다.]

또 상원의 '무역위원회'의 공청회에서도 사법부 대표인 Warren은 다음과 같이 증언하고 있다.

The theory of this bill is that enemy property in this country shall not remain in the hands of the enemy's debtor or agent here: but that, if the president so directs, it shall be temporarily conscripted by the Government to finance the Government through investment in its bonds, and to be paid back to the enemy or otherwise disposed of at the end of the war as Congress shall direct. In other words, we fight the enemy with his own property during the war: but we do not permanently confiscate it. Moreover, this temporary conscription of enemy property is also conservation of enemy property ……. [이 법안의 이론은, 이 국가에서 적의 재산은 적의 채무자 혹은 대리인의 손에 남아 있어서는 안 되나: 만일 대통령이 명령한다면, 그것은, 채권 투자를 통한 자금 조달을 위하여 정부에 의해 임시로 징발되고, 전쟁 종료 시 적에게 반환되거나 혹은 의회의 명령에 따른 방식으로 처리되어야 한다는 것이다. 달리 말하면, 우리는 전쟁 중 적의 재산으로 적과 싸우는 것이다: 그러나 우리는 영속적으로 그 재산을 징발하는 것은 아니다. 더욱이, 이 적 재산의 임시 징발은 적 재산을 보존하는 것이기도 하다.]

그리고 또한 제1차 세계대전 당시 초대 적국자산관리인이었던 A. M. Palmer도 1917년 11월 14일의 Official Bulletin[공시]에서 다음과 같이 밝히고 있다.

The broad purpose of Congress, as expressed in the Trading with the Enemy Act, is, first, to preserve enemy-owned property situated in the United States from loss, and secondly, to prevent every use of it which may be hostile or detrimental to the United States ……. The Alien Property Custodian is directed to exercise …… the …… authority of common-law trustee ……. There, of course, is no thought of the confiscation or dissipation of property thus held in trust. [적성국교역법에서 표명된 대로, 의회의 광범위한 목적은, 첫째, 미국에 있는 적 소유 재산의 분실을 방지하기 위한 보존, 둘째, 미국에 적대적이거나 손해를 끼치는 모든 사용 방지 ……에 있다. 외국재산관리청은 보통법상의 수탁자 역할을 하도록 명 받은 것이다. 그러

므로, 당연한 이야기지만, 위탁된 재산은 징발 혹은 소실된다는 생각은 전혀 없는 것이다.]

이상의 논술에서는 적산관리는 적산에 관한 소유권의 이전을 동반하나, 결코 영구적인 몰수는 아니라는 귀결이 도출된다. 단순히 적산을 보전하는 것에 불과하다. 그 정당한 소유자 legal owner는 역시 적인이며, 적산관리인은 '보통법상의 수탁자'(美적성국교역법 제12절 제4항, 강화조약 연구자료 하권 226쪽)로서 행동한다. 적산의 최종 처리는 전쟁 종료 후의 평화조약을 기다려야 하는 셈이다.

이는 한국 소재 일본자산에 대해서도 같다. 한국 소재 일본자산은 법령 제33호에 따라 미군정청에 귀속되어 한미협정에 따라 한국 정부에 양도되었으나, 그 법률상의 소유자는 일본 또는 일본 국민이며, 최종 처리는 평화조약 제4조 a항에 예정되어 있는 특별 협정에 의해 실행되어야 한다.

(8) 재산권 이전이 몰수를 뜻하지 않음은 한미협정 자체로도 증명된다. 가령 한미협정 제5조 제1항 (b)의 규정에 따르면, 한국 정부는 한국 정부에 이전된 일본자산을 '한국 국민의 이익을 위하여' 수령하고 관리할 정부 기관을 설치해야 한다. 이때 '한국 국민의 이익을 위하여' for benefit of the Korean people이라고 정하고 있고 '한국 국민을 대신하여' for or on behalf of the Korean people이라 정하고 있지 않다. 이는 한국 소재 일본자산이 한국 국민의 소유물이 아니며, 한국의 국유자산이 아니라는 점을 보여준다. '한국 국민의 이익을 위하여' 수령하고 관리한다는 것은 결국 한국 국민의 대일청구권의 담보로서 관리함을 뜻한다. 한국은 일본의 일부로 일본과 교전 상태에 있던 나라가 아니다. 따라서 한국은 평화조약에서 이른바 '연합국'이 아니다(제25조). 종전 후 한국이 일본에 대해 선전포고를 한 사실도 없다. 따라서 일본과 한국 간에 '평화조약'을 체결하는 것도 이상하다. 한국 정부는 일본과 '평화조약'을 체결할 뜻이 있다고 전해지나, 뭔가 착각하고 있는 듯하다. 한국과의 평화조약은 실로 당치않다. 평화조약 제4조 a항에서 말하는 특별 협정 혹은 통상항해조약을 착각해서 평화조약이라고 말하고 있을 뿐이다.

따라서 한국은 일본에 대해 배상 청구권이라는 것을 가질 리가 없다. 전쟁 손해가 없음에도 배상 청구권을 주장하는 것도 터무니없다. 그러나 한국 국민은 일본 또는 일본 국민에 대해 일정한 청구권을 가진다. 그와 같은 정도로 일본 국민은 한국 국민에 대해 청구권을 가지는데, 여하튼 그런 점에서 한국 국민에는 대일청구권이 없지 않다.

(예를 들어 은급 청구권, 금전 채권). 이러한 한국 국민의 대일청구권의 담보로 한국 소재 일본자산을 관리하는 것이 "한국 국민의 이익을 위하여"라는 표현의 뜻이라고 생각된다. 그렇다면 일본자산은 비록 한국 정부에 이전되었다 해도 법률상의 소유자는 결국 일본 국민이며, 한국 정부는 단순히 대일청구권의 담보로서 관리하고 있는 것에 지나지 않는다. 이 대일청구권과 일본자산을 어떠한 방식으로 청산할지는 실로 제4조 a항에서 말하는 특별 협정의 주제가 된다.

재산권 이전이 반드시 몰수를 뜻하지 않음은 한미협정 제6조로도 입증된다. 이 조에 따르면, 일본 제국 정부가 적산으로 취급하였고 더불어 제5조 규정하에 대한민국 정부에 '이전'되는 기타인(일본 국민도 연합국 국민도 아닌 자)의 한국 소재 재산은 연합국 국민의 한국 소재 재산과 함께 정당한 소유자 rightful owners에게 '반환'될 때까지 한국 정부가 보호하고, 보존한다. 이 조문은 이러한 재산권에 대해 반환 청구권이 있음을 뜻한다. 따라서 재산권 이전이 몰수를 뜻하지 않음을 보여주는 증거인 셈이다.

(9) 이처럼 한국 소재 일본자산은 미군정청에 귀속되어 후에 한국 정부로 이전되었으나, 그것은 결코 몰수를 뜻하지 않는다. 그것의 정당한 소유자는 여전히 일본 및 일본 국민이다. 이 일본자산을 한국 국민의 대일 청구권과 대조해 어떻게 최종 처리할 것인지는 실로 평화조약 제4조 a에 예정되어 있는 특별 협정에 의해 장래 정해질 것이다.

그렇다면 제4조 b는 어떠한 점에서 제4조 a에 영향을 주고 있을까. 바꿔 말해 제4조 a의 첫머리에 있는 '이 조의 (b)의 규정을 유보하여'는 어떠한 뜻일까. 이것이 마지막 문제가 된다.

제4조 (b)에 따라 일본은 한국에서 시행된 미군의 일본자산 처리(일본자산의 귀속 및 그 후에 이루어진 일본자산의 매각)의 효력을 인정하였기 때문에 다음의 두 가지 점을 주장할 수 없다.

(a) 법령 제33호는 육전의 법 및 관습에 관한 규칙 제46조를 위반한다고 주장할 수 없다. 이는 두말할 나위도 없다. 그렇다면 법령 제33호에 따른 귀속은 몰수가 아니다. 이는 이미 구체적으로 논하였다. 따라서 법령 제33호가 육전의 법 및 관습에 관한 규칙 위반이 아님은 자명하다.

(b) 미군이 일본자산을 매각 기타의 방법으로 처분한 때에 그 처분은 유효하였기 때

문에 이를 무효라고 주장할 수 없다. 따라서 일본 국민의 청구권은 매각된 재산에 대해서는 존속하지 않으며, 매각대금에 대해서만 존속한다. 그러나 매각되지 않은 재산의 경우, 일본 국민의 청구권은 이 재산에 대해 존속한다. 단, 이 매각 재산이 임대된 때에는 그 임대 관계를 인정해야 하며, 임대 관계에서 발생한 수익은 일본 국민에게 속한다.

따라서 한국 소재 일본자산에 대해 일본 국민이 가지는 청구권은 매각대금, 매각되지 않은 재산 또는 임대료 위에 존속한다. 매각된 재산의 반환을 요구하거나 임대 관계를 해소해서 부담이 없는 상태로 매각되지 않은 재산을 반환하라고는 요구할 수 없다.

이처럼 한정된 청구권은 제4조 (b)의 규정에도 불구하고 존속하며, 그것이 제4조 (a)에 따른 특별 협정의 대상이 된다. 이것이 제4조 a와 제4조 b의 관계이다.

이렇게 생각할 때 한국 소재 일본자산에 대해 일본 및 일본 국민은 일체의 청구권을 상실한 것이 아니다. 이 점은 평화조약 제19조 a에 따라 변경될 수 없다. 제19조 a에 따른 청구권의 포기는 '일본' 영역 내에서 연합국 군대의 존재, 직무 수행 또는 행동으로부터 발생한 청구권의 포기로, 이때의 '일본'은 조선을 포함하지 않는다고 풀이된다. 설사 이때의 '일본'에 조선이 포함되더라도 이 경우 포기되는 청구권은 연합국에 대한 청구권에 국한된다. 한국에 대한 청구권은 제19조에 따라 포기되지 않는다. 한국은 평화조약상의 '연합국'이 아니기 때문이다. 한미협정 제5조 제3항은 일본자산에 관한 청구권에 대해 미국은 책임을 면하고 한국이 대신 책임을 진다고 정하고 있다. 따라서 이 청구권은 한국에 대한 것이다.

덧붙여 평화조약 제21조에 따르면 한국은 '제4조의 이익'을 받을 권리를 가진다. 이때의 '이익'이란 일본자산에 관한 청구권을 소멸시키는 이익이 아니며, 이러한 청구권과 대조해서 한국의 대일청구권을 요구하고, 만족시킬 수 있도록 특별 협정을 체결할 수 있는 이익에 불과하다.

이러한 의미에서 제4조 (b)의 추가로 이익을 받는 곳은 한국이 아닌 오히려 미국이다. 전해지는 바에 따르면, 한국이 일본자산의 반환 요구를 셧아웃할 요량으로 이 규정의 삽입을 요구하였다고 한다. 만약 그것이 사실이라면 이에 응한 척한 미국도 실로 고약하다 하지 않을 수 없다. 만약 한국이 이 규정으로 안심하고 있다면, 이 또한 어리

석은 착각이 아닐 수 없다. 만약 반대로 미국도 한국도 한국 소재 일본자산에 관한 청구권이 제4조 (b)에 따라 완전히 봉쇄되었다고 진심으로 믿고 있다면, 제4조 (b)의 규정은 졸렬한 규정이 아닐 수 없다.

제5장 해저전선

해저전선에 관해서는 베르사유조약도 규정을 두고 있으나(제8편 제7 부속서), 평화조약과 비교하는 때에 참고가 될 만한 것은 이탈리아평화조약이다(「강화조약과 재외자산」 21쪽, 97쪽).

베르사유조약에 따르면 사유 해저전선은 공해에 있는 부분도 연합국에 양도되며, 소유자는 독일로부터 보상을 받는다. 반면 이탈리아평화조약에서는 (제79조 제5항) 이탈리아의 해저전선으로 연합국의 한 지점과 이탈리아의 한 지점을 잇는 것은 연합국의 영해 내에 있는 종점 시설과 전선 부분만 해당 연합국이 취득한다〈(가)〉. 단, 유고슬라비아와 이탈리아를 잇는 해저전선은 그러하지 않다. 모든 해저전선을 유고슬라비아에 있는 이탈리아 자산으로 취급해 유고슬라비아가 취득한다〈(나)〉. 또 할양지역 내의 지점을 상호 연결하는 해저전선, 할양지와 승계국을 잇는 해저전선은 전부 승계국이 취득한다. 할양지의 한 지점과 승계국 밖의 한 지점을 연결하는 해저전선은 기지 시설 및 전선이 할양지역 내에 존재하는 부분만 승계국이 취득한다(제14 부속서 제3조).

일본과의 평화조약 제4조 (c)는 일본과 분리 지역을 연결하는 해저전선에 관해 규정하고 있을 뿐으로, 일본과 연합국(중국, 소비에트, 미국) 간의 해저전선에 관해서는 규정하고 있지 않다.

일본과 분리 지역 간의 해저전선은 이등분되어 일본과 분리 지역은 각각 기지 시설과 전선의 절반을 보유한다.

해저전선을 둘러싸고 문제가 되는 것은 다음과 같다.

(1) 관동주 조차지와 일본을 연결하는 해저전선. 예를 들어 사세보-다롄, 나가사키-다롄 간의 해저전선에 제4조 c를 적용할 수 있는지의 문제이다. 제4조 c는 '이 조약에 따라 일본의 지배에서 벗어난 영역'이라고 쓰고 있을 뿐, '제2조에 언급된 지역'

이라는 표현을 쓰고 있지 않다. 그렇다면 관동주 조차지는 제10조에 따라 일본의 지배에서 벗어난 지역이라 말할 수 있으며, 중국은 제4조 c에 따라 시설의 절반을 보유하게 된다. 그런데 중국은 일본과의 평화조약에 조인하지 않으면 제4조의 이익을 받을 수 없다. 왜냐하면 제21조에서는 중국에 관해 제4조를 언급하고 있지 않기 때문이다. 하지만 제14조 (a) 2의 이익을 받을 수 있다. 그렇다면 중국은 중국의 영토에 있는 기지 시설과 중국 영해 내에 있는 해저전선의 부분만을 보유하는 셈이 된다. 어느 쪽이든 기지 시설은 보유하게 된다. 문제는 전선으로, 제4조 c가 적용된다면 전선의 절반을 보유하나, 제14조만이 적용된다면 중국 영해 내에 있는 전선만 보유하게 된다. 단, 일본과 중국 간에 제26조에 따라 양국 간 평화조약이 체결된다면 중국은 제4조의 이익을 받게 된다. 하지만 이러한 조약이 체결되지 않는 한, 제26조의 규정에서 볼 때 중국은 제4조에 따른 이익을 받지 못한다고 해야 한다.

(2) 타이완과 일본을 연결하는 해저전선. 즉 나가사키–단수이를 잇는 두 줄의 해저전선이 또 문제가 된다. 타이완은 '2조에 언급된 지역'으로, 일본의 지배에서 벗어난 영역일 뿐만 아니라 일본에서 분리하는 지역이다. 그렇다면 역시 제4조 c가 적용될 듯하다. 그러나 이 경우도 중국은 제4조의 이익을 받을 권리를 가지지 않으므로, 영해 내 전선을 보유하는 데에 그친다.

(3) 가라후토와 일본을 연결하는 해저전선. 즉 홋카이도(사루후쓰 또는 사카노시타)와 가라후토를 잇는 6개의 해저전선과 네무로–구나시리섬 간의 해저전선도 문제가 된다. 소비에트는 평화조약에 조인하지 않았다. 따라서 제25조에 따르면 평화조약상의 어떠한 권리도 부여되지 않으므로, 이 7개의 해저전선은 미해결 상태이다. 법률적으로는 전적으로 일본의 소유에 속한다고 생각된다.

(4) 제3조에 언급된 지역과 일본을 연결하는 해저전선. 구체적으로는 가마쿠라–오가사와라(지치지마섬) 간 및 오하마–아마미오섬 간의 2개의 해저전선이다. 제3조에 따라 오가사와라와 아마미오섬이 신탁통치 지역으로 정해진다면, 제4조 c가 적용된다.

결국 제4조 c항 규정의 적용이 확정된 해저전선은 조선과 일본 간의 10개의 해저전선뿐이다. (1951년 9월 20일)

[※ 이 자료 맨 마지막 부분에 미군정법령 제33호 영문본(ORDINANCE NUMBER 33,

VESTING TITLE TO JAPANESE PROPERTY WITHIN KOREA)이 포함되어 있으나, 이 자료집 앞부분에 이미 수록한 관계로 여기서는 생략한다.]

極秘

昭和二十六年九月

平和條約第四條について（上）（未定稿）

（平和條約硏究第三号）

山下康雄

條約局法規課

「平和條約第四條について」目次

はしがき

平和條約第四條は次のように規定している。

(a)この條の(b)の規定を留保して、日本国及びその国民の財産で第二條に掲げる地域にあるもの並びにその請求権(債権を含む。)で現にこれらの地域の施政を行つている当局及びそこの住民(法人を含む。)に対するものの処理並びに日本国におけるこれらの当局及び住民の財産並びに日本国及びその国民に対するこれらの当局及び住民の請求権(債権を含む。)の処理は日本国とこれらの当局との間の特別取極の主題とする。第二條に掲げる地域にある連合国又はその国民の財産は、まだ返還されていない限り、施政を行つている当局が現状で返還しなければならない。(国民という語は、この條約で用いるときはいつでも法人を含む。)

(b)日本国は、第二條及び第三條に掲げる地域のいずれかにある合衆国軍政府により又はその指令に従つて行われた日本国及びその国民の財産の処理の効力を承認する。

(c)日本国とこの條約に従つて日本国の支配から除かれる領域とを結ぶ日本所有の海底電線は、二等分され、日本国は、日本の終点施設及びこれに連なる電線の半分を保有し、分離される領域は、残りの電線及びその終点施設を保有する。」

右の規定は、いろいろな問題をふくんでいる。すなわち、

(1) 分離地域にある日本国民の財産（a項）。
(2) 日本国にある分離地域住民の財産（a項）。
(3) 分離地域にある日本の国有財産（a項）。
(4) 分離地域にある連合国財産（a項）。
(5) 分離地域にある米軍の日本資産処理（b項）。
(6) 海底電線（c項）。

今これらの問題について研究するに先立つて、第四條の用語について若干の説明を必要とする。

(1)「第二條に掲げた地域」。「第二條に掲げた地域」とは、次のものをいう。

(a) 朝鮮（済州島、巨文島及び鬱陵島を含む）。（第二條a）。
(b) 台湾及び澎湖諸島（同b）。
(c) 千島列島並びに樺太南半（同c）。
(d) 南洋委任統治地域（同d）。
(e) 南極地域の一部（同e）。
(f) 新南群島及び西沙群島（同f）。

右のうち、朝鮮は独立国となつたのであるから、割譲地ではない。南洋委任統治地域もアメリカの信託統治地域となつたのであるから、割譲地ではない。南極地域は、日本の領土として確定していたわけでなく、単にクレーム（領土権に関する主張）があつたにすぎないから、これも割譲地ではない。西沙島についても大体同じことがいえる（外務省情報部「日本国との平和條約草案の解説」（講和白書と略称する）八頁）。従って、割譲地といえば、台湾及び澎湖諸島ならびに千島列島及び樺太南半位のものである。だから、割譲地というよりも、分離地域 detached territory といつた方が適切である。○項で「日本国の支配から除外される領域」territory removed from Japanese control というのも同じであろう。右の分離地域のうち、南極地域、新南群島及び西沙群島は、実際上問題にはならないであろう。

(2)「管治している当局」。朝鮮をのぞいて、その他の分離地域については、日本は、その権利、権原及び請求権を放棄するだけで、権利放棄後の帰属については言及されていない（講和白書七頁）。ヴュルサイユ條約によれば、領土権の放棄にあたつては通常「独乙国は、、、に対するいつさいの権利及び権原を、、、国の為に放棄する」という形式をとる。たとえば、第三四條、第四九條、第八三條、第八七條、第九九條、第一〇〇條、第一一〇條、第一一九條。ただ、アルサス・ローレンの場合には、「、、、條約により独乙国に譲渡せられたる地域は、、、仏蘭西国主権の下に復帰す」といつている（第五一條）。イタリア平和條約では「イタリア国は、、、を、ここに完全な主権とともに、、、、国に譲渡する」という形式をとつている。たとえば第六條、第一一條、第一四條。ただし、イタリア平和條約第二三條によると、イタリア植民地については、単に「権利及び権原を放棄する」のみで、その最終的帰属すなわち最終的処分は、條約実施の日から一年以内に、ツヴェート、イギリス、アメリカ及びフランスの四カ国政府によつて共同して決定される（第二三條第三項及び第十一附属書）。四国が平和條約実施の日から一年以内にその処分を協定できなかつたときは、国際連合総会に付託してその勧告をうけなければならない。総会の勧告は拘束力を有する（第十一附属書第三條）。総会の勧告については「旧イタリア植民地の処分問題」（條約局「條約集」第二八集第四九巻）を参照。

かようなわけで、分離される地域について、ほとんど全面的に帰属をあきらかにしていないことは、今度の講和條約のひとつの特色である。これはいろいろな政治的な考慮にもとずくものであろう。たとえば台湾については中共政権と国民政府が考えられる。そのいずれを主権者とするかは、承認問題、調印資格問題と関連してデリケートである。こういうわけで帰属を明らかにせず、従つて「当局」というような表現を用いなければならなかつたのであろう。

第一章　私有財産

第一節　財産

講和條約によつて分離する地域にある戦敗国民の財産については、ヴェルサイユ條約とイタリア平和條約とは正反対の処理方針をとつている。

ヴェルサイユ條約によれば、割讓地にあるドイツ国民の私有財産は、割讓地を讓受けた連合国によつて留置・清算される（第二九七條(ロ)号）。旧ドイツ植民地すなわち委任統治地域についても同様である（第一二一條）。

ところが、イタリア平和條約によると、イタリア国民が割讓地において有する財産は清算されない（第十四附属書第九條）。

（一）自然人の場合。

(イ) 割讓地の住民である場合。

(ロ) 国籍選択をしなかつた場合。割讓地の住民であつて、国籍選択を行わず、確定的に讓受国の国籍を取得した自然人の場合である。ヴェルサイユ條約によれば、かような者が割讓地において有する財産は、讓受国によつて清算されない。のみならず、かような者が連合国において有する財産も清算されない（第二九七條(ロ)号第三項）。イタリア平和條約によつても同様である（第七九條第六項(ハ)号）。

(b) 国籍選択をした場合。

割譲地の住民で国籍選択をした者（すなわち譲渡国の国籍を回復した者）は、ヴュルサイユ條約によれば、割譲地を退去しなければならないが、退去にあたつて動産を携帯することができる。これを売却して売却代金を携帯することもできる。不動産を割譲地において引続き保有することができる（たとえば第三七條第四項）。イタリア平和條約においても大体同様である（第十四附属書第一〇條）。ただしかような者が割譲地以外の連合国の領土で所有する財産は、ヴュルサイユ條約によれば清算をまぬがれるが（第二九七條(ロ)号第三項）、イタリア平和條約によると清算される（第七九條第六項(ト)号）。

(c) 譲渡国の国籍を保有する者。

領土割譲にもとずき譲受国の国籍を取得するという原則に従わず旧国籍を保有して国籍選択権をもたない者をいう。ヴュルサイユ條約でいえば連合国の許可によつてのみ連合国の国籍を取得し得る者（たとえば第三六條第二項）であつて、かような者の財産は、割譲地にあると、連合国の領土にあるとを問わず、清算される（第二九七條第三項）。ただし例外がある（第五四條第二項、第七三條）。これに反しイタリア平和條約では清算されない。ただし割譲地にある財産にかぎり（第十四附属書第九條第二項）、割譲地以外の連合国にある財産はこのかぎりでない（第七九條第六項(ト)号）。

(2) 割譲地の住民でない場合。

譲渡国の本国に住所を有する場合が主なる場合であろう。この場合国籍の変更はない。ヴュルサイユ條約では割譲地における財産もそれ以外の連合国における財産も清算される（第二九七條(ロ)号第三項）。イタリア平和條約によれば、かような者が割譲地において有する財産であるかぎりは清算されない。休戦の日から條約実施の日までに清算されているときは、清算措置を解除して返還される。これに反して、かような者が割譲地以外の連合国（譲受国でない連合国もふくむ）の領土で有する財産は清算される（第七九條第六項(ト)号）。

（二）法人の場合

ヴェルサイユ條約の場合においては、「ドイツ国民が管理する会社」の財産は、割譲地にあるものでも、連合国の領土にあるものでも一様に清算される（第二九七條(ロ)号第一項）。ヴェルサイユ條約は、会社について管理主義を採用している。会社の国籍も会社の住所（本店所在地）も基準とされないで、もっぱら「管理」が基準となる。管理の意味については「講和條約の研究」第二部二八頁以下、「講和條約研究資料」下巻一七一頁、昭和十六年七月二十八日「外国人関係取引取締規則」（大蔵省令第四六号）第四條参照。

イタリア平和條約では、割譲地と連合国の領土とで異なる。

(イ)割譲地の場合には、イタリア国法人の財産で割譲地にあるものは清算されない。一般外国法人の取扱をうける。休戦の日から條約發効の日までの間に清算されているときは、清算措置を解除して返還される。この場合は、国籍主義である（第十四附属書第九條第二項及び第三項）。

(ロ)連合国の領土の場合には、割譲地に本店を有する会社又は組合であつてイタリア国に居住する者によつて所有又は管理されていないものが連合国で所有する財産は清算されない（第七九條第六項(ハ)号）。逆にいえば、割譲地に本店を有しない会社であつてイタリア国民によつて管理されているもの、割譲地に本店を有してもイタリア国民によつて管理されているもの、またはイタリ

9

ア国民によつて管理されていないけれども割譲地に本店を有しない会社は、イタリア法人であるかぎり、連合国において所有する財産の清算をうける。

以上、割譲地にある戦敗国民の私有財産について、ヴェルサイユ條約とイタリア平和條約の規定とを比較してみると、大まかに次のようにいえる。

(1) 自然人の場合。

(a) 譲受国の国籍を取得する割譲地住民については、国籍選択権を行使したと否とにかかわらず、割譲地で所有する財産は清算されない。この点では両條約とも同じである。

(b) 譲渡国の国籍を保有する割譲地住民が割譲地において有する財産は、ヴェルサイユ條約では清算されるか、イタリア平和條約では清算されない。

(c) 割譲地の住民でない戦敗国民が割譲地で有する財産は、ヴェルサイユ條約では清算されるか、イタリア平和條約では清算されない。

(2) 法人の場合

ヴェルサイユ條約によれば、戦敗国民が管理する、会社が割譲地で有する財産は清算される。イタリア平和條約では、戦敗国法人が割譲地で有する財産は清算されない。

対日講和條約草案についていえば、一九五一年四月六日にUPが伝えたアメリカ草案は大体においてヴェルサイユ條約の方式に従つて、割譲地にある日本国民の財産が清算されるものとした第六章第二項一。しかし、七月十三日に公表された英米共同草案も八月十五日の最終草案も、ヴェルサイユ條約の方式を放棄した。

されば、といつて、イタリア平和條約の方式をもとらなかつた。分離地域における日本国民の財産の処理は、将来の特別取極の対象とすることにした（第四條a）。

しかしながら、旧委任統治地域における日本国民の資産は別として、朝鮮、台湾、樺太、千島等に残された日本資産が実際に返還されるという見込は、実際問題としては考えられないであろう。朝鮮においては、後述する如く、戦後特別措置としての清算を前提とするような財産処理が行われ、加うるに、朝鮮動乱の結果、日本資産の多くは破壊し散いつしたに違いない。台湾においても、清算措置を前提とするような措置が行われている（講和條約研究資料下巻二九五頁以下参照）。加うるに、分離地域における日本資産の処理は、日本国において分離地域の住民が有する資産ならびに日本国及び日本国民に対して右住民が有する請求権の処理と相関的に行われるのであるから、もつとも有利なときを考えても、相殺されるのが。せいぜいということになる。

だとすれば、分離地域における日本国民の財産は、條約草案第一四條a(2)によつて清算され、分離地域の住民か日本国に対して有する請求権にふりあてられるということになる。

割譲地の住民が譲渡國において所有する財産に関しては、イタリア平和條約に一般規定がある。それによれば、割譲地域内に居住し、條約によりイタリア國籍を喪失して別國の國民となった旧イタリア國民が、イタリア國内で所有する財産は、イタリア國によって、連合國民の財産と同一程度に尊重されなければならない（第一四附屬書第一一條）。ヴェルサイユ條約では、かような一般規定はないけれども、アルサス・ローレンについて特別規定がある。すなわち、ドイツ國はアルサス・ローレン人が休戦のときドイツ國内において所有したいっさいの財産、權利及び利益を返還しなければならない。損害があるときには賠償しなければならない。（第六〇條及び第七三條）。また、工業所有權及び著作權についても、特別規定がある。すなわち、ドイツ國から分離した地域の住民は、分離のとき、ドイツ國の法令にもとずいて有している工業所有權及び著作權について、ひきつずきドイツ國内において完全な權利を享有する（第三一一條第一項及び第七六條）詳しくは「講和條約と工業所有權」（講和條約の研究第四部一一五—一一六頁を參照。

講和條約草案は、分離地域の住民が日本國において、所有する財産の処理も、将来の特別協定にゆだねている。従って、その処理を今ここに予測することはできないが、先例に徴しても、條理からいっても分離地域の住民が日本國において所有する財産が一般外國人の財産と同樣に尊重されなければならぬことは、当然のことであろう。この場合、イタリア平和條約の先例（第十四附屬書第四條及び第十六條）からみて、日本が分離地域から不法に運び去つた財産の返還が問題になる可能性がある。また、イタリア平和條約の先例（同上第一七條）や、総司令部覚書（SCAPIN 2705-A, 1437, 6592-A/1, 7010-A, 7028-A）によつて占領管理中にとられた措置からみて、朝鮮置籍船舶の問題が最終的に決定される必要がある（別稿で研究予定）

かような問題を解決するにあたつて、当然に、分離地域の住民の国籍の問題が議題とならなければならない。講和條約草案は、分離地域の住民または分離地域出身者の国籍について何ら規定していない。この問題は、これらの者の財産の処理についての前提である。分離地域住民または分離地域出身者が日本において有する財産ばかりでなく、連合国において有する財産についても、その処理をどうするかの問題は、国籍問題とは無関係ではあり得ない。財産処理の問題だけではない。分離地域出身者が日本に居住する場合、または連合国に居住する場合においても、国籍関係は重要な要素をなすのである。従つて分離に伴う国籍処理の問題は、少くとも財産処理と同時に決定されなければならない（領土割譲と国籍。私有財産―講和條約の研究第一部を参照）。

第二節　請求権

平和條約第四條aによれば、(1)日本国及び日本国民の請求権（債権をふくむ）であつて分離地域の施政を行つている当局及び分離地域の住民に対するもの、及び、(2)分離地域の施政を行つている当局及び分離地域の住民の請求権（債権）であつて日本国及び日本国民に対するものは、いずれも特別取極によつて処理される。

茲では、日本国民の請求権及び債権のみならず、分離地域住民の請求権及び債権が、将来の取極によつて処理されるのが立前となつているけれども、最も問題になるのは、分離地域住民の日本国及び日本国民に対する請求権及び債権であろう。分離地域は、戦争中日本の一部であつたのであるから、日本と分離地域とは戦争状態にあつたのではない。その住民も敵国民であつたわけではない。従つて、戦争損害というべきものはあろうはずはなく、「賠償」請求権もない。しかし、日本国が領有していた間に、いろいろな形で発生した分離地域住民の請求権というものがある。たとえば、昭和二十三年八月二十七日朝鮮情報（ソウル発朝鮮通信特報ーKIP）によれば、「朝鮮の対日賠償要求額は、一九四五年八月九日現在の価額で、約四百八十億円にのぼるものと見積られており、現在、朝鮮・日本間の為替レートがきまつていないため、正確な評価は

15

困難だが、終戦時、日本円十五円につき一ドルの換算率からいっても、今日、日本円に換算すれば、八千四百六十億円に相当する。この賠償額の数字は、臨時政府（新政府樹立前）の審査委員会、各部処長及び米人顧問が、緊密な連絡のもとに調査したもので、完成をみたこの調査は、この程、新政府に移管された。敵産（朝鮮における日本人財産）が今後どう取扱われるかは不明であるが、個人財産の約八割を占めていた日本人財産と相殺するとすれば、要求額は、予想よりぐつと低くなるだろうと予想される」

と伝え、いわゆる「賠償」要求額四百八十億円の内訳を次のように説明している。

(1) 労働部関係（日本人と朝鮮人との間の借金残額）
一、五二五、六六八、五二三

(2) 人事行政処関係（朝鮮総督府朝鮮人官吏の恩給、五五、三七八名分）
五〇六、一九四、九七〇

(3) 運輸部関係（経理、資材、共済組合費及びその他）
五、八四三、三九七、〇〇〇

(4) 文教部関係（動産及び不動産）
一、六六〇、七四三、四四四

(5) 土木部関係（このうち起債未償還額一五、七〇〇、一八六）
四六、七三九、九三〇

(6) 司法部関係（刑務所保有資材関係）
一八、四〇一、〇七〇

(7) 商務部関係（対日輸出、金鉱、鉄鉱、石炭、銅鉱その他）
二、二二〇、〇七九、五九三

(8) 通信部関係（預託金、資本金、未決済額）
三、三四七、七七六、七五四

(9) 農務部関係（水産、土地改良、畜産、棉花、松根油供出その他）
三、六四九、九〇三、七〇六

(10) 保健厚生部関係（被動員労務者未払金）
五、四七八、八五〇、一〇四

(11) 財務部関係（そのうち、対日本人貸出金、国債、銀行接収関係、日本政府小額紙幣、日本系統紙幣等一、七三八、〇五五二二、六九五、八月十五日以後の対日本人不還貸付五二、七七五二二、一四三）

二五、六一三、六五七、七六四

総計

四七、八一一、四一一、八四八円

右について、金額も問題であるが、法律的にいえば、要償費目が安当であるかどうかが、もつとも検討を要する。要償費目のなかでも、比較的内容がはつきりしているものもあるし、全く推測さえ下し難いものもある。たとえば、労働部関係の借金残額は、おそらく、未拂賃銀のことであろうし、人事行政処関係の恩給や運輸部関係の共済組合費、土木部関係の起債未償還額、商務部関係の対日輸出（これはおそらく輸出代金の未拂分をいうのであろう）、逓信部関係の預託金、農務部関係の供出（未拂供出代金をいうのであろう）、保健厚生部関係の未拂労賃、財務部関係の各費目は、大体において内容がわかる。もつとも財務関係は、要償総額の五三パーセント強を占めるにかかわらず、明示せられた費目の総計は一、七九〇、八〇四、八三八円にすぎず、残額の二三、八二二、八五二、九三六円（財務部関係の総額の九三パーセント強、要償総額の五〇パーセント弱）の内容が全然不明であることは注目を要する。

また、運輸部関係の一部、文教部関係の全部、司法部関係の全

18

部、農務部関係の一部については、簡単であつて内容がわからない。

右の要償費目を検討するについては、先例と條理を考える必要がある。

（一）金銭債務。

領有権が変更しても、国家又は個人の私的債務（債権）が影響されないことは、国際法上の原則であつて、條約は、この前提に立つて存続する債務を処理するものである。従つて領土の割譲に分離によつて、債権債務の関係は消滅することはないといわなければならない。イタリア平和條約第十六附属書第一三條は、この原則を確認し、「イタリア国に在る者（法人をふくむ）が割譲地域内に在る者に対し、又は割譲地域に在る者がイタリア国に在る者に対して負つている金銭債務は、譲渡によつて影響されない。イタリア国及び継承国は、右債務の決済を容易ならしめることを約束する」と規定した。従つて、イタリア国と継承国との間の私人の金銭債務の決済については、原則として当事者自治主義を認め、関係国は、当事者間の決済を容易ならしめるために、必要な措置を講じなければならぬ。

ヴェルサイユ條約においては、割譲地に関し、かような一般的規定はないのであるが、アルサス・ローレンについて特に規定している。すなわち、第七二條によれば、ドイツ国に居住するドイツ国民とアルサス・ローレンに居住するアルサス・ローレン人との間の金銭債務は、第二九六條に定める決済手続によつて処理せられる（決済手続については「講和條約と在外資産」講和條約の研究第二部七頁以下参照）。

この規定は、もちろん、領土の割譲が金銭債務の存続に影響するものでないことを前提としている。

従つて、日本国民と分離地域との間の金銭債務も、分離の事実にもかかわらず存続するものであり、その処理は、今後の問題として残されている。イタリア平和條約のように、当事者間の直接決済にゆだねるか、ヴェルサイユ條約のように、日本国及び分離地の当局を仲介とする間接決済の方法によるか、或いは、政治的解決によつて、相殺主義を採用するかは、今後の問題であろう。ただ、直接決済主義によれば、特に取立てて問題はないであろうが、間接決済主義をとるときは、国の担保責任を平等なものとするを要する。決済における標準通貨の選択、換算率の決定について問題を生じ、国家間の決済において、決済差損の処理についても問題を生ずる。相殺主義を採用すれば、当然に国内補償の問題を生じ、債務者と債権者との間に生ずる不公平な状態を是正するために、何らかの立法措置を必要とするであろう。

分離地域関係の金銭債務において、特に注意しなければならぬのは、法人関係特に銀行関係の金銭債務である。分離地域に本店を有する銀行は、日本法人であり、現在閉鎖機関となつているけれども、解散したものではない。かような銀行に対する金銭債務関係は、特に誤解を一掃する必要がある。たとえば、かような銀行の貸付金であつても、分離地域住民に対するものは、日本国民（日本法人たる銀行）が有する分離地域住民に対する債権であり、かような銀行に対して分離地域の住民が有する預金は、日本国民が負うている分離地域住民に対する債務である。従つて、前記貸付金は、分離地域住民に対する債権であり、前記預金は、日本国民に対する債権である。

反対に、前記銀行の日本国民に対する貸付金は、日本国民が日本国民に対して有する債権であり、前記銀行に対する日本国民の

預金は、日本国民が日本国民に対して負う債務である。

たとえば、朝鮮銀行や台湾銀行の日本国民に対する貸付金は、日本国民たる銀行が日本国民に対して有する債権であつて、朝鮮国民が日本人に対して有する債権ではない。前記朝鮮の賠償要求のうち、財務部関係の対日本人不還貸付金のなかに、朝鮮銀行その他朝鮮に本店を有する日本法人たる銀行の貸付金が含まれているとするならば、それは明かに、削除さるべきものである。

（二）恩給

割讓地住民が讓渡國に対して有する恩給請求権は、一種の金銭債権であつて、領土の割讓によつて消滅することはない一既得権尊重の原則）。

イタリア平和條約は、第一四附屬書第八項において、「イタリア國は、この條約に基いて継承國の國籍を取得する者が、イタリア國の國、市又は他の地方行政官庁における勤務に対して、この條約の實施の日までに受けてきた文官又は軍人の恩給を、まだ支拂期日の來ていない恩給受領權もふくんで、支拂うことについて、引續き責任を負わなければならない。この責任を遂行する方法を規定する取極は、継承國とイタリア國との間に締結されなければならない。と規定している。ヴェルサイユ條約では、かような一般規定がないけれども、アルサス・ローレンについては、その第六二條第一項で、

「獨乙國政府は、千九百十八年十一月十一日までに「アルサス・ロレーヌ」において権利を取得せられ、且つその支出が獨乙帝國の予算の負擔たりし軍人及び非軍人の一切の恩給費を負擔することを約す」と規定している。從つて、朝鮮の賠償要求のうち、人事行政處關係の恩給は、「賠償」の名には値しないけれども、日本國の負擔となるべきであろう。しかしながら、組織の問題は日本國と

朝鮮との間の特別協定の対象となるのであるから、第四條a）、イタリア平和條約の方式がとられている。日本国は、朝鮮が要求する金額を一括して朝鮮側に引渡す必要は必ずしも存しない。朝鮮人や台湾人の恩給請求権は、日本国の恩給法上の権利であるから、これについては日本の国内法が適用される。日本国の発給したる恩給証書にもとずいて、恩給が支給される。恩給法の改正は当然に朝鮮人や台湾人である恩給権者に適用される。軍人恩給が廃止されている今日、軍人恩給を支給する必要はないであろう。ただ、恩給請求権の行使に関する時効期間一五年（会計法第三〇條）については特例を設ける必要がある。

朝鮮人または台湾人たる恩給権者は、日本の恩給法にもとずいて、恩給の裁定を請求することができる。この場合も、恩給権の時効期間一七年（恩給法第五條）については特例を設ける必要があろう。

（三）社会保険

イタリア平和条約第一四附属書第七條によれば、イタリア国の公設又は私設の社会保険機関が割譲地住民に対して負うている債務（保険金の支払）及び積立金（責任準備金）の移転に関しては継承国とイタリア国との間に特別取極が結ばれなければならない。割譲地に本店を有する公設及び私設の社会保険機関が、イタリア国に居住している者に対して負うている債務についても、同様である。

ヴェルサイユ條約第三一二條によると、ドイツ国は、ドイツの公私の機関が割譲地において社会保険又は官営保険を経営するために積立てた準備金の部分を譲受国に引渡さなければならない（第一項）。譲受国は引渡された基金で、保険上の債務を弁済しなければならない（第二項）。なお第七七條参照。

イタリア平和条約の場合は、相互主義によつているが、ヴェルサイユ條約の場合には相互主義によつていないことが注意すべき点であろう。いずれにしても、朝鮮や台湾の場合に、日本の官営又は民営の社会保険機関は、積立金の中から一部の送金をして、その債務の弁済にあてなければならぬことになるであろう。その送金額や送金の條件は特別取極の対象となる。

第二章　国有財産

第一節　財産

割譲地にある譲渡国の国有又は公有の財産は譲受国が取得する。これは、国際法上の一般原則であるといえる。

イタリア平和條約によれば（第一四附属書第一條）、継承国は、割譲地にあるイタリア国の国有又は準国有の財産を「無償で」受領する（第一項）。この場合「国有又は準国有財産」とは、「イタリア国、地方官憲、公共施設並びに公有の会社及び組合の動産及び不動産並びに従前ファシスト党又はその補助団体に属していた動産及び不動産をいう。

ヴェルサイユ平和條約によっても、継承国は、割譲地にあるドイツ国及びその邦の財産を取得する（第二五六條第一項）。この場合、帝室財産、前ドイツ皇帝その他の王室の私有財産も国有財産と同様に取扱われる（第二項）。ヴェルサイユ條約によれば、割譲地にある国有財産の価額は、賠償委員会の決定にもとずき、賠償勘定においてドイツ国の貸方に計上される（第一項）。この点でイタリア平和條約とことなる。もつとも、これは原則であつて、いろいろな例外がある。すなわち、

(1) アルサス・ローレン（第二五六條第三項）

(2) ベルギーが譲受ける地方（第二五六條第四項）

（附）委任統治領（第一二〇條、第二五七條第二項）

にある國有財産は、帝室財産等をふくめて、賠償勘定におけるドイツ國の貸方に計上されることはない。また、右の地域にあるドイツ國の國有財産その他が担保の目的となつているときも、取得した國は、この財産に関して「何等支拂を為」す必要がない。

平和條約によつて日本から分離する地域についても、大体同様のことが行われるであろう。問題は、分離地域における國有財産が、イタリア平和條約のように「無償で」譲渡されるか、それとも、ヴェルサイユ條約のように、分離地域に施政を行つている当局が要求する金額の弁済に肩替りできるかということである。先例からいつても、必らずしもかような肩替りを断念する必要はないものと思われる。

第二節　債務（特に公債）

割譲地に関する債務、すなわち割譲地の利益のために譲渡国が負つた負債または割譲地、又は割譲地の収入を担保とする負債は、譲受国において負担すべきかの問題については、学説も先例も一致していない。最近の平和條約の先例についても、全く一貫していない。

たとえば、イタリア平和條約によれば（第一四附屬書第六條）、原則として、継承国は、イタリア国の公債を支払うことを免除される。ただし、割譲地に引続き居住する公債所持人又はそこに引続き本店又は主たる営業所を有する法人である公債所持人に対するイタリア国の債務は、次の三條件を具備するときは、継承国によつてひきつがれる。すなわち、その三條件とは、次の通りである。

(1) イタリア参戦の日（一九四〇年六月十日）以前に発行されたものであること。

(2) 割譲地の利益である公共事業及び民政業務のために発行されたものであること。

(3) 直接にも間接にも軍事的目的のために発行されたものでないこと。

これに反して、ヴェルサイユ條約によれば、原則として、継承国は、ドイツ国の債務を支払う義務を負う。その引受部分は次のようである（第二五四條第一項）。

(1) 帝国の金銭債務。開戦前の三会計年度における割譲地の収入平均額とドイツ帝国の収入平均額の割合を基礎として開戦時のドイツ帝国の金銭債務を按分して得た金額。

(2) 各邦の金銭債務。(1)と同じ原則で算出する。

前記の割合は、賠償委員会が割譲地の相対的支払能力を参酌して決定する。したがつて割譲地の引受部分は賠償委員会によつて決定される（第二項）。引受債務の履行方法も、賠償委員会によつて決定される（第三項）。なお、第三九條参照。右は一般原則であつて、この原則には例外がある。すなわち、

(1) 官有財産のために費した支出に該当すると認められた公債は、割当から除外する（第二五五條三）。それは、官有財産がドイツ国の貸方に計上されるからである（第二五六條第一項）。

(2) ポーランドに割譲した地域に関しては、ポーランドにおけるドイツ国の植民政策のために生じた公債は、割当から除外する（第二五五條二）。それは、割譲地のために負担するにいたつた債務ではないからである。

(3) 前記の原則はアルザス・ローレンについては適用しない（第二五五條一）。すなわち、フランスは、公債の割当には応じない。それは、一九七一年の講和條約で、アルサス・ローレンについて、ドイツがフランスの公債を引受けなかつたからである。

(4)　ドイツ植民地（委任統治地域）についても、受任国は、ドイツ国の公債を引受けない（第二五七條第一項）。それは、軍事的目的やその他の非生産的な目的のために用いられたからである（Kraus-Rödiger, Urkunden zum Friedensvertrag, Bd. I., S. 637.）。

なお、ヴェルサイユ條約の規定に関するドイツ国全権の反対意見については、講和條約研究資料第六巻「平和條約案に対する独乙国意見書」一二二三－一二二六頁を参照。

前記、朝鮮のいわゆる賠償要求のうち、土木部関係の起債未償還額が、土木事業のための公債に関するものであるならば、起債の目的が軍事的なものでないかぎり、受益者は朝鮮民衆であるから、朝鮮がこの公債を引受けるべき筋合のものと考えられる。

（未完）。

（一九五一年九月十五日）

極秘

昭和二十六年九月

平和條約第四條について（下）（未定稿）

（平和條約研究第四号）

山下康雄

條約局法規課

「平和條約第四條について」目次

1

第三章　連合国財産

平和條約第四條aによれば、「第二條に掲げる地域にある連合国又はその国民の財産は、まだ返還されていない限り、施政を行つている当局が現状で返還しなければならない」。

日本国は、平和條約第一五條aにもとずき、日本国にある連合国及びその国民の財産を返還しなければならないのであるが、この場合に「日本国」というのは、もちろん、平和條約によつて分離する地域をふくまない。かような地域は、現に日本国の管轄の外にあり、そこにある連合国財産については、日本国はなんら処理する権能をもたない。それを返還するといつても、日本国としては、何ら施すべき手段もなければ、権能をもたない。従つて、分離地域にある連合国財産の返還は、現に分離地域で施政を行つている当局が行うべきものである。

分離地域にある連合国財産について戦争の結果損害が生じているときは、その損害は何国が補償するかという問題がある。平和條約第十五條aによつて日本国が負うている補償の義務は、「日本国」にある連合国財産に関するもので、分離地域にある連合国財産には関係しない。

「連合国財産補償法案」によれば、「連合国又は連合国人が開戦時において本邦内に有していた財産について戦争の結果損害が

2

生じたときは、日本政府は、その損害を補償するものとする」となつているが（第三條）、この場合「本邦」とは、「本州、北海道、四国、九州その他平和條約により日本国の主権が回復される地域」をいい、平和條約第二條により分離する地域はふくまれない（第二條第三項）。従つて、日本国には補償の義務はないといわなければならない。もつとも、「連合国補償法案」は條約ではなく日本の国内法にすぎないのであるが、この法案が、連合国の起案によることは、法案の文体からいつても、七月十三日の平和條約の條文からいつても明白なことである。従つて、この法律は、実は平和條約の一部であるということができよう。

分離地域にある連合国財産について生じた損害が日本国によつて補償されないとすれば現に分離地域で施政を行つている当局が補償することが考えられる。しかし、これは根拠のないことである。分離地域で施政を行つている当局が、かような補償を行うべき何らの責任はない。

たとえば、日本国が日本国にある連合国民の財産について損害を補償するのは、損害発生について、何らかの責任が日本国にあるからである。連合国財産補償法案の補償に関する理論構成は、先例にみない特異なものであつて、簡単には、次のようなものである。

第一に補償せらるべき損害は、

(1) 戦斗行為に基因する損害。

(2) 戦時特別措置その他日本政府又はその代理機関の措置に基因する損害。

(3) 当該財産の管理者又は所持人が善良な管理者の注意を怠つたことに基因する損害。

(4) 連合国人が戦争のため当該財産を本邦内において保険に付することができなかつたことに基因する損害。

(5) 連合国占領軍が当該財産を使用した期間中に生じたその使用に基因する損害。

である一第四条第一項一。しかし、これらの損害が生じた場合にすべてを補償するのではない。次のような理由で、連合国人が所有財産を自由に処分することができなかつたために、前記の如き損害が生じた場合にかぎる一第三条第一項一。

(1) 所有者たる連合国人が旧敵産管理法により敵国として告示された国に所属するため。

(2) 所有者たる連合国人が戦時特別措置により、逮捕または拘禁されたため。

(3) 所有者たる連合国人が戦時特別措置により所有財産を押収処分又は売却されたため。

すなわち、損害そのものが、日本国に責任があると否とを問わない。第四条にかかげる損害原因は、必ずしも日本国の責に帰すべきものではない。そうではなくて、損害の発生が、日本国の戦時特別措置一第二条第四項の定義を参照一のために、回避することができなくなつた点に、日本国の責任を求めようとしたのである。この理論構成は、ヴェルサイユ條約にも、イタリア平和條約にも見られない特異なものであるといわなければならない。もつとも、第三條第二項を見ると、損害発生を回避する余地が日本国の戦時特別措置によつてなくなつたということをもつて、日本国の補償義務の根拠とする立前が、必ずしも貫徹されていない。この條文によると、単に「不在」そのものを根拠としている。財産所有者が不在者であることは、やはり損害の発生を未然にふせぐこと、たとえば財産の売却によつて損害が発生しても、自己の損害でないようにすることに対する一つの障害であろう。この場合戦争の開始が財産処分に関する通信その他の交渉を不能ならしめたことに損害を負担する原因がある。したがつて、不在者財産の損害を補償する責任の根拠は、損害負担を回避するための自由処分を不能ならしめた「開戦」にあり、結局は、日本が戦争を開始した事実そのものに、補償義務の根拠を求めるほかはない。

いずれにしても、補償義務の根拠は、戦時特別措置か戦争の開始にある。結局は日本国の行為にある。

ところが、分離地域にある連合国財産について戦争の結果生じた損害は、分離地域で施政を行う当局が補償しなければならぬ根拠はない。かような当局は、戦争そのものについて責任もなければ、戦時特別措置を行つたこともない。結局、分離地域にある連合国財産について生じた損害に関しては、連合国は、平和條約

第一四條(b)によつて放棄したものとみるべきであろう」

もつとも、分離地域で施政を行つている当局が、協定その他によつて、損害の補償を自らひきうけることは、さしつかえないことである。たとえば、一九四九年九月十一日に京城で調印された「アメリカ合衆国政府と大韓民国政府との間の財政及び財産に関する最初の取極」（以下米韓協定と略称する。「條約集」第二七集第一六巻所蔵）第六條によれば、大韓民国政府は、韓国所在の連合国財産を保護し保存し、所有者と韓国政府との間の合意によつて返還しなければならない。連合国財産について、所有者の管理の下に置かれていなかつた期間中に生じた損害は、日本国によつて差押え没収され又は保管された韓国人財産と同程度に補償しなければならない。もつとも、これは、米国と韓国との協定であるから、この協定にもとずき、第三者たる連合国民—たとえばイギリス国民—は受益者たる地位を得ることになる。

第四章　アメリカ軍の日本資産処理

平和條約第四條(b)によれば

「日本國は、第二條及び第三條に掲げる地域のいずれかにある合衆國軍政府により、又はその指令に従つて行われた日本國及びその國民の財産の処理の効力を承認する」

と規定している。この規定は、最終草案においてはじめて挿入されたものである。茲では、第三條に掲げられた地域すなわち小笠原諸島や沖繩諸島も問題になるが、実際には、第四條aとの関係で問題となるのは、アメリカ軍が韓國で行つた日本資産の処理である。この場合、第四條(ロ)の規定が、どういう形で第四條(a)の規定に影響を及ぼすか、逆にいえば、第四條aは第四條bによつていかなる制約をうけるか、ということが特に問題になると思われる。具体的にいえば、韓國にある日本資産は、第四條aによる特別取極の主題の外に完全におかれるか。それとも、やはり特別取極の主題とすることができるか。さらに具体的にいえば、韓國所在の日本資産については日本國及び日本國民は何らの請求権ももたないのであるか。この問題が提起される。

そこで、アメリカ軍政当局は、韓國で日本資産をどういう風に処理したかが先ず問題となる。その主要なものは、「在朝鮮美國陸軍司令部軍政庁法令第三三号」であつて、その内容は次のようなものである（英文は巻末に掲載）。

朝鮮内にある日本人財産権取得に関する件

第一條　法令第三十一号は官報に公布せず。
茲に全然発令せざりし如く無効とす。

第二條　一九四五年八月九日以後日本政府、その機関又は該国民、
会社、団体、組合、該政府のその他の機関或は該政府が組織又
は取締る団体が直接間接に全部又は一部を所有又は管理する金
銀、白金、通貨、証券、銀行勘定、債券、有価証券並に本軍政
庁管轄内に存在するその他総ての種類の財産及びその収入に対
する所有権は一九四五年九月二十五日付をもって朝鮮軍政庁が
取得し、朝鮮軍政庁が該財産を所有す。如何なる者を問わず、
軍政庁の許可なくして該財産に侵入又は占有し、該財産を移転し、
又は該財産の価値効用を毀損するは不法とす。

第三條　本令第二條により朝鮮軍政庁が取得せる財産を所有、管
理又は支配する保管者、管理者、官吏、銀行、信託会社 その他個人、
団体又は組合は左記各項を遵守すべし。

(イ)(1) 軍政庁の指令の下に該財産を保持し、その指令あるまで
は該財産の移動又は他の方法による処分を禁止すること

(2) 該財産を保存、維持、守護し、該財産の価値効用を毀損
する行為を防止すること

(3) 正確なる記録及び会計帳簿を維持すること

(ロ) 軍政長官の指示したる時はその指示に従い、

(1) 前記財産に関し要求せられたる資料及び一九四五年八月九日以後該財産に関連せる全収入及び支出を記述せる報告書を提出すべし。

(2) 該財産の保管、管理権及び総ての帳簿、記録、会計書類を引渡すべし。

(3) 財産並に総ての収入及び収益金に付き決算すべし。

第四條 本令の條規、本令により発令せる許可又は規定に違反する者は軍政裁判の判決により処罰す。

第五條 本令は官報に公布と同時に効力を生ず。

一九四五年十二月六日

在朝鮮美国陸軍司令官の命により
朝鮮軍政長官
美国陸軍少将 エ・ヴイ・アーノルド

ついで、一九四八年九月十一日調印の前記米韓協定の第五条は、次のように規定している。

「(1)大韓民国政府は、韓国所在合衆国陸軍軍政府の命令第三十三号に基いて帰属させられた戦前の公私の日本財産の処分で韓国所在合衆国陸軍軍政府がすでに行ったものを、承認し追認する。この協定の第一条及び第九条に含まれているアメリカ合衆国政府による財産の取得及び使用に関する留保を除外して、帰属させられた売残財産、既得財産の賃貸及び売却から生じた支出されていない純収得金並びに既得財産の受取勘定及び売却契約は、次の方法で大韓民国政府に移転させられる。

(a) すべての現金、銀行預金又は他の流動資産は、ここに、この協定の実施日に移転される。

(b) 移転されるべき他のすべての帰属財産は、すべての入手しうる財産目録、図面、証書又は他の所有権証書とともに貸借対照表、運営明細書及び既得財産の会計記録を添えて、移転を秩序正しく行いうる限りすみやかに、大韓民国政府に漸次引き渡される。大韓民国政府は、命令第三十三号に基いて現在までに帰属させられた財産でこの条の規定に基いて大韓民国政府に移転された又は移転されるものを、韓国の人民の利益のために受領し管理する別個の政府機関を設置することに同意する。

(2) 大韓民国政府は、この条に従つて大韓民国政府が取得する韓国所在の戦前の日本財産について日本国と戦争状態にあつた韓国の国民が直接又は間接に有する権利及び利益を、尊重し保存し保護する。但し、この権利及び利益が、命令第三十三号の実施日の前に善意の移転によつて合法的に取得されたことを条件とする。

(3) 大韓民国政府は、この条に掲げた財産の帰属決定、管理及び処分から生ずる現在及び将来のすべての請求権を含むすべての責任から、ここにアメリカ合衆国を解除する。」

今、命令第三十三号と、米韓協定とを読み合せると、平和條約第四條(b)の意味は次のようであろう。

(1)米韓協定第五條第一項によつて、命令第三十三号による日本財産の処理は、韓国政府によつて承認されたが、今度は、平和條約第四條(b)によつて日本政府によつても承認された。

(2)米韓協定第五條第三項によつて、アメリカは、日本資産の処理から生じた責任をまぬかれ、この責任は韓国政府に移転した。したがつて、日本資産に関する日本国及び日本国民の請求権は、アメリカ政府に対するものではなく、韓国政府に対するものである。かような請求権そのものは、平和條約によつても米韓協定によつても消滅したものではない。

(3)平和條約第四條(b)における日本資産の処理の「効力を承認する」という意味は、命令第三三号によつて米軍政庁が日本資産の所有権を取得し、米韓協定によつて日本資産を韓国政府に移転したことが有効であることを承認するということである。日本資産の処理が有効に行われたことを承認したからといつて、日本資産に関する請求権を放棄したことにはならない。 日本資産処理の効力を承認することと、日本資産に関する請求権を放棄することとは、全く別個の問題であつて、平和條約第四條(b)は、請求権の放棄とは直接の関係はない。従つて韓国所在の日本資産又はその売得金に対する日本国及び日本国民の返還請求権は、なお厳存する。その処理は、第四條aによる特別取極の主題となり得る。

(4) 日本資産に関するアメリカ軍政庁の処理が有効に行われたことを承認した結果、命令第三十三号による日本資産の所有権の移転そのものについて、日本国は異議をさしはさむことはできない。このことは、ヴェルサイユ條約第一〇編第四款附属書第一條の場合と全く同様である。同附属書第一條によれば、相互主義によつて、連合国もドイツ国も、相手の国が、戦時特別措置にもとずいて行つた敵産の処理が有効であると認め、敵産の移転が適法なりや否やについて争議を提起することを許さない。すべて敵産の処理は有効に行われたものとしている（かような規定が設けられた意味については、「講和條約と在外資産」一三—一四頁参照）。たからといつて、この條文によつて、連合国もドイツ国も、敵国にある自国民の財産に対する請求権を放棄したのではない。その証拠に、連合国民は、ドイツ国にある財産について賠償請求権と返還請求権とをもつている（ヴェルサイユ條約第二九七條(ホ)—(ト)号参照）。ドイツ国民は、かような請求権を放棄せしめられたが、それは第二九七條(ハ)号や附属書第一條にもとずいて放棄せしめられたのではない。かような放棄は、全然別個の規定すなわち第二九七條(ロ)号によつて初めて行われたのである。ところが、韓国にある日本資産に関するかぎり、日本国民の請求権を放棄するような規定は、平和條約のどこにも存在しない。第四條(ロ)には、かような放棄はふくまれていない。

(5) もつとも、命令第三十三号によつて、日本財産の所有権はアメリカ軍に移転し、さらに米韓協定によつて、大韓民国に移転したものと考えられる。しかし、かような財産権の移転措置が有効に行われたことが承認された結果として、日本国及び日本国民有の韓国所在財産は完全に「没収」されたのであるという考え方もできないこともない。しかし、この考え方は誤つているといわなければならない。何となれば、アメリカ軍は韓国において占領軍としても行動しているのであつて、一九〇七年の「陸戦の法規慣例に関する條約」附属書「陸戦の法規慣例に関する規則」第四六條第二項によれば、私有財産は没収することはできない。よた、その第五三條によれば、国有動産は、現金、基金及び有価証券、貯蔵兵器、輸送材料、在庫品及び糧秣その他作戦動作に供することとができるものの外、押収することはできない。さらにまた、第五五條によれば、国有不動産については、占領軍は、その管理者及び用益権者たるにすぎず、その基本を保護し、用益権の法則に依つて管理し得るにすぎない。したがつて、韓国においてアメリカ軍が行つたところが「没収」であつて、その没収を平和條約第四條aによつて承認せしめられたのであると考えることは不合理である。国際法に反する行為を正当な行為として承認させることは、いかに戦勝国といえどもできないことである。それにもとずく損害賠償請求権を放棄させることはできるとしても、違法を適法とみとめしめることはできないことである。

(6)のみならず、韓国においてアメリカ軍が行つたことは、決して日本資産の没収ではなく、管理にほかならないことに留意しなければならない。命令第三十三号の規定するところを全体としてみれば、いわゆる「敵産管理」にほかならず、命令第三十三号は「敵産管理令」にほかならない。たとえば、日本資産の所有権を取得することも、それを売却することも、日本資産やその売却代金を保管することも、すべてアメリカやイギリスで戦争中に行われた「敵産管理」の制度と、寸毫もことなるところがない。アメリカやイギリスで行つた敵産管理の制度を簡素化したのが命令第三十三号であるともいえる。

(7)たとえば、「帰属」(vest)という観念が敵産管理法上の観念である。命令第三十三号においても日本資産に対する「所有権は一九四五年九月二十五日付をもつて朝鮮軍政庁が取得し、朝鮮軍政府が該財産を所有する」という言葉は、イギリス文では、、、、is hereby vested in、、、, and . . . . is owned by、、、、となつている。また、米韓協定第五條でも、「帰属決定」(vesting)という言葉が用いられている。この場合の「帰属」(vest)は決して「没収」ではない。俗に「接収」という、あいまいな語が乱用されているが、これも「管理」にほかならない。「没収」ではない。この帰属という語は、コンモン・ローで用いられるところで、たとえば信託関係で、委託者が信託財産を受託者（トラスティー）にあずける場合に、帰属する（vest）といわれる。この場合、信託財産の所有権は受託者に移転し、受託者は受益者に一定の給付をなす債務を負うのである。信託財産は受託者名義となつている。実質的には委託者の財産である。

イギリスの対敵取引禁止法は、このヴェストなる語を敵産管理に使用している。敵産は敵産保管人（Custodian of enemy property）に帰属（委託）（vest）せられる。たとえば、一九一四年十一月二十七日対敵取引禁止（修正）法第一節第一項（講和條約研究資料下巻一三一頁）、第四節（同上一三五頁）、一九一六年一月二十七日対敵取引禁止（修正）法第四節（同上一五三—一五四頁）第六節（同上一五五頁）、第九節（同上一五七頁）、一九一八年八月八日対敵取引禁止（修正）法第八節（同上一六八頁）。一九三九年の対敵取引禁止法第七節は、商務省が敵産保管人を任命すべきことと、敵産はこの保管人に帰属することを定めているが、この規定の目的は With a view to preventing the payment of money to enemies and of preserving enemy property in contemplation of arrangements to be made at the conclusion of peace という冒頭の語にある如く、敵産を保管し保全するので、その最終的処理は講和條約によるものである。

アメリカにおいても、戦争中敵産管理が行われた。一九一七年十月六日の対敵取引禁止法（講和條約研究資料下巻二〇一頁以下参照）第六節によれば、外国財産管理人の任務は「敵人又は敵の同盟国民に合衆国において支払わるべき又は属する現金及び財産であつて、本法の規定により右管理人に支払われ、移転せられ、譲渡せられ、引渡さるべきものを、受領し、大統領の一般指令及び本法の規定によつて保管し、管理し、その出納を明かにする」ことである（同上二一〇頁）。また、第七節(イ)項によれば、大統領の要求があつたときは、敵人に属する現金その他の財産は、外国財産管理人に譲渡され、移転され、引渡され又は支払われなければならない。…… shall be conveyed, transferred, assigned, delivered, or paid over to ....（同上二一五頁。なお一九四八年三月十五日までの修正をふくむ対敵取引禁止法については「條約集」第二八集第五四巻参照。とくに一〇頁）。

一九一七年の対敵取引禁止法がアメリカ議会に上程されたとき、この法律に定められている敵産管理制度が、一九〇七年のヘーグ条約（前記「陸戦の法規慣例に関する規則」第四六条）に違反するものではないかという一議員の質問に対して、政府側は次のように説明している (Congressional Record, p. 4851, 9, July 1917)

If the gentleman has studied this bill, as I have no doubt he has, for I know his assiduity as a student and his carefulness as a lawyer, he will see clearly, that instead of its being confiscatory in its nature it is in the nature of a requisition of property and a conservation of the property in the hands of the trustee, who is to hold it in escrow until the termination of the war, when his property is to be returned to the legal owner thereof subject to the equities existing between the parties.

また、上院の「貿易委員会」の公聴会でも、司法省代表たる Warren 氏は、次のように証言している。

The theory of this bill is that enemy property in this country shall not remain in the hands of the enemy's debtor or agent here: but that, if the president so directs, it shall be temporarily conscripted by the Government to finance the Government through investment in its bonds, and to be paid back to the enemy or otherwise disposed of at the end of the war as Congress shall direct. In other words, we fight the enemy with his own property during the war: but we do not permanently confiscate it. Moreover, this temporary conscription of enemy property is also conservation of enemy property .....

さらにまた、第一次世界大戦におけるアメリカの初代外国財産管理人 A. M. Palmer も一九一七年十一月十四日の Official Bulletin で次のように述べている。

The broad purpose of Congress, as expressed in the Trading with the Enemy Act, is, first, to preserve enemy-owned property situated in the United States from loss, and secondly, to prevent every use of it which may be hostile or detrimental to the

United States ..... The Alien Property Custodian is directed to exercise ..... the ..... authority of a common-law trustee ..... There, of course, is no thought of the confiscation or dissipation of property thus held in trust.

以上の論述から帰結し得ることは、敵産の管理は、敵産に関する所有権の移転を伴うけれども、決して永久の没収ではない。単に敵産を保全するものにすぎない。その正当の所有者 legal owner はやはり敵人であつて、敵産管理人は「普通法上の受託者」一アメリカ対敵取引禁止法第一二節第四項、講和條約研究資料下巻二二六頁一として行動するものである。敵産の最終的処理は戦争終了後の平和條約にまつべきものである、ということである。

このことは、韓国所在の日本資産についても同様である。韓国所在の日本資産は、命令第三十三号によつて、アメリカ軍政庁に帰属し、日米韓協定によつて韓国政府に譲渡されたのであるが、その法律上の所有者は日本国又は日本国民であつて、その最終的処理は、平和條約第四條aに予定している特別取極によつて行わるべきものである。

(8) 財産権の移転が没収を意味するものでないことは、米韓協定そのものによっても証明することができる。たとえば、米韓協定第五条第一項(b)の規定によれば、韓国政府に移転された日本資産を「韓国の人民の利益のために」受領し管理する政府機関を設置しなければならない。この場合、「韓国の人民の利益のために」for the benefit of the Korean people とはいつているが、「韓国の人民に代つて」for or on behalf of the Korean people とはいつていない。このことは、韓国所在の日本資産が韓国の人民の所有物となつていないことと、韓国の国有財産になつていないことを示すものである。「韓国の人民の利益のために」受領し管理するということは、結局、韓国人民の対日請求権の担保として管理するということである。韓国は日本の一部であつて日本と交戦状態にあつた国ではない。従つて韓国は平和条約にいわゆる「連合国」ではない（第二五条）。終戦後において韓国が日本に対して宣戦を布告した事実もない。従つて日本国と韓国の間に「平和条約」を結ぶということもおかしなことである。韓国政府は日本国と「平和条約」を結ぶ用意があると伝えられるが何かの誤解であろう。韓国との平和条約は、ナンセンスそのものである。これは、おそらく平和条約第四条aにいう特別取極か通商航海条約を、思いちがえて平和条約といつているのにすぎない。

そういうわけであるから、韓国は日本に対して賠償請求権というものをもつはずがない。戦争損害がないのに賠償請求権というのもおかしなことである。しかし、韓国民は、日本国又は日本国民に対して、何らかの請求権をもつ。それと同じ程度に日本国民は韓国民に対して請求権を有するのではあるが、ともかくそういう意味では、韓国民には対日請求権がないではない（たとえば恩給、請求権、金銭債権）。かような韓国民の対日請求権の担保として、韓国所在の日本資産を留置するというのが「韓国の人民の利益のために」という語の意味であると考えられる。だとすれば、日本資産は韓国政府に移転されたのであるけれども、その法律上の所有者はやはり日本国民であつて、韓国政府は、単に、対日請求権の担保として管理しているにすぎない。この対日請求権と日本資産とをどういう具合に清算するかは、正に第四條aにいう特別取極の主題となることなのである。

財産権の移転が必ずしも没収を意味しないことは、米韓協定第六條によつても立証される。同條によれば、日本帝国政府によつて敵産として取扱われ且つ第五條の規定に基いて大韓民国政府に「移転」される他の者（日本国民でも連合国民でもない者）の韓国所在の財産は、連合国国民の韓国所在の財産とともに、正当の所有者 rightful owners に「返還」されるまで、韓国政府によつて保護され保存される。これは、かような財産について返還請求権があることを意味する。従つて財産権の移転は没収を意味するものでないことの証明となるであろう。

(9) かようなわけで、韓国所在の日本資産は、アメリカ軍政庁に帰属し後に韓国政府に移転されたのであるが、それは決して没収を意味しない。その正当の所在者は依然として日本国及び日本国民である。この日本資産を、韓国民の対日請求権とにらみ合せて、いかに最終的に処理するかは、まさに平和條約第四條aに予定されている特別取極によつて将来行われるところである。それならば、第四條bはどういう意味で第四條aに影響を及ぼすか。すなわち、第四條aの冒頭にある「この條の(b)の規定を留保して」とはいかなる意味であるか。これが、最後の問題になる。第四條(b)によつて、日本国は、韓国における米軍の日本資産の処理―日本資産の帰属及びその後における日本資産の売却―の効力を認めたのであるから、日本国は次の二点を主張することができない。

(a) 命令第三十三号は、陸戦の法規慣例に関する規則第四六條に違反するということを主張することはできない。これは、特にいうまでもないことである。何となれば命令第三十三号による帰属は没収ではない。このことはすでに詳しく論じたところである。従つて、命令第三十三号は陸戦條規違反でないことは、自明のことである。

(b) アメリカ軍が日本資産を売却その他の方法で処分していることは、その処分は有効であつて、これを無効であると主張することはできない。従つて、日本国民の請求権は、売却された財産については存続しない。売却代金についてのみ存続する。もつとも売却財産については、日本国民の請求権はこの財産について存続する。ただし、この売却財産が賃貸されているときは、その賃貸関係を承認しなければならない。賃貸関係より生じた収益は日本国民に属する。

従つて、韓国所在の日本資産について日本国民の有する請求権は、売却代金、売却財産またはその賃貸料のうえに存続する。売却された財産の返還を求めたり、賃貸関係を解消して負担のない状態で売却財産の返還を求めたりすることはできない。

かような、限定された請求権は第四條(b)の規定にかかわらず存続し、それが第四條(a)による特別取極の対象となる。これが第四條aと第四條bとの関係である。

かように考えてくると、韓国所在の日本資産について、日本国及び日本国民は、いつさいの請求権を失つたのではない。このことは、平和條約第一九條aによつて変更されることはない。第一九條aによる請求権の放棄は、「日本国」領域における運合国軍隊の存在、職務遂行又は行動から生じた請求権の放棄であつて、この場合「日本国」とは朝鮮をふくまないと解せられる。仮にこの場合の「日本国」に朝鮮がふくむとしても、この場合放棄される請求権は、運合国に対する請求権に限る。韓国に対する請求権は第一九條によつては放棄されない。韓国は平和條約上の「連合国ではないからである。米韓協定第五條第三項によれば、日本資産に関する請求権については、アメリカの責任は解除され、韓国がかわつて責任をとることになつている。従つて、この請求権は韓国に対するものである。

なお、平和條約第二一條によれば、韓国は「第四條の利益」を受ける権利を有する。この場合の「利益」とは、日本資産に関する請求権を消滅させる利益ではなく、かような請求権とにらみあわせて、韓国の対日請求権を要求し満足させることができるように、特別取極を結ぶことができる利益にすぎない。

かようなわけで、第四條(b)が追加されることによつて、利益を受けるのは、韓国ではなくして、むしろアメリカである。伝えられるところによると、韓国が、日本資産の返還要求をシャット、アウトするために、かような規定の挿入を要求したとのことである。もしそれが真実であるとすれば、これに応じたかの如く見せたアメリカも甚だ人が悪いといわなければならない。韓国がこの規定で安心しているとすれば、これまた馬鹿げた思いすごしである。もしそうでなく、アメリカも韓国も、韓国所在の日本資産に関する請求権が第四條(b)によつて完全に封ぜられたものであると心から思つているのであるとするならば、第四條(b)の規定は、拙劣な規定の仕方であるといわなければならない。

第五章　海底電線

海底電線に関しては、ヴェルサイユ條約にも規定があるが（第八編第七附属書）、平和條約との比較のうえで參考になるのは、イタリア平和條約である（「講和條約と在外資産」二一頁、九七頁）。

ヴェルサイユ條約によれば、私有海底電線は、公海にある部分についても、連合國に譲渡せられ、所有者はドイツ國から補償をうける。ところが、イタリア平和條約においては（第七九條第五項）、イタリアの海底電線であつて、連合國の一地点とイタリア國の一地点とを結ぶものは、連合國の領海内にある終点施設と電線の部分だけが當該連合國によつて取得される（イ）。もつとも、ユーゴースラヴイアとイタリアを結ぶものについてはこの限りでない。すべてユーゴースラヴイアにあるイタリア資産として、ユーゴースラヴイア國によつて取得される（ロ）。また、割譲地域内の地点を相互に結ぶ海底電線、割譲地と繼承國とを結ぶ海底電線は、すべて繼承國が取得する。割譲地の一地点と繼承國外の一地点とを結ぶ海底電線は、終点施設及び電線で割譲地域内に存する部分に関する限り、繼承國が取得する（第一四附属書第三條）。

日本國との平和條約第四條(c)は、日本と分離地域とを結ぶ海底電線について規定しているだけであつて、日本と連合國（中國、ソヴエート、アメリカ）との間の海底電線については規定していない。

日本国と分離する地域との間の海底電線は、二等分され、日本国と分離地域とは、それぞれ終点施設と電線の半分を保有する。

海底電線について問題となることは次のようである。

(1) 関東州租借地と日本国とを結ぶ海底電線。たとえば、佐世保ー大連、長崎ー大連間の海底電線に第四條Cが適用されるかということである。第四條Cには「この條約に従って日本国の支配から除かれる領域」といってい、「第二條に掲げる地域」とはいっていない。そうすれば、関東州租借地は第一〇條によって日本の支配から除かれる地域ということができ、中国は第四條Cによって施設の半分を保有することになる。ところが、中国は、日本国との平和條約に調印しない場合に第四條の利益をうけることはできない。何となれば第二一條には、中国に関して第四條が掲げていない。しかし、第一四條a2の利益をうけることはできる。そうすれば、中国は中国の領土にある終点施設と中国の領海内にある海底電線の半分のみを保有することになる。いずれにしても終点施設は保有する。問題は電線であって、第四條Cが適用されるならば、電線の半分を保有するが、第一四條しか適用されなければ、中国の領海内にある電線のみを保有することになる。もっとも日本国と中国との間に、第二六條によって二国間平和條約が結ばれるならば、中国は第四條の利益をうけることになるであろう。しかし、かような條約が結ばれないかぎり、第二六條の規定からいって、中国は第四條による利益をうけないといわなければならない。

(2) 台湾と日本とを結ぶ海底電線。すなわち長崎ー淡水間の二本の海底電線がまた問題である。台湾は「第二條に掲げる地域」であつて、日本の支配から除かれる領域であるばかりでなく日本から分離する地域である。そうすれば、やはり、第四條cの適用をうけるようである。しかし、この場合も、中国は第四條の利権をうける権利をもたないから、領海内の電線を保有するに止まる。

(3) 樺太と日本とを結ぶ海底電線。すなわち北海道「猿拂又は坂の下」と樺太とを結ぶ六本の海底電線と根室ー国後島間の海底電線も問題である。ソヴィエトは平和條約に調印しなかつた。従つて第二五條によれば、いかなる平和條約上の権利もあたえられないから、この七本の海底電線の処理は未解決である。法律的には完全に日本国の所有に属するものと考えられる。

(4) 第三條に掲げる地域と日本とを結ぶ海底電線。具体的には鎌倉ー小笠原「父島」間及び大浜ー奄美大島間の二本の海底電線である。第三條によつて、小笠原及び奄美大島が信託統治地域となれば、第四條cが適用される。

結局、確定的に第四條cの規定が適用される海底電線は、朝鮮と日本との間の十本の海底電線にかぎるということになる。

（一九五一年九月二十日）

28

HEADQUARTERS
UNITED STATES ARMY FORCES IN KOREA
Office of the Military Governor
Seoul, Korea

ORDINANCE
NUMBER 33

6, December 1945

VESTING TITLE TO JAPANESE PROPERTY WITHIN KOREA

SECTION I. Ordinance Number 31 having never been published in the Official Gazette is hereby declared null and void as though it were never issued.

SECTION II. The title to all gold, silver, platinum, currency, securities accounts in financial institutions, credits, valuable papers, and any other property located within the jurisdiction of this Command, of any type and description, and the proceeds thereof, owned or controlled, directly or indirectly, in whole or part, on or since 9 August 1945, by the Government of Japan, or any agency thereof, or by any of its nationals, corporations, societies, associations, or any other organization of such government or incorporated or regulated by it is hereby vested in the Military Government of Korea as of 25 September 1945, and all such property is owned by the Military Government of Korea. It is illegal for

any

any person, without the authority of the Military Government of Korea, to enter upon or take possession of any such property, remove any part of such property, or injure or impair the value or utility of any such property.

SECTION III. All custodians, curators, officials, banks, trust companies and all other individuals, organizations or associations having possession custody, or control of property vested in the Military Government of Korea by Section II of this ordinance are required:

a. (1) To hold the same, subject to the directions of the Military Governor, and pending such direction not to transfer or otherwise dispose of the same,

(2) To preserve, maintain and safeguard and to prevent any action which will impair the value or utility of such property,

(3) To maintain accurate records and accounts.

b. When and as directed by the Military Governor:

(1) File reports furnishing such data as may be required with respect to such property and all receipts and expenditures in connection therewith on and

after

after 9 August 1945.

(2) Deliver custody and control of such property and all books, records and accounts; and

(3) Account for the property and all income and proceeds.

SECTION IV. Any person violating the provisions of this ordinance or of any license or order issued thereunder, shall, upon conviction by a Military Occupation Court, suffer such punishment as the court shall determine.

SECTION V. This ordinance is effective upon publication in the Official Gazette.

BY DIRECTION OF THE COMMANDING GENERAL
UNITED STATES ARMY FORCES IN KOREA

A. V. ARNOLD

Major General United States Army

Military Governor of Korea.

11. 日韓交渉において国籍問題以外に議題となり得ることを予想される諸案件, 1951. 10. 18
日本外交文書 1626 日韓交渉に関する資料 세 번째 문서

한일회담 개최(1951. 10. 20)를 앞두고 외무성 관방 총무과에서 양국 간 교섭 시 재일한인 국적 문제 이외에 의제가 될 것으로 예상되는 사안들을 정리한 문서다.

번역

일한교섭에 관한 자료

1951. 10. 18 관방 총무과

1. 일한 교섭의 경위와 방침
2. 국내 조선인이 잠정적으로 외국인(대한민국)이 된 경우의 제 영향
3. 일한 교섭에 있어 국적 문제 이외에 의제가 될 수 있을 것으로 예상되는 제 안건

3. 일한 교섭에서 국적 문제 이외에 의제가 될 것으로 예상되는 제반 안건

1951. 10. 18 관총

1. 일본에 대한 조선 측 청구권(평화조약 제4조 a)

가. 공사채, 주식 기타 증권의 소유에 관한 조선인 및 조선 정부의 요구

나. 일본의 보험회사에 대한 보험증권의 약관에 의거한 요구

다. 일본에 있는 은행 계정에 관한 조선인의 요구
라. 우편저금, 우편 대체저금, 우편연금 및 간이생명보험 관련 요구
마. 계약 파기로 말미암은 일본 정부 및 일본인에 대한 요구
바. 일본 정부에 의한 조선인 재산의 수용, 징발로 말미암은 요구
사. 징용된 노동자의 요구
아. 일본 정부 또는 일본인에게 사용됨으로써 발생한 연금, 퇴직금, 수당 기타 지급금에 대한 요구
자. 조선총독부 및 그 밖의 기관이 종전 당시 일선(日鮮) 관공리 및 기타 사용인에게 제공한 급여 가불, 상여금, 수당 기타 급여의 지급이 부당하다고 보는 조선 정부의 요구
차. 특허권, 판권에 관한 요구
카. 일본군에 참가해 종군 중 전사 또는 부상한 조선인 병사 가족의 요구
타. 조선에서 일본군이 행한 행위와 관련된 일본 정부에 대한 요구
파. 약탈 또는 파괴되었다고 말하는 미술품 및 문예품의 변상 요구
하. 일본에서 조선으로 귀국할 때에 휴대 재산이 제한된 것과 관련한 조선인의 요구
갸. 조선과 관계가 있는 폐쇄 기관 및 재외 회사의 정산금 반환

2. 조선의 재일 재산에 관한 요구(평화조약 제4조 a)
가. 구 조선총독부의 토지, 건물의 반환
나. 이왕가의 재산 처분
다. 조선적 선박의 반환

3. 조선에 대한 일본의 청구권(평화조약 제4조 a)
이론적으로 보나 또 이탈리아평화조약의 선례를 보나 우리 측의 대한 채무가 당연히 소멸하였다는 견해는 수용할 수 없다.

4. 재조선 일본재산(평화조약 제4조 b)
평화조약의 조문은 주한미군의 접수 조치를 인정하도록 강요하고 있다.

5. 해저전선(평화조약 제4조 c)
절반 인도에 관한 기술적 문제

6. 어업 문제(평화조약 제21조, 제9조)

한국 측은 과거 누차 강화 이후 맥아더라인의 존치를 주장해 왔다.

7. 경제상의 최혜국, 내국인 대우(평화조약 제21조, 제12조)

종전 전부터 재류하고 있는 한국인과 관련해 평화조약으로 예상되는 그 이상의 특혜적 지위를 요구해 올 가능성이 있다.

8. 배상 문제 및 국내의 한국인 재산을 연합국 재산으로 취급하는 문제

평화조약을 볼 때 한국이 이러한 권리를 주장할 만한 근거는 없으나, 한국의 정부 관계자는 누차 문제시하고 있다.

秘密指定解除
外交記録・情報公開室

極秘

日韓交渉に関する資料

（二六・四・一八管総）

一、日韓交渉の経緯と方針（別添 同日了解済み）

二、国内朝鮮人が確定的に外国人（大韓民国人）になつた場合の諸影響

三、日韓交渉において国籍問題以外に議題となり得ることを予想される諸案件

日韓交渉において国籍問題以外に議題となり得る
ことを予想される諸案件

（二六、一〇、一八資料）

日本に対する朝鮮側の請求権（平和条約四条のa）

イ、公社債、株式その他証券の所有に関する朝鮮人及び朝鮮政府の要求

ロ、日本の保険会社に対する保険証券上の約款に基く要求

ハ、日本における銀行勘定に関する朝鮮人の要求

ニ、郵便貯金、同振替貯金、同年金及び簡易生命保険に関連する要求

ホ、日本政府及び日本人に対する契約破棄を原因とする要求

ヘ、日本政府によつて為された朝鮮人の財産の収用、徴発を原

因とする要求

ト、徴用された労働者の要求

チ、日本政府あるいは日本人によつて使用されたことによつて生じた年金、退職金、手当その他の支給金に対する要求

リ、朝鮮総督府及びその他の機関が終戦時行つた日鮮官公吏及びその他の使用人に対する給料前拂 賞與金、手当その他の給與の支拂を不当としての朝鮮政府の要求

ヌ、特許権、版権に関する要求

ル、日本軍に参加し従軍中戦死しあるいは負傷した朝鮮人兵士の家族の要求

ヲ、日本政府に対する朝鮮における日本軍の行為に関連する要

求

ワ、りやく奪又は破壊されたと称する美術品及び文芸品の弁償要求

カ、日本から朝鮮に引揚の際携行財産を制限されたことに関する朝鮮人の要求

ヨ、朝鮮に関係ある閉鎖機関及び在外会社の清算金返還

タ、朝鮮の在日財産に関する要求（平和條約四條a）

イ、旧朝鮮総督府の土地、建物の返還

ロ、李王家の財産処分

ハ、朝鮮船舶の返還

ニ、朝鮮に対する日本の請求権（平和條約四條a）

理論的に見ても、又、イタリア條約の先例に見るも我方の対
韓債務が当然に消滅しているとの見解は採れない

四、在鮮日本財産（平和條約四條b）

平和條約の條文上では在韓米軍の接收措置を承認させられる
ことになつている

五、海底電線（平和條約四條c）

折半割譲に関する技術的問題

六、漁業問題（平和條約二十一條、九條）

韓國側は従来屢々講和後におけるマクアーサー、ラインの存
置を主張している

七、経済上の最恵國、内國民待遇（平和條約二十一條、十二條）

12. 日韓特別取極対象となる日本財産及び請求権について(1), 1951. 12. 3

日本外交文書 1563

한일회담 예비회담에서 청구권 문제가 본 회담의 의제로 채택된 이후인 1951년 12월 3일 외무성 아시아 제2과가 청구권 문제와 관련한 일본 입장을 정리한 문서다.

일본 측은 이 문서에서 일본이 한국에 남기고 온 공사(公私)의 각종 재산에 대하여 일본 측이 일종의 청구권을 가지고 있음이 확실하다고 주장하고 있다. 이를 뒷받침하는 논거로는 대일강화조약에 의해 일본이 재조선 미군의 재조선 일본자산에 대한 '귀속(vest)'의 유효성을 인정하고 있지만, 이 '귀속'의 개념은 적산관리상의 개념으로, 일본국 및 일본 국민의 그 재산에 대한 보상 청구권, 반환 청구권 등의 청구권을 배제하는 것이 아니라는 설을 제시하고 있다.

문서 작성자는 평화조약 제4조의 또 다른 해석, 즉 "평화조약에 의해 일본이 귀속법령(Vesting Decree)의 유효성을 승인한 이상, 재조선 일본자산에 대한 청산 대금 등에 관한 청구권 등은 주장할 수 없으나, 일한 간의 교섭 시에 재조선 자산이 한국 측에 귀속된 사실이 교섭의 협상 도구로 이용되는 것을 저해하지 않는다"는 설도 함께 소개하면서, 미국 측이 이 후자의 설을 취하고 있다고 기술하고 있다.

한편, 이 문서에는 북한 소재 일본재산에 대해서는 일본 측에 반환 청구권이 있다는 점도 기록되어 있다.

번역

일한 특별협정의 대상이 되는 일본자산 및 청구권에 관하여(1)

1951. 12. 3, 아시아 2과

주로 베스팅 디크리(귀속법령)에 대하여

1. 평화조약 제4조는, 일본에서 분리하게 된 지역에 있는 일본국 및 그 국민의 재산과 그 청구권으로 현재 이들 지역을 통치하고 있는 당국 및 그곳의 주민에 대한 것의 처리에 대해서는 일본과 이들 당국 간의 특별 협정에 맡기고 있으며, 따라서 한국에 있는 일본자산과 청구권의 처리도 그 예외에 속하지 않는다. 한국 측이 일본에 다수의 그리고 방대한 금액의 청구권을 제기할 것으로 전해지고 있는 가운데, 우리 측에서는 어떠한 청구권을 제기할 수 있는가의 문제가 있다. 본 문제를 고찰함에 있어 한국 측이 제기할 청구권의 각 항목별로 이와 관련된 역청구권(counter claim)이 될 수 있는 것은 물론이거니와 구체적인 사항별로 연구할 필요가 있다.

그러나 각 항목별 연구는 잠시 제쳐두고, 우리 측이 조선에 잔치(殘置)한 『한일회담 청구권 문제 교섭 자료집』 제1권 공사(公私)의 각종 재산에 대해 우리 측이 일종의 청구권을 가지는 것은 확실하며, 문제는 이 점에 대해 어떠한 종류 그리고 얼마나 주장할 수 있는가이다.

이 청구권은 금액 면에서 가장 방대하며, 적어도 정치적, 도의적으로는 우리 측의 가장 큰 청구권일 것이다. CPC(Civil Property Custodian, 사유재산관리청)의 조사에 따르면, 재조선 일본재산은 공유 불, 회사 불, 개인 불, 계 불(엔)에 달한다. 다른 한편 지금까지의 정보에 따르면, 조선이 우리 측에 대해 가진다고 칭하는 청구권은 1943년 동 가격으로 약 480억으로 전해지고 있어 우리 측 재산 가격이 이를 월등히 초과하는 것은 명백하며, 이 점은 한국 정부 관계자도 인정하고 있기도 하다.

2. 재조선 미군의 베스팅 디크리(귀속법령) 문제

조선에 있는 일본국 및 일본 국민의 재산에 대해 첫 번째로 고려해야 할 점은 평화조약 제4조(b)의 규정에 따라 일본국은 조선에서 미군 정부에 의해 또는 그 지령에 따라 실행된 일본국 및 그 국민의 재산 처리 효력을 승인해야 한다는 것이다.

이는 결국 미군 정부가 조선에 있는 일본자산을 처리한 이른바 「베스팅 디크리」(재조선 미국 육군사령부 군정청령 제33호)의 해석 문제로 귀착된다.

㈜ 군정청령 제33호 제2조에 따르면 "1945년 8월 9일 이후 일본 정부, 그 기관 또는 그 신민(臣民), 회사, 단체, 조합, 그 정부의 기타 기관 또는 그 정부가 조직 또는 단속하는 단체가 직·간접으로 전부 또는 일부를 소유 또는 관리하는 금, 은, 백금, 통화, 증권, 은행 계정, 채권, 유가증권 그리고 본 군정청의 관할 내에 존재하는 기타 모든 종류의 재산 및 그 수입에 대한 소유권은 1945년 9월 25일부로 조선군정청이 취득하고 조선군정청이 그 재산 전부를 소유함"이라고 정하고 있다.

그리고 1948년 9월 11일에 조인한 한미협정 제5조에 따라 다음과 같이 대한민국 정부로 이전된다고 정하고 있다.

"(1) 대한민국 정부는 한국 소재 미합중국 육군 군정부 법령 제33호에 의하여 귀속된 전쟁 전의 일본인 공유 또는 사유재산에 대한 처분으로 한국 소재 미합중국 육군 군정부가 이미 행한 처분을 승인하고 추인한다. 본 협정 제1조 및 제9조에 담긴 미합중국 정부에 의한 재산의 취득 또는 사용에 관한 보류 건을 제외하고, 매각하지 아니하고 남은 귀속재산, 기득 재산의 임대 및 매각으로 발생하였음에도 지출되지 아니한 순 수입금 그리고 모든 수취 계정 및 매각 계약은 다음의 방법으로 대한민국 정부에 이전된다.

(a) 모든 현금, 은행예금 또는 기타 유동 자산은 여기에 본 협정 시행일에 이전된다.

(b) 이전될 기타 모든 귀속재산은, 모든 입수 가능한 재산목록, 도면, 증서 또는 기타 소유권 증서와 함께 대차대조표, 운영명세서 및 기득 재산의 회계 기록을 첨부하여 이전을 질서 정연하게 되도록 신속하게 대한민국 정부에 차례로 인도된다. 대한민국 정부는 법령 제33호에 의하여 현재까지 귀속된 재산으로 이 조의 규정에 따라 대한민국 정부에 이전되었거나 이전될 것을 한국 국민의 이익을 위하여 수령하고 관리할 별개의 정부 기관을 설치하는 데에 동의한다.

(2) 대한민국 정부는 이 조에 따라 대한민국 정부가 취득할 한국 소재의 전쟁 전 일본재산에 대하여 일본과 전쟁 상태에 있던 나라의 국민이 직접 또는 간접적으로 가지

는 권리 및 이익을 존중하고, 보존하고 보호한다. 다만, 이 권리 및 이익이 법령 제33호 시행일 전에 선의의 이전에 의하여 합법하게 취득됨을 조건으로 한다.

(3) 대한민국 정부는 이 조에 언급된 재산의 귀속 결정, 관리 및 처분으로 발생하는 현재 및 장래의 청구권 일체를 포함한 모든 책임에서 미합중국을 해제한다."

평화조약에 의해 일본이 재조선 미군의 재조선 일본자산에 대한 '귀속(vest)'의 유효성을 인정하는 것이 어떠한 의미인지에 관해서는 과거 대체로 강경, 온건의 두 해석이 있었는데, 한국 측과의 교섭 시에는 적어도 초기 단계에 어떤 해석으로 출발할 것인가에 관해 사전에 우리 측 방침을 정해 둘 필요가 있다. 덧붙여 위 결정 시에는 본건 해석 문제를 둘러싸고 어느 선까지 다툴 것인가(예를 들면 국제사법재판소에까지 끌고 갈 것인지 아니면 미국 측 해석 – 미국 측은 아래의 두 번째 설, 즉 일본에 불리한 해석을 채용하고 있는 듯하다 –)에 대한 태도도 정해야만 할 것이다.

(1) 귀속법령(Vesting Decree)에서 말하는 일본자산의 소유권 취득과 이전이라는 것의 의미가 문제가 되는데, 전술한 범위에서는 단순히 '소유' 내지 '귀속'이라는 단어가 사용되고 있고, 무상으로 몰수한다고는 어디에도 정하고 있지 않다.

생각컨대, 이 경우의 '소유' 내지 '귀속'의 개념은 적산관리상의 개념으로, 일본국 및 일본 국민의 그 재산에 대한 보상 청구권, 반환 청구권 등의 청구권을 배제하는 것이 아니다. 이 점은 베르사유조약의 선례를 보더라도 자명하다.

㈜ 베르사유조약 제10편 제4관 부속서 제1조는 상호주의에 의해 연합국도 독일도 상대국이 전시 특별 조치에 따라 시행한 적산의 처리를 유효하다고 인정하고, 적산의 이전이 적법인가 아닌가에 대해 쟁의를 제기하는 것을 허락지 않고 있는데, 이 조문에 따라 연합국도 독일도 적국에 있는 자국민의 재산에 관한 청구권을 포기한 것은 아니다. 그 증거로 연합국민은 독일에 있는 재산에 대해 배상 청구권과 반환 청구권을 가지고 있으며(제297조 (마) – (사) 참조), 독일 국민이 이러한 청구권을 포기한 것은 부속서 제1조에 따른 것이 아니고 제97조 (나)에 따른 것이다.

곧 한국에서 미군이 행한 행위는 결코 일본자산의 몰수가 아니며 관리와 다름없다고 생각된다. 예를 들면 일본자산의 소유권을 취득하는 것도 그것을 매각하는 것도 전부 미국이나 영국에서 전쟁 중에 실시된 적산관리 제도에 존재하는 바로, 법령 제33호의 규정은 이 적산관리제도를 간소화한 것이라 말할 수 있다.

가령 법령 제33호 중 일본자산에 대한 "소유권은 …… 조선군정청이 취득하고 조선군정청이 그 재산 전부를 소유한다"라는 조목은 영문으로 …… is hereby vested in …… and …… is owned by라고 쓰여 있다. 또 한미협정 제5조에서는 '귀속 결정' vesting이라는 용어가 사용되고 있다. 이때의 '귀속' vest는 본질적으로는 관리로 보통법(common law)에서는 신탁 관계에서 위탁자가 신탁 재산을 수탁자(trustee)에 맡기는 때에 이 vest라는 용어가 쓰인다. 이 경우, 신탁 재산의 소유권은 수탁자에게로 이전되며, 수탁자는 수익자에게 일정 급부를 줄 채무를 진다. 따라서 신탁 재산은 수탁자 명의가 되었으나, 실질적으로는 위탁자의 재산이다.

이 법리는 영국의 적성국교역법, 미국의 적성국교역법 등에서 공적으로 인정되고 있는 바이다. 이렇듯 한국 소재 일본자산에 대해 미합중국 군정부에 의해 또는 그 지령에 따라 시행된 처리는 신탁적 의의를 가지는데, 일본은 평화조약 제4조에 따라 그 처리의 효력을 승인하고 있으므로 이 처리가 매각 기타 방법에 의한 처분인 때는 무효를 주장할 수 없다. 또 매각되지 않은 재산이 임대된 경우에는 임대 관계를 인정해야 한다. 하지만 일본은 매각 대금 내지 임대 관계에서 발생하는 수익에 대해 청구권을 가진다. 제4조 a에 따른 유보는 이러한 청구권의 제한을 승인해야 한다고 정하고 있다고 풀이해야 할 터이다.

덧붙여 제19조 a에 따른 청구권의 포기는 '일본' 영역 내에서 연합국 군대의 존재, 직무 수행 또는 행동으로부터 발생한 청구권이며 아울러 연합국에 대한 청구권에 국한된다. 따라서 한국에 대한 이 경우의 청구권과는 무관하다.

(2) 위와 같은 설에 대해 두 번째 설은 "평화조약에 의해 일본이 귀속법령(Vesting Decree)의 유효성을 승인한 이상, 재조선 일본자산에 대한 청산 대금 등에 관한 청구권 등은 주장할 수 없다. 단, 위에도 불구하고 평화조약에서도 재조선 일본자산, 우리 측의 대한 청구권이 일한 간의 교섭 의제가 될 수 있다고 인정하고 있는 것은 결국 일한 간의 교섭 시에 재조선 자산이 한국 측에 귀속된 사실이 교섭의 협상 도구로 이용되는 것을 저해하지 않는다는 취지에 그친다"는 설이다.

3. 덧붙여 평화조약 제4조 (b)항은 특히 합중국 군정부의 대일본재산 처리의 효력을 일본이 승인한다고 규정하고 있으므로 북한 소재 일본재산에 대해서는 우리 측이 반환 청구권을 전면적으로 가진다고 해석해도 좋을 듯하다.

日韓特別取扱の対象となる日本資産及び
請求権について（一）

二六、一二、三
アジア二課

（主としてヴェスチング・デクリーについて）

「平和条約第四条は日本から分離することになつた地域にある日本国及びその国民の財産並びにその請求権で現にこれらの地域で施政を行つている当局及びそこの住民に対するものの処理について、日本とこれら当局との特別取扱に委ねており、従つて、韓国にある日本資産並びに請求権の処理についてもその例外をなすものではない。韓国側が日本に対し数多の、且つ膨大な額の請求権を提起することが伝えられているが、我が方からは如何なる請求権を提起し得るかの問題がある。本問題を考察するに当つて韓国側の提起する請求権の各項目毎に、これに関連するカウンター・クレームのなし得ることはもち論であるがこれについては詳細な事項別研究を要する。

外務省

しかし各項目毎の研究は暫く措き、我が方が朝鮮に設置した公私の各種財産について我が方がある種の請求権を有することは確実であり、問題はこの点について何の種の、又、何の程度の主張をなし得るかにある。

この請求権は金額にして最も膨大であり、少くとも政治的、道義的には我が方の最も大きな請求権であろう。○○○調査によれば在鮮日本財産は公有　弟、会社　弟、個人　弟、計　弟一　円）に達し、他方今までの情報によれば朝鮮が我が方に対して有すると称する請求権は一九四三年間価格で約四八〇億と称せられ我が方財産価格が遥に超過することは明かであり、このことは韓国政府筋においても認めている向もあるところである。

「在鮮米軍のヴェスチング・デクリーの問題

朝鮮にある日本国及び日本国民の財産について第一に考慮されるべき点は、平和条約第四条(b)の規定によつて日本国は朝鮮において合衆国軍政府により又はその指令に従つて行われた日本国及びその国民の財産の処理の効力を承認しなければならないことである。

このことは結局合衆国軍政府が朝鮮にある日本資産を処理したいわゆる「ヴェスチング・デクリー」（在朝鮮美国陸軍司令部軍政庁令第三三号）の解釈問題に帰する。

注　軍政庁令第三三号第二条により「一九四五年八月九日以後

外務省

日本政府又、その機関又は該臣民会社、団体、組合、該政府のその他の機関あるいは該政府が組織又は取締る団体が直接間接に全部又は一部を所有又は管理する金・銀・白金・通貨証券・銀行勘定・債券・有価証券並びに本軍政庁管内に存在するその他総ての種類の財産及びその収入に対する所有権は一九四五年九月二十五日付をもつて朝鮮軍政庁が取得し、朝鮮軍政庁が該財産を所有する」と定めた。

ついで一九四八年九月十一日調印の米韓協定第五条により次の通り大韓民国政府に移転されることになっている。

「(ロ)大韓民国政府は、韓国所在合衆国陸軍軍政府の命令第三十三号に基いて帰属させられた戦前の公私の日本財産の処分で韓国所在合衆国陸軍軍政府がすでに行つたものを、承認し追認する。この協定の第一条及び第九条に含まれているアメリカ合衆国政府による財産の取得及び使用に関する留保

外務省

を除外して、帰属させられた売却財産、既得財産の賃貸及び売却から生じた支出されていない純収得金並びにすべての受取勘定及び売却契約は、次の方法で大韓民国政府に移転される。

(a)すべての現金、銀行預金又は他の流動資産は、ここに、この協定の実施日に移転される。

(b)移転されるべき他のすべての帰属財産は、すべての入手しうる財産目録、図面、証書又は他の所有権証書とともに賃借対照表、適当明細書及び既得財産の会計記録を添えて、移転を秩序正しく行いうる限りすみやかに、大韓民国政府に漸次引き渡される。大韓民国政府は、命令第三十三号に基いて現在までに帰属させられた財産でこの条の規定に基いて大韓民国政府に移転された又は移転されるものを、韓国の人民の利益のために受領し管理する別個の政府機関を設置することに同意する。

外務省

(2)大韓民国政府は、この条に従つて大韓民国政府が取得する韓国所在の戦前の日本財産について日本国と戦争状態にあつた国の国民が直接又は間接に有する権利及び利益を、尊重し保存し保護する。但しこの権利及び利益が、命令第三十三号の実施日の前に善意の移転によつて合法的に取得されたことを条件とする。

(3)大韓民国政府は、この条に掲げた財産の帰属決定、管理及び処分から生ずる現在及び将来のすべての請求権を含むすべての責任から、ここにアメリカ合衆国を解除する。」

外務省

平和条約によつて日本が在鮮米軍の在鮮日本資産に対する「ヴェスト」の有効を承認するということは如何なる意味を有つかについて、従来両国は左記のような観点の二つの解釈が行われているが、韓国側との交渉に当つて少くともその当初の段階においていずれの解釈をもつて出発するかについて予めわが方の方針を決定して置く要がある。なお、右決定にあたつては、本件解釈問題につき何の程度までファイトするか──例えば国際司法裁判所まで持ち込むか、米国側の解釈──米側は左記第二説、すなわち日本にとり不利な解釈を採つているようである──

──についての肚勝も定めなければなるまい。

(一) ヴェスチング・デクリーにいう日本資産の所有権の取得並に移転と云うことの意味が問題となるわけであるが、前述の総国内では単純に「所有」ない至「帰属」と云う言葉が用いられてあつて、無償で没収するとは何処にも定められていない。

外務省

おもうにこの場合の「所有」ないし「帰属」の概念は財産管理上の概念であつて日本国及び日本国民のその財産に対する補償請求権、返還請求権等の請求権を排除するものではない。このことはヴェルサイユ条約の先例によつても明かである。

注　ヴェルサイユ条約第一〇編第四款附属書第一条には、相互主義によつて連合国もドイツ国も相手の国が戦時特別措置において行つた敵産の処理が有効であると認め、敵産の移転が適法なりや否やについて争議を提起することを許さないことになつているが、この条文によつて連合国もドイツ国も敵国にある自国民の財産に関する請求権を放棄したのではない。その証拠に連合国民はドイツ国にある財産について賠償請求権と返還請求権とを持つており（第二九七条(ロ)-(ト)を参照）ドイツ国民がこのような請求権を放棄し

外務省

たのは附属書第一条によるものではなくして第九十七条㈠号によるものである。

すなわち、韓国において、アメリカ軍が行つたことは決して日本資産の没収ではなく、管理にほかならないと考えられる、たとえば日本資産の所有権を取得することも、それを売却することも、すべてアメリカやイギリスで戦争中に行われた敵産管理の制度に存するところであつて、命令第三十三号の規定はこの敵産管理制度を簡素化したものであると云える。

たとえば命令第三十三号において日本資産に対する「所有権は・・・・朝鮮軍政庁が取得し、軍政府が該財産を所有する」という言葉は英文では

...... is hereby vested in ......

l and ...... is owned by

となつており、米韓協定第五条では「帰属決定」vesting という言葉が用いられている、この場合の「帰属」vest 試

外務省

本質的には営業であつてコンモン・ローでは　信託関係で委託者が受託者に信託財産を預ける場合にこの vest という言葉が用いられる。この場合信託財産の所有権は受託者に移転し、受託者は受益者に一定の給付をなす債務を負うので信託財産は受託者名義となつているが実質的には委託者の財産である。

外務省

この法律は、イギリスの対敵取引法、アメリカの対敵取引禁止法律において公に認められているところである。

このように韓国所在の日本資産について合衆国軍政府により、又はその指令に従つて行つた処理は信託的意義を持つものであるが、日本は平和条約第四条によつてその処理の効力を承認することになつているのでこの処理が売却その他の方法による処分であるときにはその無効を主張することは出来ない。また売残財産が賃貸されておればその賃貸関係を承認しなければならない。しかしながら日本は売却代金ないし賃貸関係より生ずる収益に対して請求権を有することになる。第四条aによる留保は、このような請求権の制限を承認することを求められていることを定めたものと解すべきであろう。

なお平和条約第十九条aによる請求権の抛棄は「日本国」領域内における連合国軍隊の存在職務遂行又は行動から生じ

外務省

たる請求権であつて且つ連合国に対する請求権に限られている
ので、韓国に対するこの場合の請求権には無関係である。

㈡ 右の如き説に対し第二の説は、平和条約によつて日本がヴェスチング・デクリーの有効性を承認させられた以上、在鮮日本資産に対する清算代金等に対する請求権等は主張し得なくなるとし、ただ、右にもかかわらず平和条約においても在鮮日本資産、わが方の対韓請求権が日韓間交渉の題目たり得ることが認められているのは、結局、日韓間交渉の際、在鮮資産が韓国側に帰したという事実を交渉のベーゲニング・トールとして利用することを妨げない趣旨に止まる」とするものである。

なお平和条約第四条(ロ)項は特に合、衆、国、軍政府の対日本財産処理の効力を日本が承認する旨規定しているから、北鮮所在日本財産についてはわが方はこれが返還請求権を全面的に有すると解してよかろう。

外務省

13. 財産, 請求権処理に関する件, 1951. 12. 11
日本外交文書 536

청구권 문제 교섭에 대비하여 외무성 아시아 제2과가 1951년 12월 11일에 작성한 문서다.

① 재한 일본재산의 대부분이 이미 청산되었거나 6.25 전쟁으로 멸실되었으므로 미국 측의 해석(일본의 대한 청구권은 인정되지 않으며, 재한일본재산이 한국 측에 귀속된 사실이 교섭의 협상 도구로 이용되는 것을 저해하지 않는다)이 일본에 불리하게 작용할 수도 있다는 점과, ② 한국이 요구하는 청구권 처리가 방대하고 각 항목별로 교섭하는 것이 대단히 복잡하여 치열한 논쟁이 예상된다는 점에서 '상호 포기'를 내세우면서 대응할 필요가 있다는 내용이 담겨 있다.

번역

재산·청구권 처리에 관한 건

1951. 10. 10, 아(亞)2

1. 한일 양국 상호 간에 있어 재외자산 및 청구권의 처리에 관해서는 샌프란시스코 평화조약 제4조에 의해 한일 양국 간의 특별협정에 맡겨져 있으나, 한국 측이 제기하고자 하는 청구권은 그 수가 많고 방대한 것으로 전해지고 있으며(정보에 의하면 1943년 가격으로 약 480억으로 알려짐) 이것의 처리는 한일 간에 존재하는 제 현안 가운데 가장 중요한 것의 하나다.

2. 이것과 관련하여, 우리 측이 한국에 대해 가지고 있는 청구권 가운데 가장 큰 것은 조선에 남기고 온 공, 사의 각종 재산에 관한 청구권이며, 그 액수는 CPC[Civil Property Custodian, 민간재산관리청] 조사에 따르면 방대한 것으로 전해지는 한국 측 청구권을 상당히 초과하며, 이 사실은 한국 측도 내심 인정하고 있는 상황이다(한국 측은 일본의 재조선 자산은 과거 40년간에 걸친 한국에 대한 착취에 의한 것이라는 구실을 갖고 대항하려는 것으로 생각됨).

3. 그러나 한국(남한)에 있는 일본자산에 관해서는, 평화조약 제4조에 의해, 재남한 미군 정부에 의해 또는 그 지령에 의해 행해진 처리의 효력을 승인하지 않으면 안 되는 것으로 되어 있으며, 미군 정부의 이른바 '베스팅 디크리(귀속 법령)'의 해석 여하가 매우 중대한 관계를 가지고 있다. 이 베스트의 효력에 관해서는 별첨과 같이 강온 양쪽 해석이 있으나, 예를 들어 재남한 일본자산 그것의 반환, 또는 그 청산 대금 등에 대한 법률상의 청구권 등은 주장할 수 없도록 되어 있지만, 적어도 평화조약 제4조에 따라 특별협정의 협의 대상이 될 수 있다는 점이 승인되고 있는 이상 한일 교섭 시 재한 일본재산이 한국 측에 귀속되었다는 사실을 계산에 넣어야 한다고 주장할 수 있는 것은 확실하다. 실제 문제로서는 재한 일본자산의 대부분은 이미 청산되거나 한국 전쟁의 전화로 인해 멸실되었다는 점에서 미국 측 해석이 일본에 불리할 수 있다고 전해지고 있으므로, 재한 일본자산 또는 그 대금의 반환을 요구하는 것은 사실상 불가능하나, 한국 측은 일본이 평화조약에 의해 미군의 귀속 법령의 유효성을 인정하고 있는 이상 일본은 재한 재산에 대해 어떠한 발언권도 없다는 전제하에 올 것이 예상되므로, 이 점은 후술하는 본건 처리에 대한 우리 측 근본 방침과의 관련 상으로도 절대 양보해서는 안 되는 것이다.

또한, 북한에 있는 일본자산은 미군의 귀속 법령의 범위 밖에 있으므로 평화조약상으로도 일본 측은 완전한 청구권을 가지고 있다는 사실에 유의할 필요가 있다.

4. 한국 측이 방대한 재한 일본자산을 손에 넣은 이상 일본 측에 대해 각종 청구권을 제기하는 것은 불공정한 것이 될 뿐만 아니라, 청구권 처리 문제를 각 항목 별로 절충하는 것은 대단히 복잡하고 치열한 논쟁을 불러일으킬 것이며, 한일 관계의 재출발

에 어두운 그림자를 드리우는 일이 될 것이므로 우리 측으로서는 상호 일괄 포기를 내세우면서 대응해야 할 것이며, 그러기 위해서는 재한 재산에 대한 앞에 말한 우리 측 입장을 고수하는 것이 매우 중요하다.

財産、請求権処理問題に関する件

（二十六、十二、十一　一亜二）

一、日韓両国相互間における在外資産及び請求権の処理については桑港平和条約第四条により日韓間の特別取扱に委ねられているが、韓国側の提起せんとしている請求権は数多の且つ尨大なものに上ると伝えられており（情報によれば一九四三年同価格で約四八〇億と称せられる）これが処理は日韓間に存する諸懸案のうち最も重要なるものの一つである。

二、これに対し、わが方が韓国に対して有する請求権のうち、最も大きいものは、わが方が朝鮮に残置した公私の各種財産についての請求権であつて、その額はGPO調査によつても尨大なもので、伝えられる韓国側請求権をはるかに超過しており、この事実は韓国側も内心は認めているところである。（もつとも韓国側は日本の在鮮資産は過去四十年における対韓搾取の集積な

りとの口実をもつて対抗せんとするやに察せられる。一

しかしながら、韓国（南朝鮮）にある日本資産については、平和条約第四条によつて、在朝鮮合衆国軍政府により、又はその指令によつて行われた処理の効力を承認しなければならないことになつており、米軍政府のいわゆる「ヴェスチング・デクリー」の解釈如何が極めて重大な関係を有つことになつている。このヴェストの効力については別添の如き硬軟両様の解釈が成立し得るが、たとえ在鮮日本資産そのものの返還、又はその清算代金等に対する法律上の請求権等は主張し得ないとしても、少くとも平和条約第四条によつて特別取極の対象たり得ることが認められている以上、日韓交渉の際、在鮮日本資産が韓国側に帰したという事実を勘定に入れるべきことを主張し得ることは確実である。実際問題としては在鮮日本資産の大部分はすでに清算されており、あるいは動乱の戦火を受けて滅失している上に、

米国側解釈が日本に不利なものであるとも伝えられているので在鮮日本資産又はその代金の返還を求めることは事実上不可能であろうが、韓国側は日本が平和条約により米軍のヴェスチング・デクリーの有効性を認めている以上、日本は在鮮財産に対しなんらの発言権なしとの建前で来ることが予想されるので、この点は後述の本件処理に対するわが方根本方針との関連上も絶対に譲れぬ線である。

更に、北鮮にある日本資産は米軍のヴェスチング・デクリーの範囲外であるので平和条約上もわが方は完全な請求権を有している事実に留意する要があろう。

四 およそ韓国側が膨大な在鮮日本資産を手中に収めつつなお日本側に対し諸種の請求権を提起することは不公正極まることであるのみならず、請求権処理問題を各項目毎に折衝することは極めて複雑且つ苛烈な論争を誘致し、日韓関係の再出発に暗影を投ずることとなるので、わが方としては相互に一括放棄する建前をもって終始すべく、そのためには在鮮財産に対する前述のわが方の立場を固守することが肝要となろう。

－以上－

14. 平和条約第4条(b)項と在朝鮮旧日本財産との関係, 1952. 2. 6
日本外交文書 1567 첫 번째 문서

야마시타 교수의 미군정령 제33호는 적산관리령으로서 재한 일본재산을 몰수하는 법령이 아니라는 주장(일본 외교문서 1562 '평화조약 제4조에 관하여')에 대해 외무성 조약국 하라(原) 사무관이 동 제33호는 일본재산의 몰수 법규로 보아야 한다는 반론이 담긴 문서다.

하라 사무관은 한국 측이 미군정령 제33호를 몰수 법규로 주장하고 나올 것이기 때문에 이에 대항할 수 있는 이론을 재수립해야 한다고 주장하고 있다.

번역

평화조약 제4조 (b)항과 재남한 구 일본재산의 관계

1952. 2. 6

(외무성 하라[사무관] 해석에 의함)

1945년 12월 6일의 재 조선 미국 육군사령부 군정청 법령 제33호에 따라 미군에 접수되어, 청산 기타 처분된 뒤, 한국에 인도된 일본재산에 대해 우리나라[일본]는 여전히 법리상 소유권 또는 청구권을 가지며, 따라서 평화조약 제4조 (a)(특별 협정)의 대상이 될 수 있다는 우리 측 견해에 당연히 한국 측은 위를 부정하는 논지를 제기하리라 생각된다.

이 문제는 일한 청구권 처리 회담의 전제를 구성하는 것이라고도 할 수 있는데, 우리 측 견해가 다소 낙관적이어서 이대로는 이론적 보편성이 떨어진다고 생각되므로,

우리 측 견해의 이론적 기초인 야마시타(山下) 나고야대학 교수의 견해와 관련해 외람되지만 약간의 관찰 의견(observation)을 더하겠다.

1. 야마시타 교수는 "위 법령 제33호는 적산관리령과 다름없으며, 적산의 소유권은 적산관리인에 귀속(vest)되나, 적산관리인은 '보통법상의 수탁자'로서 적산을 관리하는 자로, 적산이 매각되어도 매각대금의 최종 소유자는 여전히 적(일본) 국민이다. 평화조약 제4조 (b)는 일본에도 미군에 의한 일본자산의 처분(예를 들어 경매) 효력을 인정시킨 것으로, 일본자산에 관한 일본 국민의 청구권(예를 들어 매득금에 대한)을 포기시킨 것이 아니다"(법률시보)는 취지의 주장을 하고 계신다.

이 주장을 약간 상세하게 수정하면 야마시타 교수의 논점은 우선 위 법령 제33호는 '적산관리령과 다름없다'라는 점을 전제로 달고

(1) 적산관리령(= 법령 제33호)에 따른 귀속(vesting)이란 최종 소유권의 이전을 뜻하지 않는다.

(2) 적산관리인(= 주한 미군)은 '보통법상의 수탁자'로서 적산을 관리하는 자로, 적인(敵人)(= 일본)과 관리인은 각각 위탁자와 수탁자의 지위에 있다.

(3) 신탁 재산은 수탁자 명의로 되어 있으나, 실질적으로는 위탁자(= 일본)의 재산이다. 위탁자는 보상 내지 반환 청구권을 가진다.

라는 이론구성을 한 뒤, 따라서 "한국에서 시행된 일본재산의 vesting은 몰수가 아니며" 평화조약 제4조 (b)의 규정에도 불구하고 "잔존 자산 또는 매각대금에 대한 일본 국민의 청구권도 역시 제4조 a(특별 협정)의 대상이 될 수 있다"고 결론 내리고 있다고 풀이해도 문제가 없을 것이다.(조약국, 법규과 자료 「평화조약 제4조에 대하여」 참조) [앞에 수록한 일본 외교문서 1567]

2. 이 법령 제33호가 적산관리령이라는 전제는 야마시타 교수의 이론이 결론에 이르기까지 일관되는 것으로, 야마시타 교수는 '적산관리령'의 전형으로 미국의 적성국 교역법(Trading with the Enemy Act)을 해명하고, 위 교역법이 적산의 몰수 법규가 아님을 입증함으로써 법령 제33호도 마찬가지로 일본재산을 몰수하는 법령이 아니라고 추론하고 있다.

다른 한편, 본 고는 야마시타 교수와 동일한 전제에 서면서도 적산관리령이 적산의 몰수 법규임을 입증함으로써 법령 제33호가 일본재산을 몰수하는 것임을 추론하려는 시도이다. 따라서 본 고는 법령 제33호가 적산관리령이라는 전제를 무조건 수용하면서 야마시타 교수와 마찬가지로 미 적성국교역법에 따라 논의를 전개한다.

이는 혹여 – 불행히도 – 본 고에 의해 야마시타 교수의 논점에 얼마간 의문을 품게 된다면, 그 전제 자체를 재검토해서 필시 한국 측에서 제출할 터인 몰수론에 대항할 수 있는 이론을 재수립할 필요가 있음을 뜻한다.

3. 우선 적산관리령(= 법령 제33호)에 따른 귀속이란 최종 소유권의 이전을 뜻하지 않는다는 주장에는 다음의 이유로 승복할 수 없다.

(1) 첫째, vest의 의미로

마스지마 로쿠이치로(增島六一郎)의 『영법사전(英法辭典)』은 'vested'를 "권리가 무조건적이면서도 절대적으로 어떤 사람에게 귀속되었다는 뜻의 수식어"로, 또 Ballentine: Law Dictionary(1933)는 'vest'를 'to give an immediate fixed right of present or future enjoyment[즉각적으로 확실한 권리 혹은 미래의 향유를 주는 것]', 'vesting order'를 'An order or decree of a count of equity transferring to title to land'[토지에 소유권을 이전하는 형평의 명령 또는 법령]로 정의하고 있다.

위에 따르면, vest란 단어 자체는 단순히 관리권 내지 점유권의 부여 또는 이전만을 뜻한다고 볼 수 없고, 소유권, 점유권 등과 같은 일체의 물권을 포함하는 권원(title) 이전의 효력을 발생시키는 것이라고 보는 편이 적절하다.

실제로 미 적성국교역법 제39조(1948년)는 "No property of …… Japan …… vested in or transferred to any offices of the government shall be returned to former owners thereof ……"[일본의 정부 어느 기관에라도 귀속되거나 이전된 어떠한 재산도 전소유자에게 반환되어서는 안 되며]라고 규정하고 있다. 어구 자체만 볼 때 만약 관리권만 이전된다면 return 대신에 가령 release를 쓰고 또 former라는 수식어를 빼는 것이 적절하다.

그 밖에 영법(英法)에서도 신탁 그리고 유산관리의 경우에 'vest'라는 단어가 쓰이는데 (신탁 재산은 신탁 행위에 의해 수탁자에게 vest되며, 또 피상속인의 유산법원의 명령에 따라 유산관리인(administrator)에게 vest된다), 모두 원 권리자에게 해당 권리의 보유를 인정하고 있지 않다(우리나라 법도 동일. 예를 들어 신탁법 제1조 참조).

(2) 이어서 법령 제33호의 조문을 보면, 명백히 소유권의 이전을 제시하는 대목을 찾을 수 있다.

The title to all (property) is hereby vested in the Military Government of Korea ……, and all such property is owned by the Military Government of Korea. [모든 (재산의) 소유권은 이로써 남한 미군정청에 귀속되고....., 그 모든 재산은 미군정청에 의해 소유된다]

'be owned'라는 표현은 소유권의 소재를 제시하는 것으로, 관리권, 점유권 등을 제시하는 경우에는 'be maintained', 'be hold' 등을 쓰는 것이 영법에서는 보편적이다. 하지만 이 법령뿐만 아니라 이후의 어떠한 문서에서도 위 '소유'된 재산이 원소유자에게 반환된다는 취지의 규정은 찾아볼 수 없다.

이상의 점에서 볼 때, 적산관리령(법령 제33호)의 귀속 개념은 소유권의 최종 이전이 아닌 위탁 내지 실질적 관리권의 이전이라는 주장에는 다소 무리가 있어 보인다.

4. 다만, 위 반론은 그 시각이 지극히 단순하면서도 피상적이며, 야마시타 교수가 말씀하고 계신 최종적인 소유권의 이전이란 legal ownership[법률적 소유권]은 이전되지만 ownership in equity[형평상의 소유권]에는 변함이 없다는 주장이라는 점을 간과하고 있다는 비판에 직면할 수 있다. 하지만 이 주장도 승복하기 어렵다. 더 나아가 야마시타 교수의 두 번째 주장인 적산관리인이 '보통법상의 수탁자'로서의 지위에 선다는 이론을 음미해 보아야 한다.

(1) 야마시타 교수가 언급하신 '보통법상의 수탁자'라는 미국 적성국교역법 제5조의 인용은 다소 단편적이며, 완전한 조문은 "The Alien Property Custodian shall be vested with all of the powers of a common-law trustee in respect of all property……"[외국 재산 관리인은 모든 재산과 관련하여 보통법에

따른 수탁자의 모든 권리가 귀속된다]로, 이는 하등 관리인의 지위를 상정하고 있지 않다고 생각된다. 오히려 재산의 매각, 예금, 투자 기타 보통법상의 수탁자가 행사할 수 있는 권한과 동일한 권한을 완전히 행사할 수 있다고 규정한 조문으로 보는 편이 타당하다. 그 권한은 교역법에 따라 부여된 대통령의 권한에 종속되며, 대통령을 대신해 행정 처분(임의에 의한 적산의 강제 접수, 청산)을 실행하는 것이며, 대통령과의 관계를 제외하고는 사법상이나 공법상이나 계약 개념이 끼어들 여지가 전혀 없다.

(2) 덧붙여 1917년에 이 법이 입법될 당시, 사유재산 존중 원칙이 철저하게 지켜졌던 미국에서는 설사 이 법이 적산의 귀속을 규정하는 것이라도 위 원칙과 헤이그 육전 규칙의 원칙을 깰 수 있다는 논쟁이 의회에서 벌어졌다. 이에 대해 정부 측은 적산관리는 몰수(confiscation)가 아니라 도리어 적인으로부터 수탁하는 신탁 관계와 유사하다는 취지로 답변하고 있다. (앞의 자료「평화조약 제4조에 대하여」하, 17쪽 참조)

이 의사록은 야마시타 교수의 이론에 많은 시사점을 주었다고 보이는데, 이 점은 2차 세계대전 후 위 적성국교역법이 개정되면서 완전히 뒤집힌 게 아닐까. 이미 1942년경부터 적국인의 재산은 원소유자에게 반환하지 않고 몰수하자는 논의가 의회에서 전개되고 있는데(외국인재산국 연보에 위 경위에 관한 기술이 실려 있는데, 현재 조사 중), 전후 제반 개정을 거치면서 특히 1948년 8월 8일의 개정은 위 교역법에 제39조(일부 앞서 게재, 일본인 및 독일인의 접수 재산은 전 소유자에게 반환하지 아니하고 전시보상기금…… War Claims Fund ……에 이관하여 합중국 시민인 전쟁피해자의 구제에 충당한다. 덧붙여 이 조치에 대하여 …… and the United States shall not pay compensation for any such property or interest thereon. [미국은 그러한 어떠한 재산 또는 재산으로 인한 이자에 대한 보상을 지불하지 않는다]를 추가함으로써 위 의회에서의 논의를 법문화하고 있다.

이는 1차 세계대전 당시 먼저 연합국에서 확립되었으나(베르사유조약 제297조 (b) 제2항 참조), 사실상 미국에서는 극히 관대하게 시행되던 적산 처리 방침을 strict[엄격] 하게 개정한 것으로 보인다.

덧붙여 설사 신탁 관계와 유사한 경우에도 개정 이후의 이 법의 context[문맥]에 따르면, 적국인은 위탁자도 수익자도 아니며, 위탁자는 미합중국(대통령), 수익자도 미합중국(따라서 법령 제33호의 경우 위탁자는 연합국 총사령관, 수익자는 한국)으로 보는 편이 적절하다.

5. 이미 적산관리를 신탁 관계와 유사하다고 보는 것이 무리라면(더욱이 설사 신탁 관계와 유사한 경우에도 적인을 위탁자로 보는 것이 무리라면), 미 적성국교역법 제39조의 취지에 비추어 적인이 보상 내지 반환 청구권을 가진다고 보기는 어려우며, 도리어 몰수(공권력에 의해 무상으로 물건의 소유권을 박탈하는 행위)로 보는 편이 자연스럽다.

단, 전 항과 마찬가지로 전후 개정(1946년 3월 8일 및 같은 해 8월 8일)으로 미 적성국교역법에는 2차 세계대전의 재산의 피접수자에 대한 반환 규정이 마련되었다(제32조). 하지만 이는 재산을 접수당한 원소유자에게 사법상이나 공법상이나 당연한 청구권을 인정한 규정이라고 볼 수 없다.

오히려 예외적으로 대통령에 대해 임의로 inequitably[형평에 어긋나게] 접수당한 자를 구제하거나, 특정인에게 합중국의 혜택을 줄 요량으로 접수 재산을 반환할 권한을 부여한 것에 불과하다(일본과 독일을 제외한 구 추축국 국민의 재산, 해외에 거주하는 미국 시민 등의 재산이 반환되었다. The President may return any property[대통령은 어떠한 재산도 반환할 수 있다] …… vested in or transferred to the Alien Property Custodian, [외국재산관리청에 귀속되거나 혹은 이전된] ……, whenever the President[언제라도 대통령은] …… shall determine[결정한다] ……제32조 참조).

이 경우, 접수된 재산에 대한 청구권은 이미 실재적으로도 존재하지 않으며, 대통령의 권리 설정의 형성 행위에 의해 부여된 경우에 한해, 그리고 그 범위에서 발생하였다고 풀이하는 편이 오히려 적절하지 않을까.

6. 만약 위 추론에 큰 오류가 없다면, 법령 제33호는 적산관리령이라는 명제 위에 논의를 전개하는 것은 상당히 위험하다 하지 않을 수 없다.

적산관리령 자체에 대해 국제법 위반이라는 논의는 상당히 강력하게 주장될 수 있다. 하지만 이를 주장한들 실익이 없음은 평화조약(제14조 (2))을 승인한 오늘날, 두말할 나위도 없다.

법령 제33호를 그 자체로 국제법상에서 논의하여 일종의 탈출구를 발견하는 것이 어쩌면 가능하지 않을까 생각된다.

秘密指定解除
情報公開室

1567

極秘

井上代表
大隈代表
高野代表

MINISTRY OF FINANCE
THE JAPANESE GOVERNMENT

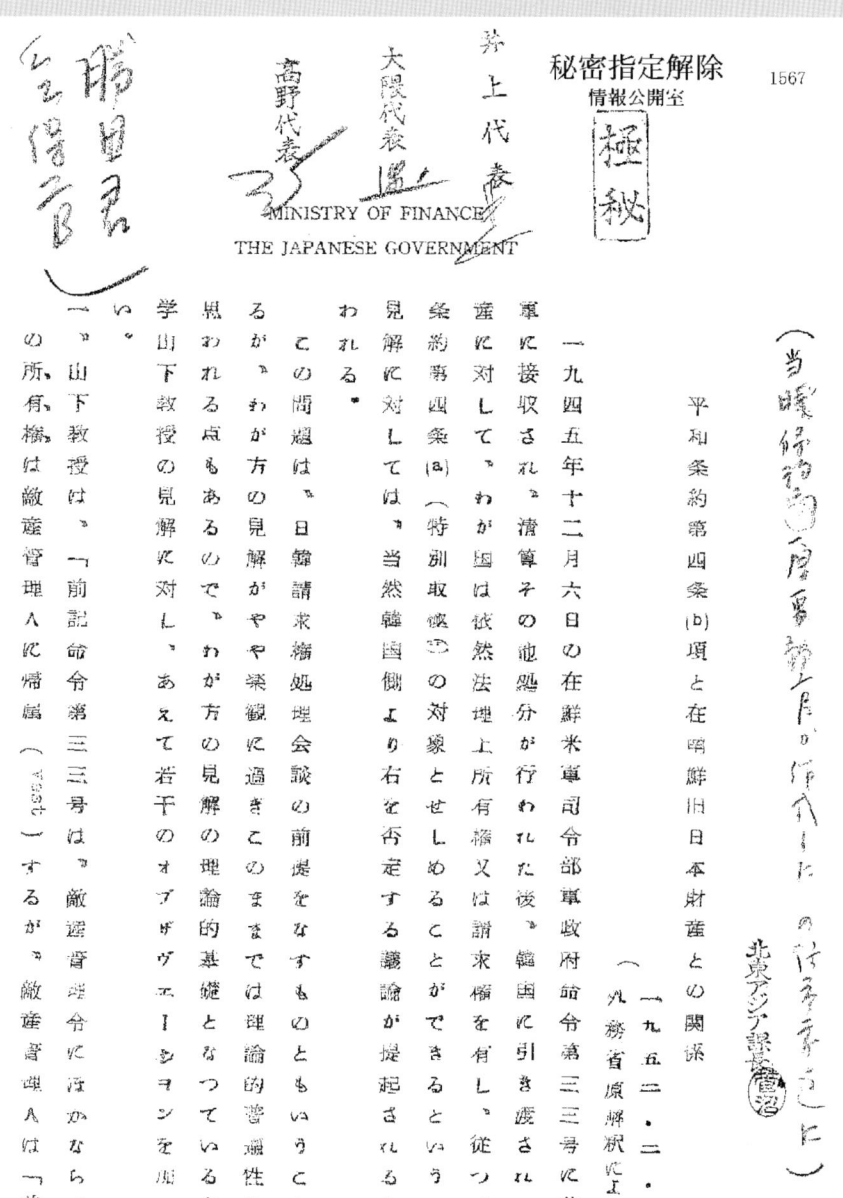

平和条約第四条(b)項と在朝鮮旧日本財産との関係

（一九五二・二・六）

（外務省原解釈による）

北東アジア課長

一九四五年十二月六日の在鮮米軍司令部軍政府命令第三三号に基いて米軍に接収され、清算その他処分が行われた後、韓国に引き渡された日本財産に対して、わが国は依然法理上所有権又は請求権を有し、従って、平和条約第四条(a)（特別取極）の対象とせしめることができるというわが方の見解に対しては、当然韓国側より右を否定する議論が提起されるものと思われる。

この問題は、日韓請求権処理会談の前提をなすものともいうことができるが、わが方の見解がやや楽観に過ぎこのままでは理論的妥当性を欠くと思われる点もあるので、わが方の見解の理論的基礎となっている名古屋大学山下教授の見解に対し、あえて若干のオブザヴェーションを加えてみたい。

一、山下教授は、「前記命令第三三号は、敵産管理令にほかならず、敵産の所有権は敵産管理人に帰属（vest）するが、敵産管理人は「普通法上

亜北 6

の受託者」として敵産を管理するものであつて、敵産が売却されても売却代金の最終的所有者は依然として敵（日本）国民である。平和条約第四条(b)は、日本国に対しても、米軍による日本資産の処理（例えば競売）の効力を承認させたものであつて、日本資産に関する日本国民の請求権（例えば売得金に対する）を放棄させたものではない」（法律時報）との趣旨を述べていられる。

これを、やや詳細に書き直すと教授の論じられるところは、まず前記命令第三十三号は「敵産管理令に外ならない」ということを前提として、

(一) 敵産管理令（＝命令第三十三号）による帰属（vesting）とは、最終的所有権の移転を意味する語でない。

(二) 敵産管理人（＝在韓米軍）は「普通法上の受託者」として敵産を管理するもので、敵人（＝日本）と管理人とは夫々委託者と受託者の地位に立つ。

(三) 信託財産は受託者名義となつているが実質的には委託者（＝日本）の財産である。委託者は補償ないし返還請求権を有する。

MINISTRY OF FINANCE
THE JAPANESE GOVERNMENT

る方が適当のようである。

現に、米国対敵取引法第三十九条（一九四八年）には、「No property of --- Japan --- vested in or transfered to any offices of the government shall be returned to former owners thereof -----」という規定がある。語句自体から見て、若し管理権だけを移転しているものとすれば return の代りに例えば release とし、また former という形容詞を除くのが正当であろう。

その他英法上、信託並びに遺産管理の場合にも「vest」の語が用いられるが（信託財産は信託行為により受託者に vest され、又被相続人の遺産は裁判所の命令に基き遺産管理人（administrator）に vest される。）、いずれも原権利者に当該権利の保有を認める観念ではない（わが国法上も同様、例えば信託法第一条参照）。

(2) 次に命令第三三号の語句中には明らかに所有権の移転を示す語が見られる。

The title to all (property) is hereby vested in the Military Government of Korea ---------, and all such property is owned by the Military Government of Korea.

「be owned」という語は、所有権の所在を示すものであつて、管理権占有権等を示す場合には「be entitled」「be hold」等と用いるのが英法上普通であろう。しかして、この命令のみでなく、その後いかなる文書にも、右「所有」された財産が原所有者に返還される旨の規定はない。

以上よりすれば、敵産管理令一命令第三十三号一の帰属の概念が所有権の最終的移転ではなく、委託ないし実質的に管理権の移転であるという主張にはやや無理があるものと思われる。"

四、もつとも右の反論に対しては、その見方が極めて単純皮相であり、教授のいわれるところの最終的所有権の移転とは legal ownership は移転するが ownership in equity は変らないとの主張であることを見落している、との非難が生じよう。しかしながら、この主張も承服し難い。進んで教授の主張の第二点である敵産管理人が「普通法上の受託者」としての地位に立つとの理論を吟味しなければならない。

(1) 山下教授の「普通法上の受託者」という米国対敵取引法第五条よ

MINISTRY OF FINANCE
THE JAPANESE GOVERNMENT

りの引用は、やや断片的で、完全には、「The Alien Property Custodian shall be vested with all of the powers of a common-law trustee in respect of all property ------」であり、これは、何ら管理人のステータスを規定したものではないように思われる。むしろ、財産の売却、預金、投資その他普通法上の受託者の行使しうる権限と同様のものを完全に行使しうる旨規定したるものと見るのが至当である。その権限は、取引法により与えられた大統領の権限に従属し、大統領に代つて行政処分―任意による敵産の強権的接収、清算等―を行うことにあるのであつて、大統領との関係を除いては、私法上も公法上も、何ら契約の観念の入る余地はない。」

(3)

なお、一九一七年当時の本法の立法に当つては、私有財産尊重の原則が徹底していた米国においては、たとえ敵産の帰属を規定するものであろうと本法が右原則及びヘーグ陸戦法規の原則を破るものとの議論が議会で行われ、これに対して政府側は、敵産管理は没収―confiscation―ではなくむしろ、敵人から受託する信託関係に類するものだとの趣旨の答弁を与えている。

MINISTRY OF FINANCE
THE JAPANESE GOVERNMENT

一前掲「第四条について」（下、十七頁参照）

この議事録は、教授の理論に多くの示唆を与えたものと思われるが、この点に関しては、第二次大戦後における右対敵取引法の改正によつて、全くくつがえされているのではあるまいか。すでに、一九四二年頃から敵国人の財産は原所有者に返還することなく没収せよとの論議が議会で行われていた一外国人財産局年報中に右経緯につき記載があつた由であるが、目下調査中（）が、戦後の諸改正中、特に、一九四八年八月八日の改正は、右取引法に第三十九条（一部前出、日本人及びドイツ人の接収財産は前所有者に返還することなく、戦時補償基金——War Claims Fund——に繰入れ、合衆国市民である戦争被害者の救恤にあてる。なおこの措置に対し——and the United States shall not pay compensation for any such property or interest therein.）を追加することによつて、右の議会における論議を法文化した。

これは、前大戦において一応連合国において確立されたが、一ヴ

MINISTRY OF FINANCE
THE JAPANESE GOVERNMENT

エルサイユ条約第二九七条(B)号第二項参照）、実際上、米国において
は極めて寛大に扱われた敵産処理方針をストリクトな方面に改正した
ものと思われる。」
なお、仮りに信託関係に擬する場合も、改正後の本法の contest
に従えば、敵国人は委託者でも受益者でもなく、委託者は合衆国（大
統領）、受益者も合衆国（従つて命令第三十三号の場合は、委託者は
連合国総司令官、受益者は韓国）と考える方が適当のように思われる。

五、すでに、敵産管理を信託関係に擬することが、無理であるとすれば（し
かも仮りに信託関係に擬した場合も敵人を委託者と見ることが無理であ
るとすれば）、米国対敵取引法第三十九条の趣旨にも照らし、敵人が補
償ないし返還請求権を有すると見ることは困難でむしろ、没収一公権力
により無償で物の所有権を剝奪する行為）と考えた方が自然のようであ
る。」
もつとも、前項同様、戦後の改正一一九四六年三月八日及び同年八月
八日）で、米国対敵取引法中に、今次大戦における財産の被接収者に対
する返還規定が設けられた一第三十二条）。しかしながら、これは財産

MINISTRY OF FINANCE
THE JAPANESE GOVERNMENT

を接收された原所有者に、私法上も公法上も、何ら当然の請求権を認めたものとは考えられない。

むしろ、例外的に、大統領に対し、その任意により inequitably に財産を接收された者を救済し、又は特定者に合衆国の恩恵を与える意味において接收財産を返還する権限を与えたものにすぎない。日独を除く旧枢軸国人財産、海外に居住する米市民等の財産が返還された。

The President may return any ---- property ---- vested in or transferred to the Alien Property Custodian, ----, whenever the President ---- shall determine ---- ----

（----第三十二条参照）。

この場合、接收された財産に対する請求権はすでに　在的にも存在せず、大統領の権利設定の形成行為によつて与えられた場合に限りまたその範囲において発生したものと解するのがむしろ適当であるまいか。

六、もし右の推論に大きな誤りがないとすれば、命令第三十三号は、敵産管理令であるという命題をもつて論議を進めることはかなり危険であるといわなければならない。

MINISTRY OF FINANCE
THE JAPANESE GOVERNMENT

輸出管理令そのものについて国際法違反であるという議論は相当強力に主張され得る。しかしながら、これを論証することが実益のないことは、平和条約第十四条(2)"を締結した今日、あえていうまでもない"。命令第三十三号を、それ自体として、国際法上より検討して何らかのぬけ道を見出すことは、あるいは困難なのではないかと思われる。

15. 第2条による分離地域に係る請求権の処理方法, 1952. 2. 7
日本外交文書 1567 두 번째 문서

외무성 조약국 오타 사무관이 대일강화조약 제2조에 의해 일본으로부터 분리된 지역 가운데 동 조약 제4조 (a)항 상의 청구권과 관련한 특별협정을 맺을 수 있는 지역(국가)을 검토한 내용이 담긴 문서다.

문서에는 제4조 상의 이익, 즉 일본과 특별협정을 체결할 권리를 가지는 '당국'은 조선과 미국(관치권자로서의 미국)뿐이며, 여기서 조선은 남북한을 모두 의미할 수도 있지만, 협정 체결 시 적용 범위는 남한에 한정하는 것으로 해석함이 가하다는 내용이 담겨 있다. 다시 말해 남한 지역에 대해서는 대한민국 정부와 협정을 체결하고, 북한 지역에 대해서는 북한 정부와 각각 협정을 체결하는 행위가 이론상 모순되지 않는다고 주장하고 있다.

번역

제2조에 따른 분리 지역과 관련한 청구권의 처리 방법

조3 1952. 2. 7, 오타(太田)

제4조 (a)는 제3조[15]에 따른 분리 지역(조선, 타이완, 가라후토(사할린), 구 남양위임통치지 등)과 관련된 재산 문제의 처리는 현재 통치하고 있는 당국과의 특별 협정의 주제가 된다고 정하고 있다. 여기서 '당국'이 어떠한 범위를 가리키는지를 둘러싼 문

15 제2조의 오기로 보임.

제는 그리 간단하지 않으나, 결론부터 말하자면 아래와 같이 요약할 수 있다. 구체적인 내용은 별지를 참고하기를 바란다.

(1) 조선 정부 및 구 남양 위임통치지의 신탁 통치권자(미국)가 이러한 협정을 체결할 권리를 가지는 당국임은 의심할 수 없다.

(2) 타이완의 국민정부 및 가라후토, 지시마(쿠릴열도)의 소련 기관은 조약상 위 권리를 가지는 '당국'은 아니나, 일본이 이들 '당국'과 이러한 협정을 체결하는 것을 금지하고 있지 않다.

(3) 조선에 대해서는 남북을 한 덩어리 보고 대한민국 정부와 협정을 체결할 수 있다는 것은 의심의 여지가 없으나, 그 적용 범위를 대한민국 정부의 실효적 지배가 미치고 있다고 생각되는 남한에 한정하는 것도 가능하다. 동시에 북한에 대해 일본이 북한 정권을 '당국'으로 보고 협정을 체결하는 것도 조약은 금지하고 있지 않다고 풀이된다.

1. 제4조 (a)에서 말하는 '현재 그 지역들을 통치하고 있는 당국'(   )이란 무엇인가

(가) '그 지역들'이란 제2조를 볼 때 일본의 지배를 벗어난 지역으로, (a) 조선 (b) 타이완 (c) 지시마·가라후토 (d) 남양 위임통치지 (e) 남극 (f) 남사군도(Spratly Islands) 및 서사군도(Paracel Islands)라는 6곳이다. 이 중 조선은 제2조 (a)에 따라 독립국이 되므로, 그 지역은 조선의 영토가 되는 데에 반해 그 이외의 지역은 어떠한 나라의 영토도 아니다. (타이완 및 가라후토·지시마에 대해서는 제2조 (b)와 (c)에서 일본이 주권을 포기했을 뿐으로, 조약은 그 영토적 귀속을 결정하고 있지 않다. 남양 위임통치지는 같은 조 (d)에 따라 미국의 신탁통치에 편입된다고 일본이 승인하고 있으나, 미국의 영토는 아니다. 또 남극 및 남사군도·서사군도에 대해서는 아직 어떠한 나라의 영토권도 확립되어 있지 않다)

즉, 본 항은 한국을 제외하고 어떠한 나라의 영토도 아닌 지역과 관련된 재산 문제를 처리하고자 하고 있다. '지역'(   )이라는 용어를 쓰고 '영토'(   )를 쓰지 않는 것도 본 항이 영토 주권의 존부를 문제시 하지 않고 일정 지역의 재산에 관한 불확정 상태를 조속히 해결할 길을 연 규정임을 추정하는 실마리가 된다.

(나) '당국'이란 실제로 그 지역들을 실질적으로 지배하고 있는 정권을 말한다. 그것이 연합국 정부 기관인지 아닌지, 법률상의 정부에 속하는 기관인지 아닌지와 같은 법률적 성질 여하는 무관하다. 말 그대로 현재 (평화조약의 최초 효력 발생일에) 통치하고 있는 당국으로 인정되는 것이면 족하다. 그러나 이들 '당국'이 전부 제4조 (a)의 이익을 받을 권리를 가지는지 여부의 문제는 별개이다. 그 문제는 제21조와 제25조의 적용에 의해 결정된다.

2. 제4조의 이익을 받을 권리를 가지는 '당국'은 어디 어디인가

(가) '당국'을 위와 같이 해석할 때, 실제 '당국'으로 간주되는 것에는 다음의 4종류가 있다.

(1) 조선에서는 대한민국 정부(일본이 한국의 독립을 인정한 때 당연히 동시에 이 정부를 법률상 정부로서 인정하는 셈이 된다. 단, 법리상 대한민국 정부가 유일하게 가능한 법률상 정부라고 말할 수 없으나, 우리나라의 정치적 입장에서 보자면 당연한 전제일 듯하다)

(2) 타이완에서는 국민정부(연합국 정부가 아니라는 것은 당연하나, 중국의 법률상 정부인지 여부도 명확하지 않다)

(3) 가라후토, 지시마에서는 소련 정부의 지방 기관(연합국이 될 가능성이 있었으나 현재 연합국이 아님이 확정된 나라의 정부 기관)

(4) 남양 위임통치지에서는 미국의 정부 기관[단, 이 경우 이 지역의 영토주권자로서의 미국이 아닌, '신탁통치지역의 관치권자'(   )('태평양지역의 구 일본위임통치제도에 관한 미국신탁통치협정' 제2조)라는 자격을 가진 미국이다.]

(나) 제25조에 따르면, 이 조약에서 정의하는 연합국이 아닌 국가는 제21조의 예외를 제외하고 어떠한 권리, 권원, 이익도 받을 수 없다. 하지만 제21조에 따라 조선은 (연합국이 아님에도 불구하고) 제4조의 이익을 받을 권리를 가진다. 이에 반해 중국은 연합국이 될 가능성이 없었던 것은 물론이거니와, 제21조의 규정에 따라서도 제4조의 이익을 받을 권리도 없다. 소련은 서명하지 않았으므로 연합국이 아니다. 따라서 본디 본 항의 이익을 받을 권리가 없다.

(다) 이렇게 볼 때, 제4조 (a)의 이익을 받을 수 있는 당국은 앞서 언급한 4개의 당국 중 조선과, 미국(관치권자로서의 미국)뿐이다. 즉 이 두 당국은 조약상의 권리

로서 일본에 특별 협정을 체결하자고 청구할 수 있으며, 일본도 이를 거부할 수 없다. 이에 반해 국민정부, 가라후토의 소련 당국은 본 항의 권리를 원용할 자격이 없다.

(라) 조선에 대해서는 대한민국 정부를 법률상의 정부로 보는 것은 당연히 이 정부의 주권이 북한에도 미친다는 것을 인정하는 셈이 된다. 하지만 이는 위 정부와 제4조 (a)의 협정을 체결하는 때에 적용 범위를 남한에 한정하는 것을 방해하지 않는다고 풀이된다. 애당초 국가의 승인은 실효적 지배를 확보하고 있는 정부의 존재를 전제로 함에도 불구하고 평화조약에서는 일본이 이러한 전제 유무에 상관없이 독립을 인정할 의무를 지므로, 그 부분에서 파생되는 현실적인 모순을 위와 같은 방법으로 완화할 수 있다고 해석해도 절대 불합리하지 않다.

3. 일본은 본 항의 권리를 가지지 않는 '당국'과 특별 협정을 체결할 수 없는가

(가) 전술한 바와 같이 국민정부, 소련에는 본 항을 원용할 권리가 없다. 하지만 이는 일본에 대해서도 이들 당국과의 협정체결을 금지한다는 것을 뜻하지 않는다. 본 항의 취지는 일본이 제2조에 따른 분리 지역과 관련된 재산 문제를 해결하는 때에 평화조약 제14조 (a) 2, 같은 조 (b), 제15조, 제19조 등 일본과 연합국 간에 적용되는 원칙이 아닌, 일본과 해당 '당국' 간의 합의에 의해 임의로 해결해도 조약상의 의무를 위반한 셈이 되지 않는다고 규정한 것이다. 이는 분리 지역과 연합국의 영토는 성격이 크게 달라 같은 원칙의 적용을 피하고 싶었기 때문이다.

(나) 북한 정권은 본 항의 '당국'에 해당하지 않는가. 입법자가 긍정적으로 해석할 의도가 있었는지 여부를 밝힐 수도 있으나, 본 항을 글자 그대로 해석하면 북한 정권 또한 '당국'이 될 수 있다. 일본이 북한 정권과 협정을 체결할 길이 조약상 열려 있다. 그러나 북한 정권은 당연히 본 항을 원용할 수 없다. 왜냐하면 연합국이 아닐뿐더러 제21조에서 말하는 조선도 아니기 때문이다. [동(同) 조의 이익을 받을 수 있는 조선의 정부는 법률상의 정부인 대한민국 정부뿐이다.]

(다) 북한 정권을 제4조 (a)의 '당국'으로 보고 제4조 (a)의 특별 협정을 맺는 것은 대한민국 정부를 조선의 법률상 정부로 인정하면서 다른 한편 북한 정권도 사실상 인정한다는 것을 뜻한다. 이처럼 한 나라 안에 법률상의 정부와 사실상의

정부가 병존하는 것을 인정해도 국제법상 하등 모순될 것이 없다.

4. 한편 대한민국 정부와 협정을 맺으면서 다른 한편 북한 정권과도 협정을 체결하는 행위는 모순 혹은 불합리하지 않을까

(가) 남한지역에 대해서는 대한민국 정부와, 다른 한편 북한지역에 대해서는 북한 정부와 각각 협정을 체결하는 행위는 이론상 모순되지 않는다고 앞서 밝혔다.

(나) 하지만 대한민국 정부와 형식적으로나마 남북을 한 덩어리로 보고 협정을 체결하는 행위도 물론 가능하며, 훗날 북한 정부를 법률상의 정부로 인정할 필요성이 발생해도 대한민국 정부와의 협정 또는 그에 따른 처분의 효력이 부정될 여지는 적어도 법리상 없다. 신정부의 승인은 원칙적으로 이전 정부의 모든 권리 의무의 계승을 전제 요건으로 하기 때문이다.

※ 이하 마지막 부분 비공개

秘密指定解除
情報公開室

10-3

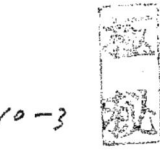

第二条による分離地域に係る請求権の処理方法

条三　二七、七　太田

第四条(a)によれば、第三条による分離地域（朝鮮、台湾、樺太旧南洋委任統治地等）に係る財産問題の処理は、現に施政を行つている当局と特別取極の主題とすることになつている。ここに「当局」とは如何なる範囲をいうかについて問題はさほど簡単ではないが、結論を述べれば左の通り要約し得る。詳細は別紙に譲る。

(1)朝鮮政府及び旧南洋委任統治地の信託統治権者（米国）が、かかる取極を結ぶ権利を有する当局であることは疑ない。

(2)台湾の国府及び樺太千島のソ連機関は、条約上右権利を有する「当局」ではないが、日本がこれらの「当局」とかかる取極を行うことは禁じられていない。

(3)朝鮮については、南北一体として、大韓民国政府と取極を結び得ることは疑ないが、その適用範囲を、韓国政府の実効的支配が及んでいると考えられる南鮮に限定することも可能である。同時に、北鮮について、日本が北鮮政権を「当局」とみなして取極を結ぶことも条約上禁止されてはいないと解せられる。

「第四条(a)にいう「現にこれらの地域の施政を行っている当局」（　　）とは何か。

(イ)「これらの地域」とは、第二条により日本の支配を離れる地域で、(a)朝鮮(b)台湾(c)千島・樺太(d)南洋委任統治地(e)南極(f)新南群島及び西沙群島の六つである。このうち、朝鮮は第二条(a)により独立国となるから、その地域は朝鮮の領土となるに反しそれ以外の地域は、何れの国の領土でもない。（台湾及び樺太・千島については、第二条(b)、(c)で日本が主権を放棄しただけで、その領土的帰属は、条約上決定されていない。南洋委任統治地は、同条(d)により、米国の信託統治におかれることを日本は承認するが、それは米国の領土ではない。又、南極及び新南・西沙両群島についてはいまだ何れの国の領土権も確立されていない）

即ち本項は、朝鮮を除き、何れの国の領土でもない地域に係る財産問題を処理しようとしているのである。「地域」（）といつて「領土」（）といつていないのも、本項が領土主権の存否を問題とせずに一定地域の財産上の不確定状態を速かに解決する道を開いた規定と推定する材料となるであろう。

(ロ) 「当局」とは、実際に、これらの地域に実質的支配を及ぼしている政権をいう。それが連合国の政府機関であるかないか、法律上の政府に属する機関であるかどうかという法律的性質如何は関係ない。文学通り、現に（平和条約の最初の効力の発生のときに）施政を行つている当局と認められるものでありさえすればよい。しかしこれらの「当局」のすべてが、第四条(a)の利益を受ける権利を有するかどうかの問題は別である。その問題は、第二十一条及び第二十五条の適用によつて決定される。

「第四条の利益を受ける権利を有する「当局」はどれどれであるか。

(イ)「当局」を前述のように解すれば、実際に「当局」とみなされるものに次の四種類がある。

(1) 朝鮮では大韓民国政府(日本が朝鮮の独立を承認することによつて当然同時に同政府を法律上政府として承認することととなる。もつとも法理上、大韓民国政府が唯一の可能なこ法律上政府とはいえないが、わが国の政治的立場からすれば、当然の前提であろう)

(2) 台湾については国民政府(連合国の政府でないことはもちろんであるが、中国の法律上の政府であるか否かも必らずしも明確でない)

(3) 樺太、千島についてはソ連政府の地方機関(連合国となる可能性はあつたが現に連合国でないことが確定した国の政

府機関）

(注)

南洋委任統治地については米国の政府機関（但しこの場合、この地域の領土主権者としての米国ではなく、「信託統治地域の管治権者」（　　　）（「太平洋における旧日本委任統治諸島に関する米国信託統治協定」第三条）の資格としての米国である）

(ロ)、第二十五条によれば、この条約で定義する連合国でない国は、第二十一条の例外を除き、いかなる権利、権原、利益も受けない。しかして第二十一条では、朝鮮は（連合国ではないが）第四条の利益を受ける権利を有する。これに反し、中国は、連合国となる可能性がなかつたことは勿論、第二十一条によつても第四条の利益を受ける権利もない。ソ連は、署名しなかつたから、連合国ではなく、従つてもとより本項の利益を受ける権利はない。

(ハ)、かようにみてくると、第四条(a)の利益を受け得る当局は、前掲の四つの当局のうち、朝鮮と、米国（管治権者としての米国）のみである。即ち、この二つの当局は、条約上の権利として、日本に、特別取極を行うべきことを請求することができるし、日本もこれを拒むことはできない。これに反して、国府、在樺太ソ連当局は、本項の権利を援用する資格はない。

(二)、朝鮮については、大韓民国政府をその法律上の政府とみなすことは、当然同政府が北鮮に対しても主権を及ぼしていることを認めることである。しかしながら、このことは右政府と第四条(a)の取極を結ぶにあたつて適用範囲を南鮮に限定することを妨げるものではないと解する。そもそも国家の承認は実効的支配を確保している政府の存在を前提とするにかかわらず、平和条約においては、日本はかかる前提の有無にかかわらず独立を承認する義務を有しているのであるから、そのことから生ずる現実の不都合を右のような方法によつて緩和し得ると解することは決して不合理ではなかろう。

三、日本は、本項の権利を有しない「当局」と特別取極を行うことはできないか。

(イ)前述のように、国府、ソ連には本項を援用する権利はない。しかし、このことは、日本に対してもこれらの当局と取極を行うことを禁じたということにはならない。本項の趣旨は、日本が、第二条による分離地域に係る財産問題を解決するにあたつては、平和条約第十四条(a)2同(b)、十五条、十九条等、対連合国間に適用される原則によることなく、日本と当該「当局」間の合意によつて任意に解決しても条約上の義務違反にはならないということを規定したのである。これは、分離地域は、連合国の領土と性質が大いに異るので、同じ原則を適用することを避けたからである。

(ロ)北鮮政権は、本項の「当局」に該当しないか。立法者が、肯定的に解する意図を有していたか否かは明かにすべくもないが、本項を文字通り読めば、北鮮政権も又、「当局」となり得るであろう。日本は、北鮮政権と取極を行う道は、条約上開かれている。しかし、北鮮政権が本項を援用し得ないことは勿論である。何となれば、連合国ではないのみならず、第二十一条にいう朝鮮でもないからである。（同条の利益を受け得る朝鮮の政府は、法律上の政府である大韓民国政府だけである。）

(ハ)北鮮政権を第四条(a)の「当局」とみなして第四条(a)の特別取極を行うということは、大韓民国政府を朝鮮の法律上の政府として承認しながら他方北鮮政権をも事実上承認するということを意味する。かように一国内に法律上の政府と事実上の政府が併存することを認めても何ら国際法上矛盾することはない。

四一 一方大韓民国政府と取極めながら、他方北鮮政権とも取極を行うことは、矛盾又は不都合を生じないか。

(イ) 南鮮につき大韓民国政府と、他方北鮮につき北鮮政府と夫々取極を行うことは、理論上矛盾しないことは前言した。

(ロ) しかしながら大韓民国政府との間に、形式的にせよ南北一体として取極を結ぶことは勿論可能であるし、後に北鮮政府を法律上の政府として承認する必要が生じたとしても、大韓民国政府との協定又はそれに基く処分の効力が否定されることは、少くとも法理上はあり得ない。新政府の承認は、前政府の権利義務の一切を継承することを前提要件とするのが原則であるからである。

[redacted]

16. 在韓日本財産に関するヴェスティング·デクリ一の效力について, 1952. 2
日本外交文書 1565 첫 번째 문서

청구권에 관한 한국과의 교섭 시 재한 사유재산에 대하여 일본 측의 전면 청구 주장을 뒷받침할 논거(법리)를 제시한 문서다.

문서 작성자는 대일강화조약 제4조 (b)는 미국의 점령하에 있던 한국 기타에 있는 일본의 재산, 권리, 이익에 대하여 제14조 (a) 2와 같이 이를 압류하고, 유치하고, 청산하며, 기타 어떠한 방법으로 처분할 권리를 연합국 등에 인정한 것이 아니며, 미 점령군의 군 명령의 효력을 승인한 것에 불과하며, 여기서 말하는 효력이란 제14조 (a) 2와 같은 효과가 아니라 점령군 명령으로서 효력을 가리키는 데에 그치기 때문에 몰수를 포함하지 않는다고 주장하고 있다.

번역

재한 일본재산에 관한 베스팅 디크리[귀속 법령]의 효력에 관하여

1952. 2, 조(条) 3

청구권에 관한 일한 교섭에서 재한 사유재산에 대하여 우리 측이 전면 청구를 주장하는 때는 대강 다음의 법리론에 의거하는 것이 적절하다고 사료된다.

1. 평화조약 제4조 (b)항에서 우리나라(일본)가 효력을 승인한 귀속 법령(Vesting

Decree)는 교전국의 점령지 내 권한에 관한 일반 국제법의 원칙에 따라 미군이 공포한 군 명령이며, 1907년 10월 18일 헤이그에서 조인된 '육전의 법 및 관습에 관한 규칙'(미국도 일본도 당사국임) 제46조에 명기된 사유재산 존중의 원칙을 깨는 것이 아닌가 생각된다. 이와 관련하여 제1차 세계대전과 제2차 세계대전을 통틀어 점령국은 엄밀하게는 헤이그협약의 규정을 준수하지 않은 듯하고, 이른바 전시 점령에 관하여 새로운 관례가 생겨난 듯이 보임에도 불구하고, 피점령국의 사유재산을 점령국(또는 군)이 포괄적으로 몰수한 실례가 없다는 점에서도 추론할 수 있다.(만약 본건 군령이 미 점령군에 의한 사유재산 몰수를 뜻한다면, 평화조약 발효 후에 동 조약 당사국과의 관계에서 미국은 헤이그협약 위범(違犯) 책임에서 면제되나, 그 밖의 헤이그협약 당사국과의 관계에서는 이 책임이 면제되지 않는다.)

2. 본 건 군 명령은 점령지가 아닌 자국 영토 내에 있는 적국 재산의 관리에 관한 미국의 적산관리법과 동일한 자구를 사용하고 있다는 점에서 그 해석 시에는 동 법과의 관계가 문제 시 된다.

자국 영토 내에 있는 적국 사유재산은 점령지에 있는 적국 사유재산의 경우와 달리, 헤이그협약과 같은 일반 조약상의 명문은 없으나, 전시 중 이를 몰수할 수 없다는 것은 국제법상 확립된 원칙이라고 말할 수 있다. 전쟁이 끝난 때에 평화조약에 의해 배상 기타 관점에서 몰수와 실질적으로 동일한 효과를 낳는 약속을 하기도 한다. 그러나 설사 전쟁 중 국내법에 따라 몰수된 경우에도 평화조약에서 상대국이 특별히 이를 승인하지 않았다면 국내법상의 몰수로 대항할 수 없음은 논할 여지도 없다.

미국 적산관리법의 해석과 관련해서는, 일단 몰수를 인정하고 있지 않다고 생각되나, 별첨과 같이 국내법적으로 볼 때 반드시 이견이 없다고도 할 수 없다. 그러나 이 경우에도 미국이 이 몰수로 외국에 대항할 수 있는 것은 적산관리법이 아니라 평화조약의 규정〈제14조 (a) 2〉에 의해서이다. 따라서 제4조 (b)는 미국의 점령하에 있던 한국 기타에 있는 일본의 재산, 권리, 이익에 대하여 제14조 (a) 2와 같이 이를 압류하고, 유치하고, 청산하며, 기타 어떠한 방법으로 처분할 권리를 연합국 등에 인정한 것이 아니며, 미 점령군의 군 명령의 효력을 승인한 것에 불과하다. 여기서 말하는 효력이란 제14조 (a) 2와 같은 효과가 아니라 점령군 명령으로서의 효력을 가리키는 데에 그친다. 따라서 몰수를 포함하지 않는다고 이해해야 한다.

秘密指定解除
情報公開室

10－1

在韓日本財産に関するヴェスティング・デクリーの効力について

昭和二七、二、三 条

請求権に関する日韓交渉において、在韓私有財産について我方が全面的に請求権を主張する場合においては、大要次の法理論によることが適当と考えられる。

一、平和条約第四条(b)項において我国がその効力を承認したヴェスティング・デクリーは、交戦国の占領地における権限に関する一般国際法の原則に則り、米軍が発した軍命令であり、一九〇七年十月十八日ヘーグにおいて調印された「陸戦の法規慣例に関する規則」（アメリカも日本も当事国である）第四十六条に明記してある私有財産尊重の原則を破るものではないと思われる。このことは第一次及び第二次大戦を通じて占領国は必ずしも厳密にヘーグ条約の規定を尊守しなかつたかに見え、いわば戦時占領に関して新しい慣例が生じたかに見えるにかかわらず被占領国の私有財産を占領国（または軍）が包括的に没収した実例がないことによつても推論することができる。（仮りに本件軍令が米占領軍が私有財産を没収したことを意味するとすれば、平和条約発効後について同条約当事国との関係においては、アメリカはヘーグ条約違犯の責任を解除されるであろうが、その他のヘーグ条約当事国との関係においては、この責任は解除せられるものではない。）

三 本件軍命令は、占領地ではなく自国領土内にある敵国財産の管理に関するアメリカの敵財管理法と同様な字句を使用していることから、その解釈に関して同法との関係が問題となる。

自国領土内にある敵国私有財産の取扱については、占領地における敵国私有財産の場合と異り、ヘーグ条約のような一般条約上の明文はないが、戦時中これを没収することができないことは国際法上確立した原則といえる。戦争の終結に当つて、平和条約によつて、賠償その他の観点からこれに没収と実質的に同様な効果をもたらす約束をすることはあるが、しかし、仮りに戦時中国内法によつて没収した場合においても、平和条約において相手国が特にこれを承認しない時には、国内法上の没収をもつて対抗し得ないことは論をまたない。

アメリカの敵産管理法の解釈については、一応は没収を認めていない、と思われるが、別添の如く国内法的に言つて必ずしも疑義がないわけではない。しかしこの場合といえどもアメリカがこの没収をもつて外国に対抗し得るのは敵産管理法に基くのではなく、平和条約の規定（第十四条(a)2）によるのである。しかるに同条に第四条(b)はアメリカの占領下にあつた韓国その他にある日本の財産、権利、利益について第十四条(a)2の如くこれを差押え、留置し、清算し、その他何らかの方法で処分する権利を連合国等に対して認めたのではなくして、アメリカ占領軍の軍命令の効力を承認したに止るものである。ここに言う効力とは第十四条(a)2の如き効果ではなく、占領軍命令としての効力を指すに止まり、従つて没収を含まないと解すべきである。

17. 敵産管理と私有財産尊重について, 1952. 2. 15
(ヴェスティング·デクリーは没收規定でないことの論據)
日本外交文書 1565 두 번째 문서

사유재산의 존중에 관한 논거를 제시함으로써 일본이 한국과의 청구권 문제 교섭에서 이 사유재산에 대한 청구권을 요구할 수 있음을 주장한 내용이 담긴 문서다.

사유재산 존중의 원칙은 오펜하이머와 찰스 하이드의 국제법 서적에 나와 있으며 국제관습법상의 한 원칙으로 지위를 공고히 유지하고 있다고 거론한 뒤, 대일강화조약 제4조(b)의 규정이 몰수를 의도한 것이라는 해석에 대한 반박 논리("미군정령 제33호의 vest는 몰수를 의미하지 않는다", "보통법상 vested owned라 함은 법적 소유권은 상실하되 형평의 소유권은 남는다는 의미", "조선 대 일본의 청구권 처리는 상호적이며 일방적이지 않다", "일본인의 claim은 미국에 대한 것이 아니라 한국에 대한 것이다" 등의 내용)를 제시하고 있다.

번역

일한 청구권 교섭 자료 4

적산관리와 사유재산 존중에 대하여

(베스팅 디크리[귀속 법령]는 몰수 규정이 아니라는 논거)

1952. 2. 15

제1

1. 적국인의 사유재산을 몰수할 수 없음은 국제법상 확립된 원칙이다. 점령 지역

의 군이 사유재산을 몰수할 수 없음은 「육전의 법 및 관습에 관한 규칙」(1907년 10월 18일 조인) 제46조에 private property may not be confiscated[사유재산은 몰수되어서는 안 된다]라고 명문화되어 있는데, 자국에 있는 적국인의 사유재산에 관하여는 조약상 규정이 없다. 그러나 점령 지역에서 조차 사유재산이 존중되는 이상, 자국의 영토에서는 더더욱 존중되어야 함이 명백하다. 최근의 학설, 관례는 거의 예외 없이 이를 인정하고 있다. 예를 들어 Oppenheim's International Law(Vol II, 7th edition, p. 261)[오펜하임의 국제법(제2권 7판 261쪽)]은 "…… an international usage and practice grew up that belligerents should neither confiscate private enemy property on their territory nor annual debts due to enemy subjects.[국제관례와 관행은 교전국이 자국 영토 내의 적의 사유재산 또는 적국 국민이 안고 있는 연간 채무를 몰수하지 않는 방향으로 발전했다]"라고 설명하고 있다(다만 이 원칙이 상시 예외 없이 지켜지고 있다고는 장담할 수 없다. 제1차 세계대전 때도 적인 사유재산의 보관, 관리, 청산 등의 비상조치가 시행되어 실질적으로는 몰수처럼 처리된 예도 있다. 그러나 반대로 전후 사유재산을 반환하고 비 몰수 원칙을 준수한 예도 있다. …… 그러한 점도 고려하여 오펜하임의 위의 책은 …… However, it is controversial to what extent that practice has definitely crystallised into a customary rule of International Law prohibiting the confiscation of private enemy property on the territory of a belligerent[그러나 교전국 영토 내에 있는 적국 사유재산의 몰수를 금지하는 국제관습법상에 그 관행이 어느 정도까지 확고하게 포함되었는지에 관해서는 논란이 있다] 라고 덧붙이고 있다).

또한, Charles Cheney Hyde(International Law Chiefly As Interpreted And Applied by the United States, Volume Three, Second Revised Edition 1947, p. 1735[미국에 의해 해석되고 적용된 국제법, 제3권 1947년 개정 2판, 1,735쪽])는 "It is felt that on principle the privilege of confiscation should be denied a belligerent when the property is privately owned and not in fact connected with a military operation or employed for a hostile purpose, and provided seizure is not resisted. Under such circumstances the power of the belligerent to control or utilize it without interference should impose the duty, in case of appropriation, ultimately to compensate the owner. It is unlikely that the United States would at the present time pursue a different course. [원칙적으로 재산이 사적으로 소유되어 있고 사실상 군사작전과 연관되거나 적대적 목적에 사용되지 않았을 경우, 그리고 압류가 어떠한 저항도 받지 않았다면 교전국의 몰수에 관한 권리는 부인되는 것으로 느껴진다. 그러한 상황에서 아무런 방해도 받지 않고 재산을 통제하거나 사용하려는 교전국의 권력에는 의무가 부과되어야 하는데, 재산 전용의 경우에는 궁극적으로 소유자에게 보상해야 한다는 것이다. 미국이 현재 다른 방도를 추구하고 있지는 않은 것 같다]"라고 적고 있다.

요컨대 자국 영역 내에 있는 사유재산의 비 몰수 원칙은 수많은 시련을 견디고 국제관습법상의 한 원칙으로 지위를 공고히 유지하고 있다고 생각할 수 있겠다. 그렇기에 세계인권선언(1948년 12월 10일 유엔 제3차 총회에서 채택) 제17조 제2항은 "어느 누구도 자의적으로 자신의 재산을 박탈당하지 않는다"라고 규정하고 사유재산 존중의 원칙을 확인하고 있다.

2. 일본과의 평화조약에서도 사유재산 존중의 원칙은 당연한 전제가 되고 있다(전문에 "일본은 …… 세계인권선언의 목적을 실현하기 위해 힘쓴다[to strive to realize the objectives of the Universal Declaration of Human Rights]"라고 정하고 있다). 사유재산권을 정면에서 부정하고 있는 규정은 어디서도 발견되지 않는다. 다만, 제14조 (a) 2, 제16조, 제4조 (b) 등은 흡사 위 원칙을 부정하고 있는 듯 비친다. 또 실제로 이들 규정이 사유재산 존중의 원칙을 경시하고 있다는 비난을 면할 수 없을 듯하다. 그럼에도 불구하고 단순히 그 이유만으로 일본과의 평화조약이 국제법상의 사유재산 존중의 원칙을 부정하고 있다고 생각할 수 없다.

3. 그러나 위 제반 규정이 사유재산을 부정하는 규정이라는 인상을 주기 쉬운 탓에 별첨 조서와 같이 제4조 (b)의 규정은 몰수를 의도한 것이라는 해석도 등장하고 있다. 이에 본 고는 위 조서가 제4조는 몰수 규정이라고 풀이해야 한다며 그 논거로 들고 있는 제반 사항을 검토하고, 그 근거가 사유재산 존중의 원칙을 부정할 만한 적극적인 이론이 아님을 규명하며, 국제법상의 사유재산 존중의 원칙이 평화조약에서도 지켜지고 있음을 입증하겠다.

(설사 국제법상 사유재산 존중의 원칙이 확고부동한 것이라는 주장에 약간의 문제가 있어

도 그 원칙이 극히 유력한 국제관례이며, 대다수의 학설이 인정하는 바임은 부정할 수 없다. 이러한 사실이 존재하는 이상 그와 다른 규정이라고 주장하기 위해서는 그것이 일반 국제 관행을 배제하는 특별 규정임을 일정 형태로 명시해야 한다. 적극적으로 국제 관행을 배제할 의사가 인정되지 않는 이상, 당연히 일반 국제 관행을 전제로 해석되어야 한다.)

제2

1. "Vest[귀속]가 소유권 이전의 효과를 발생시킨다(7쪽)"는 의심의 여지가 없다. 실정법의 해석상 Vest는 분명 소유권 이전의 효과를 발생시키고 있다. 그러나 문제는 소유권이 이전하는가 아닌가의 문제가 아니라, 그 이전의 성격이 어떠한가에 있다. 소유권 이전이 몰수와 같은가, 즉 소유권자는 권리 이전 후 해당 재산에 대하여 어떠한 claim[청구권]도 가지지 않는가, 가지는가라는 점이다. 따라서 Vest가 '관리권 내지 점유권의 부여 또는 이전'이 아니라 소유권의 이전임을 증명하는 것만으로는 반대론으로는 쓸모가 없다.

2. (가) 7-8쪽에서는 미 적성국교역법 제39조(1948년)의 "Vest된 일본재산은 구 소유자에게 반환하지 아니한다"라는 규정이 몰수를 규정하고 있다고 추론하고 있는 듯하나, 이는 도리어 Vest가 몰수가 아니라는 반증이 된다. 곧 Vest는 단순히 소유권이 이전되는 것을 뜻할 뿐으로, 몰수 효과를 발생시키기 위해서는 추가로 이를 구 소유권자에게 영구히 반환하지 않거나, 구 소유권자는 해당 재산에 대하여 일체의 claim을 상실한다는 규정을 마련해야 하는 점을 보여주고 있기 때문이다. 환언하면, Vest라는 용어는 몰수를 뜻하지 않음을 보여주고 있는 셈이다.

(나) 적산관리법은 전시 특별법이며 더욱이 국내법이다. 설사 해당 법률이 반환하지 않는다고 정하고 있더라도 평화조약상 일본은 그 효력을 승인할 의무가 없다. 일본이 승인해야 하는 것은 평화조약에 따라 규정된 것뿐이다.

(다) 우리 측은 반환하지 않는다는 규정이 적어도 전쟁 상태 존속 중에는 반환하지 않는다는 의미만 담고 있다고 주장할 국제법상의 논거가 있다. 미국이 국내법상의 권리로 일본의 재산을 어떻게 처분하든 우리 측이 직접 관여할 바가 아

니다. (다만, 당연히 국제법상 허용된 범위 내의 처분은 효력을 인정해야 한다.)

3. 8쪽에서 언급하고 있듯이, 신탁과 유산 관리의 경우 vest가 소유권 이전을 뜻하는 것은 옳다. 그러나 이는 Vest가 몰수라는 근거가 되지 않는다. 아니 도리어 그 반대임은 앞서 설명하였다.(신탁법에 관하여는 후술)

4. 9쪽에서

(가) 명령 第33호의 Vest가 소유권 이전이라는 데에는 문제가 없다. 그러나 그것은 몰수와 동일하지 않다고 앞서 언급하였다.

(나) 적국인의 재산 취급에 관한 법령이 적국인 권리의 명시적 보증 규정을 두지 않는 것은 통례이다. 명시적인 반환 규정이 없으므로, 원소유자에게 청구권이 없다고 단정 짓는 해석은 국내법의 단순한 해석론으로는 옳으나, 국제법론상의 해석이 필요한 법령의 해석 방법으로는 타당하지 않다. 원소유자 보호 규정이 적산관리법상 명문으로 규정되어 있지 않아도 원소유자의 청구권은 적어도 이 경우에는 국내법에 우선하는 국제법상의 권리로 주장할 수 있다. 따라서 명령 第33호에 원소유자의 권리를 인정하는 적극적인 규정이 없으므로 몰수라고 단정지을 수 없을뿐더러, 오히려 적극적인 몰수의 명시적 규정이 없는 만큼 국제법상의 관행인 사유재산 존중의 원칙을 배제할 의사가 없다고 추정해야 한다.

5. 11-12쪽에서 언급되고 있듯이, 적산관리법의 해석을 두고 사법(私法)인 신탁법의 법리를 전면 적용하는 것이 타당하지 않음은 명백하다. 관리법은 공법이므로 신탁과 같이 합의에 기초하지 않으며, 또 수익자도 당연히 원소유자가 아니다. 하지만 적산관리법에서 말하는 vest가 어떠한 것인지를 이해하는 데에 신탁법의 vest 개념을 참고할 수 있다.

(가) (1) 대륙계 법리론에서 볼 때, 소유권 이전은 원소유자에게 하등의 claim[청구권]도 부여하지 않는 최종적 이전으로 생각되나, 보통법(Common Law)의 법리론 소위 이중소유권(double ownership)의 법리론에서 보자면 vested owned[귀속되고 소유된]된 때에 legal ownership[법적 소유권]은 상실하되,

equitable ownership[형평의 소유권]은 남을 수 있다고 생각한다.

그런데 영미법에서는 형평법상 신탁의 개념과 기술이 각종 경우에 응용되고 있다. 우리나라(일본)의 신탁법은 영국의 신탁법을 모방해 제정된 것인데, 그곳에서 나타나는 법리론은 위 개념을 잘 표현하고 있다. 이어서 신탁법상의 소유권 이전의 성격을 검토해 보겠다.

(2) 우리나라(일본)의 신탁법 제1조에 따르면, '신탁'이란 "재산권의 이전 기타 처분을 하여 타인으로 하여금 일정한 목적에 따라 재산의 관리 또는 처분을 하게 하는" 계약이다. 이 경우, 명백히 재산권은 이전한다. 그러나 수탁자는 취득한 재산을 수탁자 고유의 재산 또는 기타 신탁 재산과 구별하여 관리할 의무가 있다(28조). 즉 신탁 재산은 여전히 그 개별성을 잃지 않는다. 또 제4조는 "수탁자는 신탁 행위가 정하는 바에 따라 신탁 재산의 관리 또는 처분을 할" 의무를 지며, 또 수탁자가 "부당한 관리에 말미암아 신탁 재산에 손실이 발생한 때 또는 신탁의 본 취지에 반하여 신탁 재산을 처분한 때"는 손실 보상 의무를 진다.(27조) 즉 신탁 재산의 소유권은 수탁자로 이전하였다고 하나, 수탁자는 자의로 그것을 처분할 수 없다. 뿐만 아니라 "신탁이 종료한 경우에 신탁 행위에서 정한 신탁 재산의 귀속 권리자가 없을 때는 그 신탁 재산은 위탁자 또는 그 상속인에게 귀속"된다.(62조) 곧 신탁의 목적이 소멸한 때에 소유권은 (어떠한 특별한 합의 없이 당연히) 원소유자에게로 복귀하는 셈이다.

(나) (1) 두말할 나위도 없이 신탁 법리를 그대로 적산관리법의 해석에 적용할 수는 없으나, 미국에서조차 "신탁 관계와 유사하다"는 해석이(적어도 제1차 세계대전 당시) 채용된 적 있다. 제2차 세계대전 당시, 미 의회에서는 적국인의 재산을 몰수하자는 논의가 제기되었고, 적성국교역법을 개정하여 실질적으로 몰수 효과를 꾀한 사실을 보면, 미국의 적산관리법에 관한 해석이 강화된 것은 부정할 수 없다. (12-13쪽) 그러나 전시 특별 조치로 적산을 관리할 목적 자체에 본질적인 변화가 발생하였다고는 볼 수 없다.

(2) 애당초 과거에는 적국의 공유재산은 물론, 사유재산도 당연히 몰수하는 것이 관례였으나, 점차 사유재산 존중의 원칙이 확립하면서 19세기에는 몰수 사례가 존재하지 않게 되었다. 제1차 세계대전 후의 모든 평화조약에서 실질적으

로 몰수와 같은 조치가 취해진 것은 사실이나, 그렇다고 몰수가 원칙으로 자리 잡은 것은 아니며, 법리론적으로는 오히려 사유재산 존중의 원칙이 전제되었음을 보여주는 증거이다. 다른 한편, 제1차 세계대전 무렵부터 적국의 전력 증강 방지, 자국의 전력 증강 또는 전후 배상 청구권 확보를 위한 담보로 전쟁 중 적국 재산을 관리하는 관례가 생겨난다. 그러나 이 관리는 어디까지나 사유재산 비몰수의 원칙에 선 것으로, 그 원칙에 배치되지 않는 범위에서 청산 기타 처분을 시행한 셈이다(다만, 결과를 볼 때 몰수와 동일한 사례가 있던 것도 부정할 수 없다). 적산관리의 목적이 전술한 바와 같은 이상, 적산관리는 어디까지나 몰수를 목적으로 하지 않으며, 자국의 전쟁 수행 목적을 위해 일정 정도의 처분권을 국제법상 적법하게 시행하게 하는 동시에 다른 한편, 전쟁 종료 후에는 원소유자에게 반환하는 국제법상의 의무를 지운 제도로 봐야 할 터이다. 즉 적산관리는 자국의 이익을 위해서인 동시에 다른 한편 원소유자의 이익을 위해서이기도 하다. (다만, 통상적으로 전자의 목적이 압도적으로 강한 경향은 부정할 수 없으나, 적산관리가 국제관행상 적법으로 용인되는 까닭은 후자의 성격을 함께 가지고 있기 때문이다. 실질적으로 전자의 색채가 강하다는 것은 법리 상도 후자의 성격이 전혀 없다는 논거가 되지 않는다.)

(3) 위와 같이 적산관리가 적국인의 이익을 보호하는 목적까지 가지고 있는 이상, 그 측면에서는 신탁 재산의 관리와 공통점을 가진다고 말하지 않을 수 없다. 얼마나 신탁 법리가 준용되고 있는지는 이론적으로 정하기 어려우나, 적어도 적산관리의 목적이 소멸한 때(신탁법으로 말하자면 "신탁 행위에서 정한 사유가 발생한 때 또는 신탁의 목적을 달성한 때 혹은 달성할 수 없는 상태에 이른 때"(56조)에 피관리 재산은 국제법리상 원소유자에게 귀속되는 것이 달원칙이라는 주장에는 상당한 사유가 있어 보인다.

(4) 요컨대 구 적국인인 원소유자의 청구권은 국내법인 적산관리법령의 규정에도 불구하고, 국제법상의 권리로서 주장될 수 있다고 풀이해야 한다. 이렇게 볼 때, 미국의 적성국교역법이 1946년 3월과 8월의 개정으로 반환 규정을 마련한 행위는(16쪽), 합중국이 제공한 혜택(17쪽)이라고 풀이해야 할 것이 아니라, 미국이 국제법상의 사유재산 존중의 원칙을 고려하여 국내법을 개정한 것에 불과

하다고 풀이해야 할 터이다. 그렇다고 하면 관리된 재산에 대한 청구권은 "대통령의 권리 설정 형성 행위에 의하여 부여된다"(18쪽)라고 생각하는 것은 단순히 국내법상의 논의로, 국제법에서는 신탁법이 신탁이 종료한 경우 "위탁자 또는 그 상속인에게 귀속된다"(62쪽)라고 명시하고 있듯이 해당 재산은 정당한 소유자에게 돌아가는 것이 법률상 당원칙이며, 국내법상의 설권 행위는 국내법상의 단순한 법적 절차에 불과하다고 생각된다.

(5) 덧붙여 한미협정은 제5조에 for the benefit of the Korean people(한국 국민의 이익을 위하여)이라고 명시하고 있는데, 이 자구는 미국의 적성국교역법 제5조 (2)의 in the interest of and for the benefit of the United States(미국의 이해관계와 이익을 위하여)와 마찬가지로 적산관리법령의 관용구로 보아야 하며, 이를 가지고 형평법상 소유권을 빼앗겼다고 해석할 수 없다. 또 한국의 국내법인 「귀속재산처리법」이 흡사 귀속 재산을 몰수로 생각하고 있는 듯이 규정하고 있는데, 위 국내법은 물론 우리 측을 하등 구속하지 않는다.

제3

본 문제는 요컨대 일본이 한국과 평화조약 제4조에 따른 특별협정을 체결하는 때에 재조선 일본재산에 대하여 한국 측에 청구권을 제시할 수 있는가의 문제인데, 이 해답은 국제법상의 논의에서는 긍정적일 수밖에 없다. 해당 재산에 대하여 title[소유권]의 이전이 있었다는 것은 군령 제33호의 규정에 따라 명백하다. 하지만 title의 유무는 청구권과는 무관하다(적산관리인은 적산의 title을 가지며, 주식은 관리인 명의로 바뀌나, 그럼에도 그에 대한 청구권은 사라지지 않는다). 그리고 이러한 청구권은 정히 전후 조약에서 처리의 대상이 된다. 제4조 첫머리에 등장하는 규정의 문언에서 볼 때도 이 점은 자명하다. 조선 대 일본의 청구권 처리는 상호적이며 결코 일방적이지 않다. 다만, 제4조 b)항의 규정은 미군의 처리 효력을 일본이 승인하도록 정하고 있어 일본 측의 본래 주장이 얼마나 한정될지의 문제에 불과하다.

일본인의 claim은 미국에 대한 것이 아니다. 이 점은 한미협정에서 여실히 드러난다. 대미 claim이라면, 그것은 제19조에 따라 포기되나(이 '포기'는 제19조 첫머리의 "전쟁으로부터 발생하였거나 전쟁 상태의 존재로 말미암아 취하여진 연합국 및 그 국민에 대한 일본국 및 그 국민의 모든 청구권을 포기하며"라는 규정에 따른 것이지, 동 조 후단에 따른 것이 아니다. 동 조 후단의 '일본국 영역'에는 조선이 포함되지 않는다고 풀이되기 때문이다), 제19조는 대한 claim과는 무관하다. 곧 일본은 제4조 (b)에 따라 미군 정부가 시행한 재산 처리의 효력을 승인할 뿐이지, 대한 claim 자체를 포기한 것은 아니다. 한국은 재조선 일본인 재산을 어떠한 claim 없이 완전히 취득할 권리가 없다.

그 claim을 일본이 제4조에 예정된 특별협정을 체결하여 그 특별협정에서 포기한다면 다른 문제이나, 적어도 그러한 방법으로 일본이 이를 포기하지 않는 동안에는 이러한 claim은 존속한다고 생각하지 않을 수 없다. 제4조 b)항 자체에 따라 일본이 포기한 것이 되지 않는다. 따라서 한국은 일본재산을 어떠한 claim 없이 취득하였다고 주장할 수 없다(즉시 취득의 법리도 적용할 수 없다. 재산 취득이 평온, 공연하게, 과실없이 이루어졌다 하더라도 해당 재산이 일본인의 재산이었다는 것은 한국 측도 알고 있었으므로, 선의라는 요건이 결여되기 때문이다).

（日韓請求権交渉資料四）

敵産管理と私有財産尊重について

（ヴェステンク。テクリーは没収規定でないこととの論拠）

二七、二、一五

第一

「敵国人の私有財産を没収することができないことは、国際法上確立された原則である。占領地域の軍が、私有財産を没収し得ないことは、「陸戦の法規慣例に関する規則」（一九〇七、一〇、一八調印）第四十六条に、private property may not be confiscated 云々と明文化されているが、自国にある敵国人の私有財産については、条約上の規定はない。しかし占領地域においてさえ私有財産が尊重される以上、自国の領土においてはなお更尊重されるべきことは明白である。近時の学説、慣例は、殆んど例外なくこれを認めている。例えば

Oppenheim's International Law (Vol II, 7th edition, p 261) には

'..... an international usage and practice grew up that belligerents should neither confiscate private enemy property on their territory nor annual debts due to enemy subjects.'

とある。（もつともこの原則が常に例外なく守られているというわけではない。第一次大戦においても、敵人私有財産の保管、管理、清算等の非常措置が行われ、実質において没収同様な取扱を受けた例もある。しかし逆に戦後、私有財産を返還し、非没収原則を遵守した例もある、、、そういう点も考慮にいれて、オッペンハイム前掲書は、、、 However, it is controversial to what extent that practice has definitely crystallised into a customary rule of International Law prohibiting the confiscation of private enemy property on the territory of a belligerent

と追記している。）

[illegible] Charles Cheney Hyde (International Law Chiefly As Interpreted And Applied by the United States, Volume Three, Second Revised Edition 1947, p. 1735)

は、'It is felt that <u>on principle</u> the privilege of confiscation should be denied a belligerent when the property is privately owned and not in fact connected with a military operation or employed for a hostile purpose, and provided seizure is not resisted. Under such circumstances the power of the belligerent to control or utilize it without interference should impose the duty, in case of appropriation, <u>ultimately</u> to compensate the owner. It is unlikely that the United States would at the present time pursue a different course.'

と述べている。

要するに、自国領域内にある私有財産非没収ということは、幾多の試錬に堪えて国際慣習法上の一原則としての地位を維持しているものと考えることができよう。されはこそ世界人権宣言（一九四八、一二、一〇国連第三回総会で採択）第十七条第二項は「何人も、その財産をほしいままに奪われることはない」と規定して、私有財産尊重の原則を確認している。

二、日本との平和条約においても、私有財産尊重の原則は当然の前提となっている（前文に「日本国としては、、、、、「世界人権宣言の目的を実現するために努力し」とある。）私有財産権を真向から否定している規定はどこにもない。ただ、第十四条(a)2、第十六条、第四条(b)等は、あたかも右の原則を否定しているかの如き印象を与える。また事実これらの規定が、私有財産尊重の原則を軽視しているという非難は免れないであろう。にもかかわらず、単にそれだけの理由をもつて日本との平和条約か、国際法上の私有財産尊重の原則を否定しているとは考えられない。

三

しかし、右の諸規定が私有財産否定の規定であるという印象を与え易いので、別添調書の如く、第四条(b)の規定は、沒收を意図するものであるという解釈も生じて来る。そこで本稿は、右の調書が、第四条は沒收の規定であると解すべき論拠として挙げている諸点を検討して、その根拠とするところが私有財産尊重の原則を否定すべき積極的理論とならないことを明らかにし、国際法上の私有財産尊重の原則が平和条約においても守られていることを立証したいと思う。

一 かりに、国際法上、私有財産尊重の原則が確固不動のものであるとの主張については若干の問題があるとしても、その原則が極めて有力な国際慣行であり、大多数の学説の認めるところであることは否定できない。かかる事実が存在する以上、それと異る規定をするためには、それが一般国際慣行を排除する特別規定であることを何らかの形で明示しなければならない。積極的に国際慣行を排除する意思が認められぬ以上、一般の国際慣行を前提として解釈されるべきことは論をまたない。）

第二

一、「Vest」が所有権移転の効果を生ずる（七頁）ことは疑ない。実定法の解釈上、Vestは、たしかに所有権移転の効果を生ぜしめている。しかし、問題は、所有権が移転するかしないかの問題ではなく、その移転の性質如何ということである。所有権の移転が没収と同じであるか、すなわち所有権者は権利移転の後は、当該財産について何らのクレイムを有しないことになる、どうか、という点である。従つて「Vest」が「管理権ないし占有権の附与又は移転」ではなく、所有権の移転であることを証明するだけでは反対論としては無意味である。

二、(1)七頁―八頁において米国対敵取引法第三十九条（一九四八年）の「Vestされた日本財産は旧所有者に返還しない」との規定が没収を規定していると考えられる旨推論しているようであるがこのことは、かえつて、Vestが没収でないことの反証となる。即ちVestは単に所有権が移転することを意味するだけであつて、没収の効果を生じるためには、更にこれを旧所有権者に永久に返還せず、又旧所有権者は当該財産についての一切のクレイムを失うという規定を設けなければならないことを示すからである。換言すればVestという言葉は没収を意味しないことを示すことになる。

(ロ)敵産管理法は戦時特別法であつて、しかも国内法である。その法律が返還しないということを定めても、日本は、平和条約上その効力を承認する義務はない。日本が承認しなければならないのは平和条約によつて規定されていることだけである。

(ハ)わが方としては、返還しない旨の規定は、少くとも戦争状態継続中は返還しないという意味しかないことを主張する国際法上の論拠がある。米国が国内法上の権利として、日本の財産をいかに処分しようと、それはわが方が、直接関知するところではない。(もっとも、国際法上許された範囲内での処分の効力は認めなくてはならないのは当然である)。

三 八頁においていうように信託並びに遺産管理の場合、vestが所有権の移転を意味するということは正しい。しかしこのことはvestが没収であるという根拠とはならない、否むしろその反対であることは前述した。(信託法については後述)

四 九頁において、

(イ)令第三三号におけるvestが所有権の移転であることには問題はない。しかしそれは没収と同一でないことも前言した。

(ロ)敵国人の財産の取扱についての法令が、敵国人の権利の明示示的な保証規定をおかないことは通常の例である。明示の返還規定がないから、原所有者に請求権がないと断定することは、単純な国内法の解釈論としては正しいであろうが、国際法論上の解釈を必要とする法令の解釈方法としては妥当でない。原所有者の保護規定が、敵産管理法上明文をもつて規定されていてもいなくても、原所有者の請求権は、少くともこの場合には、国内法に優先した国際法上の権利として主張し得る。従つて、命令三三号に原所有者の権利を認める積極的規定がないから没収であると推断することはできないのみならず、むしろ、積極的に没収の明示的規定がないということから、国際法上の慣行たる私有財産尊重の原則を排除する意思がないことを推定すべきである。

第十一頁－十二頁において述べられている如く敵産管理法の解釈につき私法たる信託法の法理を全面的に適用することは妥当を欠くことは明らかである。管理法は公法であるから、信託のように合意に基くものではないし、又、受益者が、原所有者でないことも勿論である。しかしながら、敵産管理法にいう vest がいかなるものであるかを知る上に、信託法における vest の概念が参考となる。

(イ)(ロ)大陸系の法理論からすれば、所有権の移転は、原所有者に何らのクレイムをも与えない最終的移転と考えられるのであるが、コンモン・ローの法理論、所謂二重所有権（ double ownership ）の法理論からすれば vested and owned されることによつて legal ownership は失われるが equitable ownership は残り得ると考えるのである。

しかして、英米法では、衡平法上の信託の考え方と技術とが種々の場合に応用されている。わが国の信託法は、英国の信託法にならつて制定されたものであるが、そこに現わされている法理論は、右の考え方をよく表現している。次に、信託法上の所有権の移転の性質を検討してみる。

(2) わが国の信託法第一条によれば、「信託」とは「財産権の移転其ノ他ノ処分ヲ為シ他人ヲシテ一定ノ目的ニ従ヒ財産ノ管理又ハ処分ヲ為サシムル」契約である」この場合、財産権が移転することは明白である。しかし、受託者が取得した財産は受託者の固有財産又はその他の信託財産と分別して管理する義務を負う（二八条）。即ち信託財産は依然、その個別性を失わない。又第四条は「受託者ハ信託行為ノ定ムル所ニ従ヒ信託財産ノ管理又ハ処分ヲ為ス」義務を負い、又受託者が「管理ノ失当ニ因リテ信託財産ニ損失ヲ生セシメタルトキ又ハ信託ノ本旨ニ反シテ信託財産ヲ処分シタルトキ」は、損失補償義務を負う。（二七条）つまり、信託財産の所有権は受託者に移転したとはいえ、受託者は恣にそれを処分することとはできない。のみならず、「信託終了ノ場合ニ於テ信託行為ニ定メタル信託財産ノ帰属権利者ナキトキハ其ノ信託財産ハ委託者又ハ其ノ相続人ニ帰属」さる。（六二条）即ち信託の目的が消滅したときは、所有権は、（何ら特別の同意をまたず当然に）原所有者に復帰するのである。

(ロ)

(1) 信託法理をそのまま敵産管理法の解釈に適用し得ないことはいうまでもないが、米国においてさえ「信託関係に類する」との解釈が（少くとも第一次大戦当時）とられたことがある。第二次大戦には、米議会では敵国人財産を没収せよとの論議が行われたとか、対敵取引法改正によつて実質上没収の効果を意図したとかという事実をみれば、米国の敵産管理に関する解釈が硬化したことは否めない。（一二ー一三頁）しかし戦時特別措置として、敵産を管理する目的自体に本質的な変化が生じたとは考えられない。

(2) もともと、昔時においては、敵国の公有財産は勿論、私有財産も当然没収するのが慣例であつたが、漸次私有財産尊重の原則が確立し十九世紀には、没収の事例は存しないまでになつた。第一次大戦後の諸平和条約で実質的には、没収に等しい措置がとられたことは事実であるがそれによつて没収が原則となつたのでなく、法理論的にはかえつて私有財産尊重の原則が前提されていたことを示す証拠となる。他方、第一次大戦のころより、敵国の戦力増強の防止、自国の戦力増強又は、戦後の賠償請求権確保のための担保として戦時中、敵国財産を管理する慣例が生じた。しかし、この管理はあくまで、私有財産非没収の原則にたつものであつて、その原則に背馳しない範囲内で、清算その他の処分を行つたのである(もつとも結果において没収同様な例があつたことも否定できない)。敵産管理の目的が前述のとおりである以上、敵産管理はあくまで、没収を目的とするものではなくて、自国の戦争遂行目的のためにある程度の処分権を国際法上適法に行わせると同時に、他方、戦争終了後は原所有者に返還する国際法上の義務を負わせた制度であると考えるべきである。即ち敵産管理は自国の利益のためであると同時に、他方原所有者の利益のためでもある。（もつとも、通常、前者の目的が圧倒的に強い傾向は否めないが、敵産管理が国際慣行上、適法と認容される所以は、後者の性質を併有しているからである。実際上、前者の色彩が強いということは、法理上も後者の性格が全くないことの論拠とはならない）

(3) 右の如く敵産管理が敵国人の利益を保護するという目的をも有している以上、その面においては、信託財産の管理と共通するところがあるといわねばならぬ。どの程度まで、信託法理が準用されるかは、理論的に決し難いが、少くとも、敵産管理の目的が消滅したとき（信託法でいえば、「信託行為ヲ以テ定メタ事由ガ発生シタルトキ又ハ信託ノ目的ヲ達シ若ハ達スルコト能ハサルニ至リタルトキ」（五六条）は、被管理財産は、国際法理上、原所有者に帰属するのが建前であるという主張には相当の理由があるものと考えられる。

(4) 要するに、旧敵国人たる原所有者の請求権は、国内法たる敵産管理法令の規定如何にかかわらず、国際法上の権利として主張され得ると考えるべきである。かく考えれは、米国対敵取引法が一九四六年三月及び八月の改正により、返還規定を設けたことは（一六頁）、合衆国が与えた恩恵（一七頁）と解すべきではなく、米国が国際法上の私有財産尊重原則を考慮にいれて国内法を、改正したにすぎないと解すべきであろう、しかりとすれば、管理された財産に対する請求権は、「大統領の権利設定の形成行為によつて与えられた」（一八頁）と考えるのは、単に国内法上の議論であつて、国際法上は、信託法が信託終了の場合「委託者又ハ其ノ相続ニ帰属ス」（六二条）といつているように、当該財産は正当なる所有者に還るのが当然、法律上当建前であり国内法上の設権行為は、

(5) 国内法上の單なる法的手続にすぎないとも考えられよう
なお、米韓協定第五条に、for the benefit of the Korean people とあるが、この字句は、アメリカの対敵取引法第五条(2)の in the interest of and for the benefit of the United States とあるのと同じく、敵産管理法令の慣用句とみるべきであつて、これをもつて、衡平的所有権を奪わんとしたと解するを得ない。又、韓国の国内法たる「帰属財産処理法」が、あたかも帰属財産を没収と考えているかの如く規定しているが、右国内法は、何らわが方を拘束するものでないことは勿論である。

第三

本問題は要するに、日本が韓国と平和条約第四条による特別取極を結ぶに当つて、在朝鮮日本財産について、韓国側に対して請求権を持出せるかどうかということであるかこの解答は国際法上の議論としては肯定的とならざるを得ない。当該財産についてタイトルの移転があつたことは、軍令第三十三号の規定によつて明かである。しかしタイトルの有無は請求権とは無関係である。(敵産管理人は敵産のタイトルを持ち、株式は管理人名義になるが、それでも、それに対する請求権はなくなるわけではない。)そしてかような請求権が正に戦後条約による処理の対象となるのである。第四条冒頭の規定の文言からいつてもこのことは明らかである。朝鮮対日本の請求権処理は相互的なものであり決して一方的のものではない。只第四条b項の規定によつて米軍の処理の効力を日本が認めることとなつているため、日本側の本来の主張が或程度限定されるというに過ぎない。

日本人のクレイムは、対米国のものではない。このことは米韓協定ではつきりしている。対米クレイムということになるとそれは第十九条で放棄されることになるが（この「放棄」は第十九条が冒頭の「日本国は戦争から生じ、又は戦争状態が存在したためにとられた連合国及びその国民に対する日本国及びその国民のすべての請求権を放棄し」という規定によるものであり、同条約後段によつてではない。同条後段の「日本国領域」には朝鮮は含まれないと解するからである）、第十九条は対韓クレームには関係がない。すなわち、日本は第四条(b)によつて米軍政府によつて行われた財産処理の効力を承認するだけであつて、対韓クレームそのものを放棄したわけではない。韓国は在朝鮮日本人財産を何らのクレームなしに完全に取得する権利はない。そのクレイムを日本が第四条の予想している特別取極を結んで、その特別取極において放棄するというのであれば、別であるが、少くともそういう方法で日本がこれを放棄しないうちは、かようなクレームは存続するものと考えさるを得ない。第四条、b項、そのものによつて日本が放棄したことにはならないのである。従つて韓国としては、日本財産を何等のクレイム無しに取得したと主張することはできないと思う。（即時取得の法理も適用が無い。財産取得は平穏、公然、無過失に行われたとしても、当該財産が日本人の財産であつたことは韓国側も承知していたのであるから、善意の要件を欠くからである）

18. ヴェスティング·デクリ一の法的性質について
日本外交文書 1565, 세 번째 문서

주한미군정청이 공포한 군령 제33호(베스팅 디크리)의 법적 성격이 재한일본재산의 몰수를 규정한 것이 아니므로 일본은 한국에 대해 청구권이 있다는 주장을 담은 문서다.

일본은 대일강화조약 제4조에 따라 주한미군정청에 의해 또는 그 지령에 따라 재한일본재산에 대해 취해진 처분의 효력을 승인하고 있으므로 이것이 매각 기타 방법에 의한 처분일 때는 무효를 주장할 수 없고, 또 매각하지 않고 남아 있는 재산이 임대되었다면 그 임대 관계 또한 승인해야 하지만, 일본은 매각 대금 내지 임대 관계로부터 발생하는 수익에 대해서는 청구권이 있다는 내용이 기재되어 있다.

번역

베스팅 디크리[귀속 법령]의 법적 성격에 관하여

평화조약 제4조 (b)에 따라 일본은 재조선 미군 정부가 공포한 군령 제33호(이른바 베스팅 디크리)에 의거한 일본재산의 처리 효력을 승인해야만 하나, 이 규정은 다음의 이유로 재조선 일본재산의 몰수를 규정한 것이 아니라고 봐야 한다.

1. Vesting Decree에서 말하는 '소유' 내지 '귀속' 개념은 적산관리 상의 개념으로, 일본국 및 일본 국민의 재산에 대한 보상 청구권, 반환 청구권 등과 같은 청구권을 배제하지 않는다. 이 점은 베르사유조약의 선례를 보더라도 명백하다.

주. 베르사유조약 제10편 제4관 부속서 제1조에는 상호주의에 따라 연합국도 독일도 상대국이 전시 특별 조치에 의거해 시행한 적산의 처리가 유효하다고 인정하며, 적산 이전의 적법성을 둘러싼 쟁의의 제기를 허용하지 않는다고 정하고 있는데, 이 조문에 따라 연합국도 독일도 적국에 있는 자국민의 재산에 관한 청구권을 포기한 것은 아니다. 그 증거로 연합국 국민은 독일에 있는 재산에 대하여 배상 청구권과 반환 청구권 모두를 가지고 있으며(제297조 (마)-(사)호 참조), 독일 국민이 이러한 청구권을 포기한 것은 부속서 제1조가 아닌 제97조 (나)호에 따른 것이다.

즉 한국에서 미군이 시행한 행위는 결코 일본자산의 몰수가 아니며 관리와 다름없다고 생각된다. 가령 일본자산의 소유권을 취득하는 행위나 그것을 매각하는 행위나 일본자산이나 그 매각대금을 보관하는 행위나, 전부 미국이나 영국에서 전쟁 중 시행된 적산관리제도에 기대고 있는 바가 있고 명령 제33호의 규정은 이 적산관리제도를 간소화한 것이라고 말할 수 있다.

예를 들어 명령 제33호의 일본자산에 대한 "소유권은 …… 조선군정청이 취득하고 조선군정청이 그 재산 전부를 소유함"이라는 규정은 영문으로 …… is hereby vested in …… and …… is owned by로 쓰고 있으며, 한미협정 제5조에서는 '귀속 결정' vesting이라는 용어가 쓰이고 있다. 이 경우의 '귀속' vest는 본질적으로 관리이며, 보통법(common law)에서는 신탁 관계에서 위탁자가 수탁자에게 신탁재산을 맡기는 때에 이 vest라는 용어가 쓰인다. 이 경우 신탁재산의 소유권은 수탁자에게 이전하며 수탁자는 수익자에게 일정의 급부를 줄 채무를 지므로 신탁재산은 수탁자 명의가 되었으나, 실질적으로는 위탁자의 재산이다.

이 법리는 영국의 적성국교역법, 미국의 적성국교역법 등에서 공공연히 인정되고 있는 바다. 이렇듯 한국 소재 일본자산에 대하여 합중국 군정부에 의해 또는 그 지령에 따라 시행된 처리는 신탁적 의미를 지니나, 일본은 평화조약 제4조에 따라 그 처리의 효력을 승인하고 있으므로 이 처리가 매각 기타 방법으로 처분된 때는 무효를 주장할 수 없다. 또 매각하지 않고 남아 있는 재산이 임대되었다면 그 임대 관계를 승인해야 한다. 하지만 일본은 매각대금(매상금) 내지 임대 관계로부터 발생하는 수익에 대한 청구권이 있는 셈이 된다. 제4조 (a)에 따른 유보는 이러한 청구권의 제한을 승인해야 한다고 정하고 있다고 풀이해야 할 터이다.

2. 만약 제4조 (b)가 제14조 (a)와 같은 취지의 규정이라면 조선은 연합국 이상으로 유리한 이익을 얻게 된다. 제14조 (a) 2는 압류 범위에 제한을 두고 있는데, 군령 제33호에 따라 미군 정부에 귀속된 일본재산에는 어떠한 예외도 없다. 평화조약이 조선에 이러한 특권을 부여할 의도가 있었다고는 생각할 수 없다. 조선에도 이러한 이익을 부여하고자 하였다면 제21조에서 중국과 마찬가지로 제14조 (a) 2의 이익을 받을 권리를 부여하면 된다.

3. 한국은 한미협정에 기초하여 '귀속재산처리법'을 공포하여 흡사 미국으로부터 이전된 귀속 재산을 최종적으로 한국 소유로 귀속시킨 양 생각하는데, 평화조약에 따라 일본이 승인할 것은 미군 정부가 시행한 처리의 효력뿐이지 한국의 국내법인 위 법률의 효력을 승인할 의무는 없다.

秘密指定解除
情報公開室

極秘

ヴェスティング・デクリーの法的性質について

平和条約第四条(b)によつて、日本は、在朝鮮米軍政府が公布した軍令三十三号ーいわゆる「ヴェスティング・デクリー」ーに基く日本財産の処理の効力を承認しなければならないが、この規定は、次の理由により、在朝鮮日本財産の没収を規定したもので ないと考えるべきである。

一 ヴェスチング・デクリーにいう「所有」ない至「帰属」の概念は敵産管理上の概念であつて日本国及び日本国民のその財産に対する補償請求権、返還請求権等の請求権を排除するものではない。このことはヴェルサイユ条約の先例によつても明かである。

注

ヴェルサイユ条約第一〇編第四款附属書第一条には、相互主義によつて連合国もドイツ国も相手国が戦時特別措置に基いて行つた敵産の処理が有効であると認め、敵産の移転が適法なりや否やについて争議を提起することを許さないことになつているが、この条文によつて連合国もドイツ国も敵国にある自国民の財産に関する請求権を拋棄したものではない。その証拠に連合国民はドイツ国にある財産について賠償請求権と返還請求権を持つており（第二九七条(イ)号参照）ドイツ国民がこのような請求権を拋棄したのは附属書第一条によるものではなくして第九十七条(ロ)号によるものである。すなわち、韓国において、アメリカ軍が行つたことは決して日本資産の没収ではなく、管理にほかならないと考えられる、たとえば日本資産の所有権を取得することも、それを売却することも、すべてアメリカやイギリスで戦争中に行われた敵産管理の制度に存するところであつて、命令第三十三号の規定はこの敵産管理制度を簡素化したものであるといえる。

たとえば命令第三十三号において日本資産に対する「所有権は、、、、朝鮮軍政庁が取得し、軍政府が該財産を所有する」という言葉は英文では ….. is hereby vested in ….. and ….. is owned by となつており、米韓協定第五条では「帰属決定」vesting いう言葉が用いられている。この場合の「帰属」vest は本質的には管理であつてコンモン・ローでは、信託関係で委託者が受託者に信託財産を預ける場合にこの vest という言葉が用いられる。この場合信託財産の所有権は受託者に移転し、受託者は受益者に一定の給付をなす債務を負うので信託財産は受託者名義となつているが実質的には委託者の財産である。

この法理は、イギリスの対敵取引禁止法、アメリカの対敵取引禁止法等において公に認められているところである。

このように韓国所在の日本資産について合衆国軍政府により、又はその指令に従つて行つた処理は信託的意義を持つものであるが、日本は平和条約第四条によつてその処理の効力を承認することになつているので、この処理が売却その他の方法による処分であるときにはその無効を主張することは出来ない、また売残財産が賃貸されておればその賃貸関係を承認しなければならない。しかしながら日本は売却代金ないし賃貸関係より生ずる収益に対して請求権を有することになる。第四条aによる留保は、このような請求権の制限を承認することを求められていることを定めたものと解すべきであろう。

二

かりに第四条(b)が、第十四条(a)2と同趣旨の規定であるなら、朝鮮は、連合国以上に有利な利益を受けることとなる。第十四条(a)2では、差押え範囲に制限が設けられているが、軍令三十三号によって米軍政府に帰属された日本財産には何らの例外もない。平和条約が朝鮮にかような特権を与える意図があるとは考えられない。朝鮮にもかかる利益を与えようとするなら、第二十一条において、中国に対すると同様、第十四条(a)2の利益を受ける権利を与えればよい。

三

韓国は、米韓協定に基いて「帰属財産処理法」を公布し、あたかも米国より移転された帰属財産を最終的に、韓国の所有に帰せしめているかの如くに思われるが、平和条約によって日本が承認するのは、米軍政府の行つた処理の効力だけであつて、韓国の国内法たる右法律の効力を承認する義務はない。

19. ヴェスティング·デクリ一に関する高柳教授の所見について, 1952. 2. 12

日本外交文書 1565, 네 번째 문서

외무성의 의뢰로 다카야나기 겐조(高柳賢三) 교수(영미법학자)가 베스팅 디크리(미군정령 제33호)에 대해 밝힌 소견을 적은 문서다.

다카야나기 교수는 베스팅 디크리가 관리 처분 이상의 효력을 가지지 않는다는 발상은 안이하면서도 낙관적이라고 하면서, 대일강화조약 제4조 b)가 조약에 반영된 경위를 무시하고 동 조약 및 베스팅 디크리의 해석만 보더라도 재한 일본재산(사유재산을 포함함)에 대한 일본 측 청구권은 인정되지 않는다는 입장을 제시하였다.

번역

베스팅 디크리[귀속 법령]에 관한 다카야나기(高柳) 교수의 소견에 관하여

1952. 2. 12 아(亞)2 구리노(栗野)

조(条)1 하라(原)

다카야나기 교수에게 베스팅 디크리[귀속법령]를 둘러싼 문제점을 설명하고, 관계자료를 제공하여 연구를 부탁드렸다. 1주일 정도 후에 회신을 받았는데, 금일 대략적인 소견으로(물론 최종결론은 아니다) 종래의 해석, 즉 베스팅 디크리는 관리 처분 이상의 효력을 가지지 않는다는 발상은 안이하면서도 낙관적이라고 밝히고 있다.

첫째, 베스팅[귀속]이라는 용어의 개념은 영국법에서 쓰임새가 유연하며 재산 등의 최종적 귀속, 즉 소유권의 이전을 뜻하는 예도 있는 한편, 유산 상속의 경우와 같이 관리권의 이전만을 가리키는 예도 있으므로 전후 문맥을 토대로 판단해야 한다.

이어서 베스팅 디크리를 적산관리령의 성격을 가진다고 간주할 수는 있으나, 적산관리령이니 효력이 관리 처분 이상 나올 수 없다고 추론하는 것은 성급하다. 왜냐하면 제2차 세계대전 당시 연합국 측의 적산관리법령은 제1차 세계대전 때와 달리 적국인의 사유재산을 몰수한다(몰수라는 용어를 쓰고 있지는 않으나, 반환을 원칙적으로 인정하고 있지 않으므로 뜻은 몰수다)고 규정하고 있다. 제1차 세계대전 당시의 적산관리령에는 반환 등의 최종 처분에 관한 규정은 없으며 베르사유조약이 성립한 후에 반환 관계 규정이 추가되었는데, 제2차 세계대전의 적산관리법령(적성국 교역법령)에는 처음부터 몰수적 효과를 기하는 조항이 담겨 있어 어쩌면 국제법 자체가 이 점에서 변화하고 있다고도 말할 수 있을지도 모른다.

따라서 베스팅 디크리를 적산관리령으로 해석하는 것은 좋으나, 그것이 사유재산에 몰수적 효과를 미치고 있는 점을 부정하는 것은 그러한 해석만으로는 도출되지 않는다. 다만, 육전법규 등을 논거로 세워 사유재산에 대한 효과를 국제법정에서 다툴 수 있는데, 샌프란시스코평화조약을 승인한 이상, 동 조약 제4조 (b)가 규정하는 바에 복종해야 하므로 다투어도 승소 전망은 없을 터이다.

결국 위 제4조 (b)가 조약에 반영된 경위를 문제시하지 않고 동 조약 및 베스팅 디크리의 해석만 보더라도 재조선 일본재산(사유재산을 포함함)에 대한 일본 측 청구권은 인정되지 않는다.

위는 이전부터 충분히 연구를 거듭한 결과 도출한 결론은 아니나, 일단 소견으로 이러한 의견도 쉽게 성립할 수 있으므로 본 건에 관하여는 재차 연구를 거듭하고 국제법 학자의 의견도 구하는 동시에 최악의 결론이 나온 때의 조치안도 신중하게 강구해 둘 필요가 있다고 본다.

ヴェスティング、デクリーに関する高柳教授の所見について

二七・三・一二 亜二 栗野
条一 原

高柳教授にヴェスティング、デクリーをめぐる問題点を説明し、関係資料を差上げて、研究をお願いした。一週間位の後に御返事を載くことになったが、本日の一応の所見としては、勿論最終的な

外務省

結論ではないが、従来の解釈即ち、ヴェスティング、デクリーは管理処分以上の効力を持たないという考え方は、安易な楽観的なものであるということであった。

第一に、ヴェストという用語の観念として、英法においては、使い方がフレクシブルであつて、財産等の最終的帰属即ち所有権の移転を意味する

外務省

場合もあれば、遺産相継の場合のように、管理権の移転のみを云う場合もあつて、前後のコンテキストから判断しなければならない。

次に、ヴェスティング・デクリーを敵産管理令の性質を持つものと見做すことは出来るが、敵産管理令であるから、その効力は管理処分以上に出ないと推論するのは早急である。何故かならば、

外務省

今次大戦に際しての連合国側の敵産管理法令は、第一次大戦時代のそれと異り、敵国人の私有財産を没収すること（没収の語は無いが返還を原則的に認めないので、観念としては没収である）も規定している。第一次大戦時の敵産管理令には、返還等の最終処分令のことは規定がなく、ヴェルサイユ条約が出来た後に、返還関係の規定が

外務省

追加されたが、今次大戦における敵産管理法令(対敵取引禁止法令)には、最初から、没収的効果を期する条項があり、或は、国際法そのものが此の点において変化しつゝあるとも云えるかも知れない。

従つて、ヴエステイングデクリーを敵産管理令と解するのはよいが、それが私有財産について没収的

外務省

効力を及している点を否定することは、それだけの解釈からは出て来ない。尤も、陸戦法規等を論拠として、私有財産についての効果を国際法上に争うことは可能であろうが、桑港平和条約を承認した以上、同第四条(b)の規定するところに服さなければならないから、争っても、勝訴の見込は無いであろう。

外務省

結局右第四条(b)が条約に織込まれた経過

を問題としなくても、同条項及びヴェスティング・デクリー

の解釈のみからして、在鮮日本財産(私有財産を

も含む)について日本側の請求権が認められないと

いうことになる。

右は固より、十分研究された上の結論ではないが、

一応の所見として、このような意見も容易に成立

外務省

ち得るのであるから、本件に関しては更に研究を重ね、国際法学者の意見も徴すると共に、最悪の結論が出た場合の措置如何についても慎重に案を練っておく必要があると思われる。

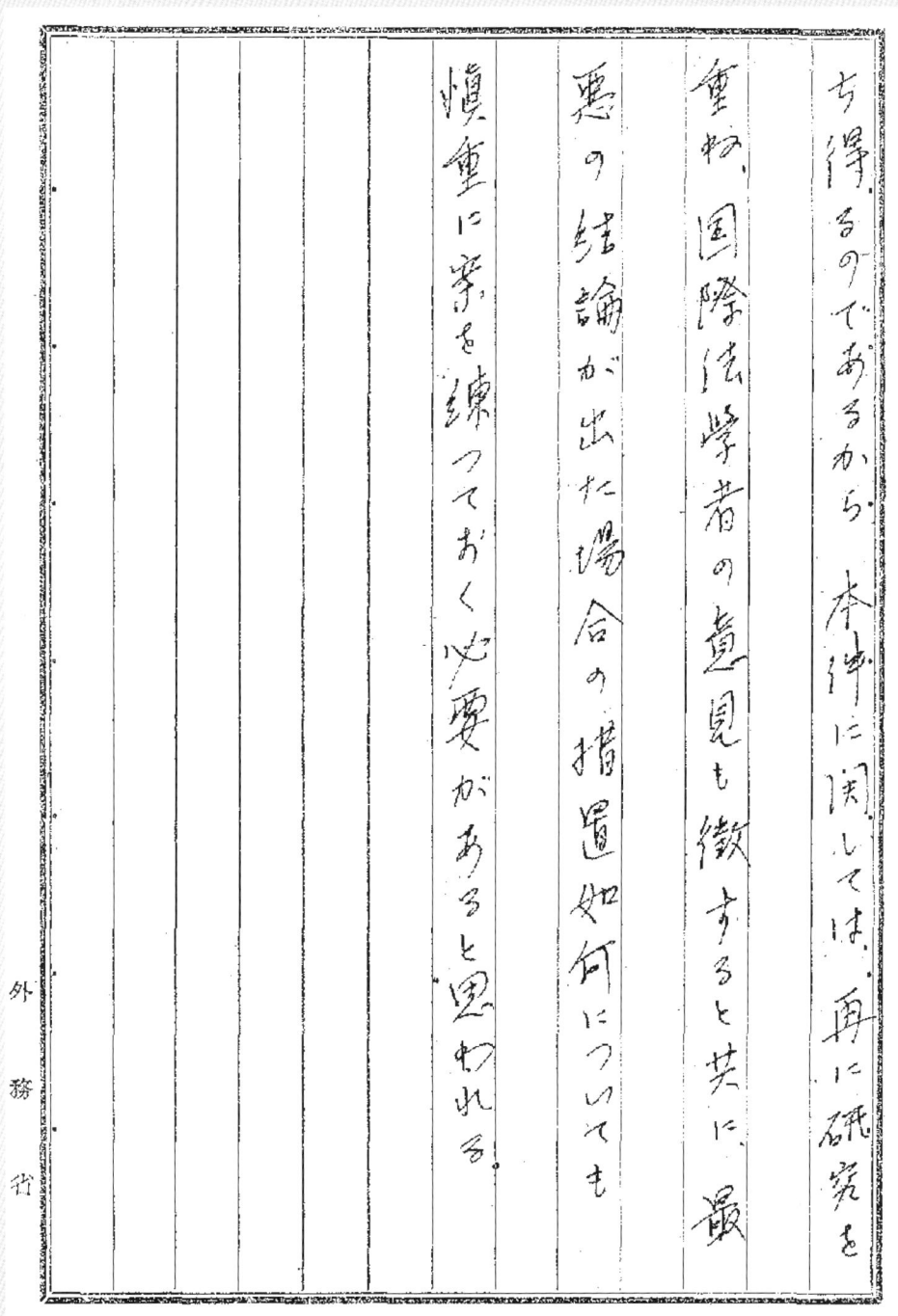

20. 高柳教授の「朝鮮における日本資産に就いての意見」要旨, 1952. 2. 18

日本外交文書 1565, 다섯 번째 문서

다카야나기 겐조(高柳賢三) 교수가 외무성에 제출한 '조선에 있는 일본자산에 관한 의견'(서한 형식)의 요지를 외무성 아시아 제2과 구리노 사무관이 정리한 문서다.

다카야나기 교수는 이 서한을 제출하기 1주일 전인 1952. 2. 12에는 베스팅 디크리(미군정령 제33호)가 관리 처분 이상의 효력을 가지지 않는다는 발상은 안이한 것이라면서, 대일강화조약 및 베스팅 디크리의 해석에 따르면 재한 일본재산에 대한 일본의 청구권은 인정되지 않는다는 견해를 밝힌 바 있다. 그러나 2. 18일 자 이 문서에 따르면 다카야나기 교수도 야마시타 교수와 마찬가지로 베스팅 디크리는 적산관리에 관한 것이며 일본자산에 대한 일본국 또는 일본 국민의 권리를 결정적으로 빼앗는 것이 아니라는 수정된 의견을 제시하였다.

다카야나기 교수는 베스팅 디크리를 통해 일본국 또는 일본 국민은 법적 소유권(legal ownership)은 상실했지만 형평의 소유권(equitable ownership)이 잔존한다는 주장을 펼치고 있다.

번역

다카야나기 교수의 「조선에 있는 일본자산에 관한 의견」 요지

1952. 2. 18, 아(亞)2 구리노(栗野)

소위 베스팅 디크리[귀속법령]의 효력 해석을 둘러싼 표제의 건에 대하여 지난번 다카야나기 겐조 교수께 연구를 위촉 드린바, 금일 회신을 주셨다. 이 회신은 서한 형식이므로 그 요지를 별첨에 적기한다.

㈜ 다카야나기 교수께는 자료로 소위 베스팅 디크리[귀속법령, 미군정령 제33호], 한미협정, 한국 귀속재산처리법, 평화조약, 평화조약 제4조에 관한 야마시타 교수의 논문, 미국의 적성국교역법 등을 제공하였다. 다카야나기 교수의 의견은 일본 정부가 과거에 베스팅 디크리의 효력을 몰수로 해석할 수 있는 조치 또는 확실한 언질(commitment)을 한국에 한 적이 없다는 점을 전제로 하고 있다. 덧붙여 다카야나기 교수는 서한에서도 말씀하고 계시듯이 대략적인 입론(立論) 방식 및 결론에 대하여 평화조약 제4조에 관한 야마시타 교수의 법적 견해를 정당하다고 생각하고 계신다.

조선에 있는 일본자산에 대한 의견(요지)

평화조약 하에서 일본은 그 공유재산 또는 일본 국민의 사유재산의 한국 정부에 의한 몰수를 인정하고 있지 않다고 생각한다. 그 이유는 다음과 같다.

1. 평화조약에서 조선에 있는 일본국 또는 일본 국민의 재산에 관한 몰수를 직접적, 명시적으로 규정한 조항은 어디서도 발견되지 않는다. 곧 제14조 또는 제16조와 같은 규정은 조선에 대하여는 존재하지 않는다.

2. 평화조약 제21조는 조선이 제4조의 이익을 받을 권리를 가진다고 정하고 있으며, 제4조 (b)에는 조선에서 미합중국 군정부에 의하여 또는 그 지령에 따라 시행된 일본국 및 일본 국민의 재산에 관한 처리(처분)의 효력도 승인한다고 규정하고 있다.

문제는 위 규정으로 일본국은 간접적으로 한국에 의한 일본자산의 몰수를 인정한 셈이 되는가라는 것인데, '조선에서 미합중국 군정부에 의하여 또는 그 지령에 따라 시행된 처리(처분)'의 성격을 밝히기 위한 기본 문서인 1945년 12월 6일의 영(令) 제33호(소위 베스팅 디크리)는 명백히 적산관리에 관한 것이지, 일본자산에 대한 일본국 또는 일본 국민의 권리를 결정적으로 빼앗는 것이 아니다. 그 이유는 다음과 같다.

(a) 조선에서의 미합중국 군정부의 행위는 점령군의 행위라는 것에는 의심할 여지가 없으며, 점령군인 위 군정부의 일본자산 몰수 행위가 허용되지 않음은 널리 알려진 국제법상의 초보적 원리이며, 제2차 세계대전 중 사인의 권리 보호에 대하여 국제관례가 변화한 사례가 보이기도 하지만 적어도 이 법리가 폐지되었다고는 생각할 수 없다. 만약 그러한 몰수 성명을 합중국 군정부가 공포하였더라도 그 성명은 국제법상 효력이 발생하지 않는다고 보아야 할 듯하다(만약 이 점에 관하여 국제사법재판소에서 다툰다면 아마도 재판소는 위와 같이 판결하리라 생각되며, 또 합중국이 그렇게 명백히 국제법을 위반하는 조치를 취하였다고 보는 것 자체가 미 정부를 모욕하는 처사라고도 말할 수 있을 터다).

(b) Common Law[보통법]과 equity[형평법]의 전통적 구별—double ownership[이중소유권]—이라는 법사상이 없는 대륙법계의 법률가에게는 베스팅 디크리 중의 "…… is hereby vested in the Military Government of Korea as of 25 November 1945, and all the property is owned for the Military Government of Korea[1945년 11월 25일 자로 남한의 군사정부에 귀속되었으며, 모든 재산은 남한 미군정에 의해 소유된다]"고 하는 문언이 의문을 낳을지도 모르나, vested[귀속된]의 경우에는 당연히 is owned[소유된]가 되므로 엄밀히 보면 and …… Korea는 불필요하다고도 말할 수 있다. 군정부가 소유권(ownership)을 보유하기에 이른 것은 의심할 여지가 없다. 그에 대륙법의 발상에서 보면, 소유권이 군정부에 있다고 간주되었으므로 일본국 또는 일본 국민은 소유권을 상실하였다는 듯이 오해할지도 모르나, 영미법 법률가가 보기에는 일본국 또는 일본 국민은 그로써 legal ownership[법적 소유권]은 상실했지만, equitable ownership[형평의 소유권]은 남을 수 있다고 생각된다. 이 경우, 국제법에 비추어 보면, 이러한 형평법상 권리(equities)가 일본국 및 일본 국민에게 잔존하는 셈이다(영미에서는 형평법상의 신탁 개념과 기술을 다양한 예에 응용하고 있는데—예를 들어 제1차 세계대전 후의 독일에 대한 소위 영 안[Young Plan]—, 이 경우도 그것을 적산관리에 쓰고 있는 것에 불과하다. 따라서 가령 일본 국민의 자산을 군정부가 매각한 때, 제4조 (b)에 따라 해당 매각의 효력을 부인할 수는 없으나, 대금에 대한 청구권은 구 일본인 소유자가 가지게 된다).

(c) 1948년 9월 11일에 서명된 한미협정은 적산관리권을 한국에 이전한 문서에 불

과하다. 협정의 for the benefit of the Korea people[한국 국민의 이익을 위하여]이라는 자구는 미국의 적성국교역법 제5조 (2)의 in the interest of and for the benefit of the United States[미국의 이해 관계와 이익을 위하여]와 마찬가지로 적산관리법의 예문으로 보아야 하며, 이 자구는 일본국 또는 일본 국민의 본래의 이른바 형평법상 소유권을 빼앗는 것이 아니다.

(d) 1949년 12월 19일의 귀속재산처리법은 한국의 법률인데, 이는 한미협정을 오해하여 대륙법적 의미의 완전한 소유권이 한국 정부에 있다는 착각 위에 제정된 듯하다. 그것은 당연히 평화조약 제4조 (b)의 '합중국 군정부에 의하여 또는 그 지령에 따라 시행된' 일본자산의 처리(처분)가 아니다.

(e) 제4조 (a)의 '이 조의 (b)의 규정을 유보하여'란 적산관리 상의 처리(처분) 효력승인에 관한 것에 불과하다. 만약 평화조약의 기안자가 제4조 (b)에 관하여 베스팅디크리에 제시된 광범위한 일본국 및 일본재산의 몰수를 뜻한다는 것을 전제로 했다면, '일본국 및 그 국민의 재산으로 제2조에 언급된 지역에 있는 것 ……의 처리'를 '특별협정'의 대상으로 정한 것은 이상하다고 생각된다.

高柳教授の「朝鮮に於ける日本資産に就いての意見」要旨

二七、二、一八
亜二、（栗野）

所謂ヴェスティング・デクリーの効力の解釈に係る首題の件について、先般高柳賢三教授に研究を依嘱したところ、本日、回答があつた。この回答は書簡の形式になつているので、その要旨を別紙に摘記する。

外務省

注＝高柳教授には、資料として、所謂ヴェスティング、デクリー、米韓協定、韓国帰属財産処理法、平和条約、平和条約第四条に関する山下教授の論文、アメリカの対敵取引法等を差上げておいた。

高柳教授の意見は、日本政府が過去に於いて、ヴェスティング・デクリーの効力を没収と解釈するような措置ないしコミットメントを韓国に対して

外務省

行っていないことも前提としている。

なお、高柳教授は書簡中にも触れてあるが、大体の立論の仕方及び結論について、平和条約第四条に関する山下教授の法的見解を正当なものと考えて居られる。

外務省

朝鮮に於ける日本資産に就いての意見（要旨）

平和条約の下において、日本は、その公有財産又は

日本国民の私有財産の、韓国政府による没収を

認めては居らないと考える。

その理由は次の通りである。

外務省

一、平和条約中、~~どこにも~~日本国又は日本国民の朝鮮における財産の没収を直接的、明示的に規定した条項はどこにも発見されない。即ち、第十四条又は第十六条のような規定は朝鮮については存在しない。

二、平和条約第二十一条で、朝鮮は第四条の利益を受ける権利を有することになっており、第四条(b)には、朝鮮における合衆国軍政府により又はその指令

外務省

に従つて行われた日本国及びその国民の財産の
処理（処分）の効力を承認すると規定している。

問題は、右の規定によつて、日本国は、間接に韓
国における日本資産の没収を認めたことになるか
という点であるが、「朝鮮における合衆国軍政府に
より又はその指令に従つて行われた処理（処分）の
性格を明かにするための基本的文書である一九四五

外務省

年十二月六日の令第三十三号（所謂ヴェスティング・デクリー）は、明白に、献産管理に関するものであつて、日本資産に対する日本国又は日本国民の権利を決定的に奪つて仕舞つたものではない。その理由は次の通りである。

(a) 朝鮮に於ける合衆国軍政府の行為は占領軍の行為であることは疑なく、占領軍としての右軍政府が日本資産を没収することが許されないことは周知

外務省

の国際法上の初歩的原理であり、第二次大戦中

私人の権利の保護について国際慣例の変化が

あつたと見られる場合があつても、少くともこの法

理が廃止されたものとは考えられない。かりにその

ような没收声明を合衆国軍政府がしたとしても、

その声明は国際法上効力を発生しないものと

しなければならないであろう（かりに此の点が

外務省

国際司法裁判所で争われたとすれば恐らく
裁判所は右のように判決するものと考えられ
又、合衆国が、そのように明白に国際法に違反
する措置をとったと考えること自体が、アメリカ
政府を侮辱するものとも言い得るであろう。

(ホ) Common law と equity の伝統的区別――
double ownership（二重所有権）――の法思想

外務省

を持たない大陸法系の法律家にとつて、ヴェス

ティングデクリー中の . . . . is hereby vested in

the Military Government of Korea as of 25

December 1945, and all the property is

owned by the Military Government of

Korea という文字が疑問を生ぜしめるかも知れ

ないが、vested の場合には当然 is owned とい

外務省

うことになるので、厳格にいえば、and……Korea
は不要であるともいえる。單政府が所有権
(ownership)を持つに至つたことは疑いない。
そこで、大陸法の考え方からすれば、所有権が
單政府に移あるとされたのであるから日本国又
は日本国民は所有権を喪失したというように
誤解するかも知れないが、英米法律家から

外務省

見れば、日本国又は日本国民はそれによって
legal ownership は失ったが equitable owner-
ship は残り得ると考えられる。この場合、国
際法に照らして見れば、かゝる衡平法上の権
利(equities)が日本国及び日本国民に残
存する訳である。(英米では、衡平法上の信託
の考え方と技術とを種々の場合に応用して

いる——例えば、第一次大戦後のドイツに対する
所謂ヤング案——が、この場合も、それを敵産
管理について用いている~~平時~~にすぎない。従って、
例えば、日本国民の資産を軍政府が売却した
場合、第四条(b)によって、その売却の効力を否認
することは出来ないが、その代金に対する請求権
を旧日本人所有者が持っていることになる。

外務省

(c)一九四八年九月十一日署名の米韓協定は、敵産管理権を韓国に移した文書に過ぎない。

文中の for the benefit of the Korean people という字句は、アメリカの対敵取引法第五条(b)(2)の in the interest of and for the benefit of the United States とあるのと[illegible]均しく、敵産管理法の例文と見るべきものである。

外務省

三の字句によつて、日本国又は日本国民の本来の、いわば、衡平的所有権を奪わんとしたものではない。

(ハ) 一九四九年十二月十九日の帰属財産処理法は韓国の法律であるが、これは、米韓協定を誤解し、大陸法的意味の完全な所有権が韓国政府にあるものとの錯覚の下に制定された

外務省

ものの如くである。それは、平和条約第四条(b)の「合衆国軍政府により、又はその指令に従つて行われた」日本資産の処理(処分)でないことは勿論である。

(c) 第四条(a)の「この条の(b)の規定を留保して」というのは、敵産管理上の処理(処分)の効力承認に関するものに過ぎない。

外務省

もしも平和条約の起草者が、第四条(b)は、ヴェスティング・デクリーに示された広汎な日本国及び日本財産の没収を意味するということを前提していたとすれば、「日本国及びその国民の財産で第二条に掲げる地域にあるもの……の処理」を「特別取極」の対象とする（第四条(a)）のはおかしなことであると考えられる。

外務省

청구권 문제 교섭에 임하는 양국의 입장 및 기본 방침

일본과의 양자 회담을 통해 일본으로부터 식민지 지배 피해에 대한 배상을 받아내려던 한국 정부의 생각은 한일회담이 시작되자 일본 측에 한국의 청구에 대한 이행과 한국에 속한 재산의 반환을 요구하는 것으로 바뀌게 된다. 한국 입장이 이처럼 바뀌게 된 것은 미국의 압력이 작용했기 때문이라고 보는 것이 타당하다.[16]

연합국 최고사령부 측은 1949년 1월 주일한국대표부의 정한경 대사와 한국에 대한 일본의 배상 문제를 협의하는 자리에서 '일반배상'을 제외한 미술품, 금괴 등 특수품 반환 청구에 관한 자료를 제출해 보라는 의견을 제시하였다. 이에 따라 한국은 '현물 반환 요구'에 국한된『대일배상요구조서』를 작성하여 최고사령부에 제출한 바 있다.[17] 본 회담에 앞서 1951년 10월 20일 개최된 예비회담 첫날 회의에서 한국의 양유찬 수석대표가 과거 일본의 식민통치를 비판하는 내용이 담긴 인사말을 하자, 옵서버로 회의에 참석했던 연합국 최고사령부 시볼트 외교국장은 극도로 부정적인 반응을 보이면서 그 내용을 본국에 보고하기도 했다.[18] 이 같은 기록들은, 미국이 한일회담을 주선하는 과정에서 한국 측에게 식민지배 책임 문제나 배상 문제는 회담에서 거론하지 말 것을 주문했을 것이라는 추론을 가능케 한다. 한일회담이 개최되기 전 도쿄에서 최고사령부 측과 접촉하며 그들의 생각을 접할 기회가 있었던 유진오가 이승만에게 제출하는 보고서에 '식민지배 피해에 대한 배상' 대신 '청구권'이란 표현을 사용한 것도 이와 무관하다고 볼 수 없다. 이와 함께 일본과의 양자 회담 개최 근거가 되었던 대일강화조약 제4조 a)항에는 일본의 식민통치로부터 독립한 국가들이 일본과의 특별협정을 통해 처리해야 할 대상이 '채무를 포함한 청구권(claims including debts)'으로 명기

16 유의상,『대일외교의 명분과 실리』, 역사공간, 2016, 63~65쪽.

17 日本外交文書, 1124-2,「日韓国交正常化交渉の記録 総説」I, 1. 平和条約發效前の日韓関係と日韓会談予備会談, 65~67쪽.

18 "Telegram from Sebald to Secretary of State, October 20, 1951", RG 84, Foreign Service Posts of the Department of State, Japan post, decimal 320, Japan-Korea folder.

되어 있었다. 이승만으로서는 한일회담이 대일강화조약을 근거로 시작되었다는 점에서 회담 추진 과정에서 대일강화조약의 이 조항을 의식하지 않을 수 없었을 것이다.

한일회담의 의제를 정하기 위하여 1951년 10월 20일~12월 4일간 개최된 예비회담을 거쳐 1952년 2월 15일부터 제1차 한일회담이 시작되었다. 한국 측 양유찬 수석대표(주미한국대사)의 일본 도착이 늦어지는 바람에 제1차 본 회의 개회 인사말을 하게 된 김용식 교체 수석대표(주일한국대표부 공사)는, "우리가 일본 정부에 요구하는 것은 단지 우리의 청구의 이행과 법적으로 우리에게 속한 재산의 반환이다. 그렇게 함으로써 한일 두 나라 사이에 우호적 관계를 수립할 수 있도록 하자는 것이다"라고 발언했다.[19] 한국 측의 일본에 대한 요구가 식민지배 피해에 대한 배상이 아닌 법적으로 한국에 속한 재산의 반환이라는 점을 공식적으로 표명한 것이다. 1952년 2월 20일 제1차 한일회담 재산 및 청구권 문제 위원회 제1차 회의가 시작되자 한국의 임송본 대표(식산은행장)도 인사말을 통해, "한국은 36년간의 식민통치에 대한 배상 요구가 아닌, 법적으로 한국에 소속되어 있는 것들에 대해서만 청구하려 한다"라는 방침을 다시 한번 언명하였다.[20]

이어 한국 측은 재산 및 청구권 문제 위원회 제1차 회의가 개최된 다음 날인 2월 21일 다음 8개 항목으로 정리된 '대일청구요강안'을 일본 측에 제시하였다.[21]

① 한국으로부터 가져온 고서적, 미술품, 골동품, 기타 국보, 지도 원판 및 지금(地金)과 지은(地銀)을 반환할 것

---

19 日本外交文書 180, '日韓会談第1回正式会議議事要録, 1952. 2. 15'.

20 한국 외교문서 86, '한일회담 재산 및 청구권 문제 위원회의 경과 보고', Annex VII '한일회담 재산 및 청구권 문제 위원회에 있어서의 한국 측 대표 인사말', 「제1차 한일회담: 청구권분과위원회 회의록 1~18차, 1952. 2. 20」, 276~278쪽.

21 한국 외교문서 87, '한국의 대일청구 요강', '제1차 한일회담(1952. 2. 15-4. 21) 청구권 관계자료', 1952, 713~714쪽; 한국 외교문서 86, 'Principles of the Draft Agreement on the Disposition of Property Claims between the Republic of Korea and Japan', 289~290쪽; 日本外交文書 1174, '対日請求要綱案'.

② 1945년 8월 9일 현재 일본 정부의 대 조선총독부 채무를 변제할 것
③ 1945년 8월 9일 이후 한국으로부터 이체 또는 송금된 금원(金員)을 반환할 것
④ 1945년 8월 9일 현재 한국에 본사(점) 또는 주 사무소가 있는 법인의 재일 재산을 반환할 것
⑤ 한국 법인 또는 한국 자연인의 일본국 또는 일본 국민에 대한 일본 국채, 공채, 일본 은행권, 피징용 한인 미수금, 기타 청구권을 변제할 것
⑥ 한국 법인 또는 한국 자연인 소유의 일본법인의 주식 또는 기타 증권을 법적으로 증정할 것
⑦ 전기(前記) 제(諸) 재산 또는 청구권에서 생(生)한 제(諸) 과실을 반환할 것
⑧ 전기(前記) 반환 및 결제는 협정 성립 후 즉시 개시하여 늦어도 6개월 이내에 종료할 것

위와 같은 한국의 요구에 대하여 일본은 1952년 3월 6일 개최된 청구권위원회 제5차 회의에서 아래 요지의 '재산 및 청구권의 처리에 관한 한일 간 협정의 기본 요강'을 제시하였다. 그동안 연구하고 준비해왔던 이론에 따른 역청구권 주장이었다.

1. ① 한일 양국은 양 국민(법인 포함)의 상대국 영역에 있어서의 재산에 대한 권리(이익 및 그 과실을 포함) 및 정당하게 취득한 기타 권리를 상호 확인한다. 그러한 권리의 행사가 방해받을 경우에는 이에 대한 회복 조치를 강구한다.
   ② 전 항의 권리가 국가 또는 그 국민의 책임에 있어 방해받을 경우에는 그 국가 또는 국민은 원상회복 또는 손해배상의 책임을 진다.
2. ① 한일 양국은 연합국 최고사령관 또는 재한 미군 정부 또는 그 지령에 따라 행해진 상대국 및 국민의 재산의 처리의 효력을 승인한다.
   ② 전 항의 승인된 효과의 범위에 관해서는 별도 협의한다.
3. ① 일본국은 한국 내에 있는 일본국의 국, 공유재산을 한국에 무상으로 양도한다.
   ② 일본국은, 한국 내 국유기업 재산을 당해 기업이 발행한 공채의 미상환 잔고 등에 상당하는 자금이 일본국에 인도되었을 경우에 한해 한국에 이양한다.

③ 위의 ①과 ②에서 언급된 재산을 제외한 일체의 한국 내 일본재산은 전기1의 일본 국민의 재산의 취급에 준하여 취급한다.[22]

한국 측은 이러한 일본 측의 역청구권 주장을 일축해 버렸지만, 양국의 주장이 팽팽히 맞서면서 결국 제1차 한일회담은 1952년 4월 25일 아무런 성과도 없이 결렬되고 말았다.

미국 외교문서	한국 외교문서	일본 외교문서
	1. 77, 한일회담 예비회담 본 회의 회의록, 1. 주일대표부 유진오 법률 고문의 일본 출장 보고서, 1951. 9. 10 (1장에 기수록)	
	2. 87, 제1차 한일회담: 청구권 관계자료, 7-2, 대일회담 재산권 및 청구권 문제 (1장에 기수록)	3. 1124, 일한국교정상화 교섭의 기록 총설(「日韓国交正常化交渉の記録 総説」) I, 1. 평화조약 발효 전의 일한관계와 일한회담 예비회담(平和条約發效前の日韓関係と日韓会談予備会談)
	* 한국 외교문서에는 예비회담 양유찬 수석대표 인사말이 수록되어 있지 않음.	4. 63, 일한회담 예비회담 제1회 회의(日韓会談予備会談第1回会合), 1951. 10. 20, 여섯 번째 문서, '양유찬 대사의 개회사(Opening Statement by Ambassador You Chan Yang)'

22 日本外交文書 540, 세 번째 문서에 수록된 '日韓両国間に取極められるべき財産及び請求権処理に関する協定の基本要綱(日本側提案)(1952. 3. 6')의 주요 부분을 발췌한 것이다..

미국 외교문서	한국 외교문서	일본 외교문서
5. '시볼트가 국무장관에게 보낸 전문(Telegram from Sebald to Secretary of State, October 20, 1951)', RG 84, Foreign Service Posts of the Department of State, Japan post, decimal 320, Japan-Korea folder:		
		6. 37, 네 번째 문서, 청구권 문제에 관한 초기의 교섭 요령 안(제3차 안)(請求権問題に関する初期の交渉要領案(第3次案)), 1952. 2. 6
		7. 537, 다섯 번째 문서, 청구권 문제에 관한 교섭 요령 안(제3차 안)의 재검토(請求権問題に関する交渉要領案(第三次案)の再検討), 1952. 2. 12
		8. 538, 첫 번째 문서, 청구권 문제에 관한 대장성과의 협의회(請求権問題に関する大藏省との打合せ会), 1952. 2. 14
		9. 538, 두 번째 문서, 제1회 청구권 분과회에 관한 대장성과의 협의회(第一回請求権分科会に関する大藏省側との打合せ会次第), 1952. 2. 19
	* 한국 외교문서에는 제1차 회담 제1차 본회의 김용식 수석대표대리의 인사말이 수록되어 있지 않음.	10. 180, 일한회담 제1회 정식회의 의사요록(日韓会談第1回正式会議議事要録), 1952. 2. 15, 네 번째 문서, 김용식 수석대표 대리의 인사말(金溶植首席表 代理のあいさつ)

미국 외교문서	한국 외교문서	일본 외교문서
	11. 제1차 한일회담(1952. 2. 15-4. 21) 청구권분과위원회 회의록 1-8차, '제1회 재산 및 청구권분과위원회 경과보고, 1952. 2. 21.', '한국 측 대표의 인사말'	12. 1174, 일한회담 제1회 청구권위원회 의사록(日韓会談第一回請求権委員会議事録), 1952. 2. 20, 두 번째 문서, 한국 측 대표의 인사말(韓国側代表のあいさつ)
	13. 87, 제1차 한일회담: 청구권 관계자료, 7-1, '한국의 대일청구요강 안, 1952. 2. 21'	
	14. 86, 제1차 한일회담(1952. 2. 15-4. 21) 청구권분과위원회 회의록 1-8차, '제1회 재산 및 청구권분과위원회 경과보고,' 1952. 2. 21, 'Principles of the Draft Agreement on the Disposition of Property Claims between the Republic of Korea and Japan'	15. 1174, 일한회담 제1회 재산청구권문제위원회, 별지 '대일청구요강안'(日韓会談 第一回財産請求権問題委員会, 別紙 '対日請求要綱案'), 1952. 2. 21
		16. 540, 두 번째 문서 3, 일한양국 간에 정해져야 할 재산 및 청구권 처리에 관한 협정의 기본 요강(일본 측 안)(日韓両国間に取極められるべき財 産及び請求権処理に関する協定の基本要綱(日本側提案)), 1952. 3. 6

1. 주일 대표부 유진오 법률고문의 일본 출장보고서, 1951. 9. 10
한국 외교문서 77, 한일회담 예비회담 본 회의 회의록

※ 제1장에 수록된 관계로 여기서는 생략함.

2. 대일회담 재산권 및 청구권 문제

한국 외교문서 87, 제1차 한일회담: 청구권 관계자료, 7-2

※ 제1장에 수록된 관계로 여기서는 생략함.

3. 1. 平和条約發效前の日韓関係と日韓会談予備会談(일부 발췌)
日本外交文書 1124, 「日韓国交正常化交渉の記録 総說」 I

한국 정부가 연합군 최고사령부 측에 대일배상과 관련하여 일반배상을 제외한 미술품 등 특수물품의 반환청구만을 기재한 『대일배상요구조서』를 제출하게 된 경위가 수록된 기록이다.

이 「日韓国交正常化交渉の記録」은 1967년 일본 외무성 우시바 노부히코(牛場信彦) 사무차관의 지시에 따라 시작된 한일회담 교섭사 편찬작업의 일환으로 작성된 것이다. 이 「記録」의 주 집필자는 북동아시아과 모리타 요시오(森田芳夫) 사무관이다. 일본의 회담 기록, 회담 참석자의 회고, 일본 국회의사록, 외무성의 각 성·청 조정회의 자료, 신문, 잡지 등 각종 간행물 기록, 『한국 외교문서』 등 수집된 일체의 자료를 토대로 작성하였으며, 그 용도는 일본 정부 내부, 즉 대장성, 법무성, 운수성 등 관계 성·청의 참고자료용으로 작성한 것으로 추정된다.

이 「기록」의 구성은 제1편 日韓国交正常化交渉の記録 総說, 제2편 交涉擔當者の手記.談話, 제3편 資料로 되어 있다. 제1편은 2011년 11월 浅野豊美(요시노 도요미) 등에 의해 『日韓国交正常化問題資料』의 基礎資料編 제6권(日韓国交正常化交渉の記録 総說)으로 발간되었으며, 한일회담의 일본 측 숨은 이야기를 알 수 있는 제2편은 2020년 10월 10일 공개되었다.

집필자인 모리타 요시오는 일제 강점기 조선의 경성제국대학(京城帝国大學)을 졸업하고 조선총독부에서 사무관으로 근무하다가, 패전 후 조선에 거주하던 일본인들의 본국 귀환 작업을 도왔다. 1967년 8월부터 외무성 북동아시아과 사무관으로 근무하면서 이 「記録」을 집필하였다. 주한일본대사관 참사관으로도 잠시 근무하였으며, 상명대 교수를 역임하였다. 이 기록의 일부가 이동준에 의해 2015년 12월 한국어로 번역 출간되었다(이동준 편역, 서울: 삼인, 2015).

번역

1. 평화조약 발효 전의 일한 관계와 일한회담 예비회담(일부 발췌)

제1편

일한 국교 정상화 교섭의 기록 총설

한국 정부 수립 2일 후, 1948년 8월 17일 이승만 대통령이 기자단과의 회견에서 "일본이 조선에서 발행한 후 남겨놓은 통화에 대한 배상으로 일본으로부터 물자를 요구하겠다"고 말한 것으로 전해진 것(서울 8월 18일 INS)은 상기에 근거를 둔 것으로 보인다. 그해 11월 27일에 한국 국회에서 '대일 강제 노무자 미제임금 채무 이행 요구' 및 '대일 청장년사망배상금 요구' 2건에 관해 청원 안이 채택되었다.

1949년 1월, 대한민국 주일대표가 SCAP 배상 관계 책임자 측과 회담한 결과, 대일 배상 중 특히 일반배상 이외에 주로 미술품, 금괴 등 특수물품의 반환청구를 1949년 4월 말일까지 총사령부에 제출하라는 통고를 받았으며, 그에 따라 기획처에 대일배상조사심의회가 설치되어 수집한 대일 요구자료를 기본으로 각 부처와 전후 10여 회의 심의를 거쳐 동년 3월 초『대일배상요구조서』 제1권을 작성, 이것을 그해 3월 주일한국대표부를 통해 연합국 총사령부에 제출했다. 동 조서 제2권은 그해 9월에 작성되었는데, 내용에 채권·채무 관계, 전쟁에 의한 인적·물적 피해, 일본 정부의 저가 수탈에 의한 손해가 기록되었다. 그 제1권에 관해 조선은행 발행『조선경제연감』 1949년 판의 '전환기의 한국경제'의 '대일배상' 항목에 아래와 같이 기록되었다.

日韓国交正常化交渉の記録

GA-6 外務省

第 I 編

日韓国交正常化交渉の記録 総説

GA-6

外務省

韓国政府の成立した2日後、48年8月17日李承晩大統領は記者団との会見で「日本が朝鮮で発行し残置した通貨に対する賠償として日本から物資を要求する」と語った（ソウル8月18日INS）と伝えるのは上記に根拠を置くものとみられる。その年11月27日に韓国国会で「対日強制労務者未償還金債務履行要求」および「対日青壮年死亡賠償金要求」の2件について請願案が採択された。

1949年1月、大韓民国駐日代表がSCAP賠償関係責任者側と会談した結果、対日賠償中、とくに一般賠償以外、主として美術品、金塊等特殊物品の返還請求を1949年4月末日までに総司令部に提出するようにとの通告を受け、その結果、企画処に対日賠償調査審議会が設けられ、収集した対日要求資料をもとに各部処と前後10余回の審議を重ねて同年3月初めに「対日賠償要求調書」第1巻を作成し、これをその年3月に駐日韓国代表部を通じて連合国総司令部に提出した。同調書第2巻はその年9月に作成され、その内容に債権債務関係、戦争による人的物的被害、

日本政府の低価収奪による損害が記されていた

その第1巻について朝鮮銀行発行「朝鮮経済年鑑」1949年版の「転換期の韓国経済」の「対日賠償」の項に下記のとおり記した。

GA-6 外務省

4. Opening Statement by Ambassador You Chan Yang, 1951. 10. 20

日本外交文書 63, 日韓会談予備会談第1回会合

1951년 10월 20일 개최된 양유찬 한국 수석대표(주미한국대사)의 개회 연설문이다.

이 연설문 내용에는 일본의 식민지배를 비판하는 내용들이 포함되었으며, 이로 인해 일본 측의 반발과 함께 회의에 옵서버로 참석한 연합군 총사령부 윌리암 시볼트 외교국장이 한국 대표단에 주의를 주는 상황이 초래되기도 하였다.

양유찬 대사의 이 개회 연설문은 한국 외교문서에는 수록되어 있지 않다.

번역

양유찬 한국 수석대표의 예비회담 제1회 본회의 인사말, 1951. 10. 20

대한민국 외무부

1951. 10. 20

양유찬 대사의 한일회담 개회 연설

나는 우리 모두 이 회의의 진정한 역사적 의미를 잘 알고 있을 것으로 확신합니다. 우리는 두 나라 사이에 40년이 넘는 세월 만에 개최되는 회담의 시작을 위해 여기 모인 것입니다. 나는 우리의 어깨 너머로 긴 과거의 세월이 보이는 것 같은 감정을 피해

갈 수가 없습니다. 우리는 지나간 시간의 잘못을 바로잡아야 하며, 미래가 과거의 잘못을 속죄할 수 있도록 함께 계획을 세워야 합니다.

자연은 한국과 일본을 세계지도 상에 나란히 있게끔 하였습니다. 지리는 사람 손에 의해 만들어진 그 어떤 것도 풀 수 없도록 우리 두 나라 간의 유대를 만들어 놓았습니다. 여기 우리는, 125마일밖에 떨어져 있지 않은 가까운 이웃이라는 이유로 인해, 우리가 미래를 향해 나아가기 위한 어떠한 계획을 짜거나 실제 나아갈 때는 희망과 공포가 어느 정도는 뒤섞일 수밖에 없는 운명에 놓여 있는 것입니다.

우리의 과거 역사에는 기억하기에 유쾌하지 않은 요소들이 있습니다. 나는, 솔직함이 진정한 우정의 발전을 위한 기초라는 점에서 이 요소들에 대해 여러분께 이야기하고 싶습니다. 우리는 가면을 통해 우리 마음속에 있는 진짜 감정들을 숨길 생각이 없습니다. 우리는 정확하게 우리 마음속에 있는 것을 여러분에게 말하고 싶고, 여러분들이 이에 대해 정확하게 생각하고 느끼는 것을 말해 주기를 원합니다. 이러한 정신으로, 오직 이러한 정신만으로, 우리는 여전히 우리 앞에 놓여 있는 문제들의 해법을 찾음으로써 신뢰를 가지고 정리할 수 있을 것입니다.

나는 우리 한국인들이 마음속에 있는 과거를 지워 버릴 것이라고는 말할 수 없습니다. 이렇게 말한다면 빈말이 될 것입니다. 왜냐하면 인간은 기억으로부터 사건이 지워지는 수동적인 점판암(slates)이 아니기 때문입니다.

내가 말할 수 있는 것은 — 최고의 진지함과 진정성을 가지고 말하는 것이지만 — 우리가 두 나라 국민이 상호 만족할 수 있는 미래 관계의 모습을 만들기 위해 함께 노력함으로써 과거가 점차 의미없는 것으로 희미해져 가도록 해야 한다는 것입니다.

우리는 우리 자신과 우리의 미래 세대를 위해 이 회담이, 한국과 일본 국민이 상호 확신, 신뢰와 존중의 기초 위에 앞으로 전개될 모든 세월 동안 서 있을 수 있는 튼튼한 기반의 시작이 되도록 해야 합니다. 이 과업은 실패해서는 안 되는 매우 중요한 것입니다.

일본의 강점 기간은 우리에게 쉽사리 해결할 수 없는 문제들을 남겼습니다. 1905년부터 1945년까지 우리는 우리 집의 주인이 아니었기에 우리가 원하는 종류의 구조물을 건축할 수가 없었습니다.

우리의 경제 과정은 일본의 경제와 매우 밀접하고도 냉혹하게 연계되었으며, 일본의 발전을 위한 부차적인 역할을 했을 뿐입니다. 그 결과, 우리의 산업발전은 건강하지 못한 상태로 혼자 설 수 없도록 고안되었습니다.

유사하게, 강점 기간 동안 우리 국민에게는 발전적인 사회에 필수적인 기술과 경영에 관한 훈련과 경험을 쌓을 기회가 주어지지 않았습니다.

이러한 것이 지금 극복해야 할 어려움입니다. 모든 세대의 우리 국민에게 부인되었던 기회가 현재 그리고 앞으로 올 세월을 위해 지금 가능한 한 최대한도로 추구되어야 할 것입니다.

이것이 우리 국민감정의 전부입니다. 과거를 잊지 않은 채 자유세계에서 일본과 나란히 동등하게 주권을 가진 이웃으로서 살고 싶습니다. 이러한 기초 위에서 양국은 이익을 추구하고 양국 국민은 번영해 나갈 수 있을 것입니다.

나는 지금 이러한 문제들을 세세히 말할 생각은 없습니다. 하지만, 한국의 정당한 청구권의 공정하고 완전한 해결만이 우리가 과거에서 벗어나 함께 더 나은 미래의 건설을 생각할 수 있는 기초가 될 것이라는 점을 언급하고 싶습니다.

바로 앞에 놓여 있는 시기는 아시아의 주민들이 가야 할 방향을 다시는 변경할 수 없게끔 보여줄 것입니다. 선택지는 새로운 민주주의의 정정당당한 행동과 과거의 이기적인 군국주의의 사이에 있습니다. 우리와 다른 모든 아시아 국가가 묻고 싶은 질문은, 동등한 파트너십과 상호 존중, 우리 모두의 복지를 위한 안전장치하에 일본이 우리 옆에서 함께 살아갈 필요성과 함께 그렇게 하는 것이 바람직하다는 점을 완전하게 받아들였나 하는 것입니다. 앞으로 올 시대에는 어떠한 특혜도, 어떠한 선택받은 국민도 있을 수 없습니다.

우리의 다양한 국민이 품위 있는 수준의 삶을 살아갈 수 있도록 하는 문제는 우리 모두에게 동일하며, 어떠한 국가도 이 문제의 해법에 있어서 우선권을 가질 수 없습니다. 일본은 이 다양한 국민을 지원하기 위해 더 많은 산업화가 필요합니다. 한국도 그 지원이 필요합니다. 이것은 매우 심각한 문제입니다. 그러나 더 심각한 문제가 일어났습니다.

오늘날의 현실적인 도전은 공산주의 침략의 위협입니다. 아시아에서 오직 한국만이 그러한 위협이 현실화되고, 격퇴되어야 하는 주요한 전장이 되고 있습니다. 극동의 모든 자유주의 국가 국민을 위하여 승리해야만 하는 전투가 우리 영토에서 벌어지고 있습니다. 한국은 극심한 타격의 전초기지가 되고 있으며, 적은 그들이 다른 자유 국가를 침범하기 전에 이 전쟁에서 격퇴될 수 있고, 그렇게 되어야만 합니다.

아시아와 극동을 위한 어떠한 군사적 협약에도 이 중요한 사실이 반영되어야 합니다. 우리나라는 공산주의의 또 다른 침략을 막는 방어벽 역할을 위해 고통, 파괴, 죽음과 같은 끔찍한 대가를 치르고 있습니다. 이러한 상황에서 우리는 일본 공산당에 무관심하거나, 그것이 어느 정도 우리를 걱정스럽게 하고 있다는 점을 부인할 수 없습니다. 왜냐하면 국제공산주의는 체제를 전복시키는 것이고 한 명의 주인(독재자)을 섬기며 전 세계 모든 자유 진영 사람들을 위협하고 있다는 것을 우리 모두 알고 있기 때문입니다.

우리는 위협이 닥쳤을 때, 그 대가는 엄청나지만 우리가 자랑스러워할 수 있다는 점에서 자유 쪽을 선택했습니다. 우리는 그 대가가 실로 비극적일 수도 있는 주권적 책임의 역할을 벗어나지 않을 것입니다.

그러므로 나는 일본 측 대표단에게 말하고 싶습니다: 우리는 우리의 역사에서 당신들을 침략한 일이 없습니다. 그렇게 할 생각도 없습니다. 당신들은 우리의 뜻과 달리 우리를 공격했고 우리를 집어삼켰습니다. 우리 두 나라는 우리 세대에 커다란 전쟁에 돌입했습니다. 당신들의 것은 자유를 감추는 것이었고, 우리는 그것을 지키는 것이었습니다. 이것은 무시할 수 없는 중요한 요소들입니다. 이러한 점들을 얘기하지 않는 편이 더 우아하고 점잖을 수도 있습니다. 그러나 내과 의사로서 나는 감춰지고 가려진 상처는 더욱 위험해진다는 것을 오랫동안 알고 있었습니다. 짧지만 저의 외교 경험은 국가 간의 관계도 그러하다는 것을 가르쳐 주었습니다.

속이지 맙시다. 가식적으로 행동하지 맙시다. 미래에는 과거가 되풀이되지 않을 것이라는 점을 확신할 수 있을 때까지 어느 정도 유보는 불가피합니다.

그러나 우리는 과거 지향적인 시각을 갖고 살기를 원치 않습니다. 우리 두 국민을 위한 희망은 새로운 건설적 생각과 상호 이익이 적대감과 부당함을 대체할 수 있을 것이라는 점입니다. 이 회담이 제공한 기회를 최소화하거나 놓쳐서는 안 될 것입니다. 우리가 직면하고 있는 축적된 문제들을 먼저 해결함으로써 공고한 기반을 쌓고, 그 기반 위에 새로운 확신과 새로운 신뢰를 쌓을 수 있도록 함께 노력합시다.

REPUBLIC OF KOREA
Ministry of Foreign Affairs

October 20, 1951

OPENING STATEMENT BY AMBASSADOR YOU CHAN YANG
AT THE KOREAN-JAPANESE CONFERENCE.

I am sure we are all aware of the truly historic significance of this meeting, as we gather here to open the first conference to be held between our two nations in more than forty years. I connot avoid the feeling that the centuries of the long past are somehow looking over our shoulders. We must seek redrees for the mistakes of former times and build together a program that will help the future to atone for the past.

Nature itself placed Korea and Japan side by side on the map of the world. Geography has created ties between our two nations which nothing wrought by human hands can undo. Here we stand; only one hundred and twenty-five miles apart, close neighbors, and for that reason destined whatever we may plan or do to march on toward the future with our hopes and fears more or less intertwined.

There are factors in our past history which are not pleasant to remember. I want to talk with you frankly about this, for frankness is the best basis for the development of honest friendship. We have no intention of presenting to you an outer mask which will conceal the true feelings in our hearts. We want to say to you exactly what is in our minds and we hope you will respond by telling us precisely what you think and feel. In this spirit, and in this spirit only, can we settle down with confidence to work out the solution of the problems that still confrent us.

I cannot say to you that we Koreans are going to wipe the past out of our minds. To say this would only be an empty form of words, for human beings are not passive slates from whose memories events may be erased.

What I can say -- and I say it with the utmost earnestness and sincerity -- is that we are hopeful we shall be able to work out together a pattern of future relationships which will be so mutually satisfactory to out two peoples that the past will gradually fade away into insignificance.

We have a responsibility to our own and to future generations to lay here in this Conference the beginnings of a secure foundation upon which the peoples of Korea and Japan can stand through all the years ahead on a basis of mutual confidence, trust, and respect. This task is of such importance that we must not permit ourselves to fail.

The years of Japanese occupation left us with problems which cannot be easily solved. From 1905 to 1945 we were not masters of our own house and we could not builed the kind of structure we desired.

Our economic processes were tied closely and inexorably into those of Japan and were made to serve as subsidiaries to Japanese development. As a result, our industrial development was unhealthy

and

and was so devised that it should not be able to stand alone.

Similarly, during all those years our own people were barred from technical and managerial training and experience such as is indispensable to any progressive society.

These are handicaps which now have to be overcome. The opportunities which were denied to more than a full generation of our people must now be sought in fullest measure for today and for all the years ahead.

This is the sum of the feelings of our people. Without forgetting the past, we want to live side by side with Japan as equal and sovereign neighbors in the world's community of free nations. On this basis both nations should profit and in this spirit both peoples should prosper.

I shall not attempt to specify these questions now. But I should like to indicate that a fair and full settlement of Korea's just claims will constitute the only basis upon which we can turn from the past to contemplate together the building of a better future.

The period which lies immediately ahead will demonstrate irrevocably the direction in which the peoples of Asia shall go. The choice is between the new fair play of democracy and the old self-seeking militarism. The question we and all other Asian nations must ask is whether Japan has fully and without reservation accepted the necessity and desirability of dwelling beside us in equal partnership and with mutual respect and safeguards for the welfare of us all. There can be no special advantages, no favored people in the time that lies ahead.

The problem of supporting our various populations on a decent standard of living is a problem for all of us alike, and no nation can have priority in its solution. Japan needs markets; so does Korea. Japan needs access to raw materials; so do we. Japan needs further industrialization to support its population; and so does Korea. These are serious problems. But an even more pressing one has arisen.

The real challenge of today is the threat of Communist aggression. In Asia Korea is the key battleground on which that threat is being met and on which it must be defeated.. On our soil is being fought the battle that may, and indeed that must, result in winning the war for all the free peoples of the Far East. Ours is the exposed outpost upon which the heaviest blows are falling, and from which the enemy can and must be turned back before he strikes further into other free lands.

In any military arrangements that are made for Asia and the Far East, this key fact must be taken into account. Our nation is paying a fearful price in suffering, destruction and death to stand as a bulwark against further Communist advance. Under these circumstances we cannot be indifferent to the Communist Party in Japan, nor can we deny that it worries us somewhat. For we all know that international communism is one vast subversive machine, obeying one master, and threatening all free men everywhere.

When the challenge came to us, we chose the side of freedom, even though the cost was immeasurably great, and on that ground

we

we proudly stand. We do not intend to deviate from the role of sovereign responsibility which we have assumed at so tragic a price.

So, to our confreres the Japanese, we should like to say: We have never in our long history attacked you. We do not intend to do so. You have attacked and against our will engulfed us. Both of our nations have entered within this present generation into great wars. Yours was to submerge freedom; ours was to preserve it. These are significant factors which cannot be ignored. To refrain from stating them might seem to be more gracious and polite. But as a physician I have long known that enclosed and covered sores are the ones that fester most dangerously. And even a limited experience in diplomacy has served to teach me that the same is true in the relations of nations.

Let us not deceive; let us not pretend. We cannot avoid a certain amount of reserve until we may be positively assured that the past is not to be repeated in the future.

But we have no desire to live with backward vision. The hope for both of our peoples is that a new constructiveness and mutuality of interests may replace the antagonisms and injustices of the past. The opportunity presented by this conference must not be minimized nor missed. Let us strive together here to lay a sound foundation by first solving the accumulated problems that confront us and on that ground to build new confidence and new trust.

5. Telegram from Sebald to Secretary of State, October 20, 1951
RG 84, Foreign Service Posts of the Department of State, Japan post, decimal 320, Japan-Korea folder[23]

1951년 10월 20일 한일회담 예비회담이 개최되었음을 보고하는 연합군 최고사령부(GHQ/ SCAP) 윌리암 시볼트[24](William J. Sebald) 외교국장의 미 국무성 앞 전문이다.

이 전문 보고에서 시볼트는 양유찬 대사의 개회 연설문이 지나칠 정도로 공격적이었다고 언급하고, 양 대사의 연설 내용에 대한 불만으로 회담의 장기 정회를 요구하는 일본 측에 대해, 일본이 회담에서 철수하면 한국뿐만 아니라 일본과의 양자 협의 개최를 기대하는 다른 아시아 국가로부터 신뢰를 깬다는 심각한 비난을 받는 상황에 놓이게 되므로 두 번 다시 그러한 언급을 하지 말라고 충고하였다고 밝히고 있다.

시볼트는 미국 해군사관학교를 졸업하고 1925년부터 3년간 주일 미국대사관 무관으로 근무하다가(이때 일본어를 공부함), 군복을 벗고 변호사로 활동하기도 하였으나 제2차 세계대전 발발 후 재입대하였다. 일본의 패전 후 연합군 최고사령부(GHQ/SCAP)의 정치고문단 특별보좌역으로 일하면서 1946년 특별시험을 통해 정식으로 외교관 자격을 취득하였다. 그 후 GHQ 외교국장(1947년 9월~1952년), 정치고문(1947년 10월~1949년 1월 정치고문 대리, 1950년 10월~1952년 정치고문), 대일이사회의장(미일간 국교가 단절된 상태에서 주일 미국대사 역할, 1947~1952년)으로 맥아더의 일본 점령 정책 수행을 보좌하면서 대일 강화 과정과 한일 관계에서 일정한(친일적) 역할을 담당

23 이 자료는 국사편찬위원회 전자사료관(http://archive.history.go.kr/image/viewer.do?gid=AUS003_02&catalogId=AUS003_02_00C0051)에 수록되어 있는 것을 옮긴 것이다.

24 한국에서는 '시볼드'로 발음하기도 하나 일본 외무성이 생산한 외교문서를 포함한 대부분의 일본 문헌에는 ウィリアム・J・シーボルト로 되어 있다. 따라서 여기서도 '시볼트'로 표기한다.

하였다. 주버마(미얀마) 대사(1952~1954년), 미 국무성 극동 담당 부차관보(1954~1957년), 주오스트레일리아 대사(1957~1961년)를 역임하였다. 부인은 일본계 영국인 여성(장모가 일본인)이다.

시볼트는 대일강화조약 성안 과정에서 초안에 독도(리앙쿠르암)가 일본이 반환해야 할 한국 영토로 규정되자 두 차례(1949년 11월 14일, 11월 19일)에 걸쳐 독도를 일본령으로 넣을 것을 건의하는 전문을 보냄으로써 미 국무부의 독도 영유권에 대한 인식에 영향을 끼쳤다. 결국 강화조약 제2조 a)항에는 독도가 제외되었다.[25]

번역

연합국 최고사령부 시볼트 외교국장의 미국 국무부 장관 앞 전문

수신 전문

수신: 국무부 장관, 워싱턴	일자: 1951. 10. 20
	번호: 812 국무부 장관 25 부산(파우치편)
비밀등급: 비밀 지급	담당 부서:

ToPAD.

한일회담이 오늘 개최되어 양측의 공식 연설과 향후 절차에 관한 합의가 있었다. 실무 대표단은 첫 번째 회의를 10월 22일 개최하기로 합의하였다.

"대한민국 외무부"라는 제호(題號, heading) 아래 회의 참석자들에게 배포된 양 대

---

25 정병준, 「윌리암 시볼드(William J. Sebald)와 '독도 분쟁'의 시발」, 역사비평사, 『역사비평』 71, 2005.

사의 연설문은 그 어조가 불필요할 정도로 일본에 공격적이었는데, "일본의 점령 기간은 우리에게 쉽사리 해결될 수 없는 문제를 남겼다"; "우리의 경제 과정은 … 일본의 발전을 위한 부차적인 역할을 하기 위한 것이었다"; "우리 국민에게는 기술과 경영을 익힐 수 있는 훈련과 경험을 쌓는 기회가 주어지지 않았다"; "우리는 오랜 역사에서 일본을 침략한 적이 없다. 우리는 그러한 의도도 없다. 일본은 우리의 뜻에 반하여 침략하고 우리를 집어삼켰다" 등과 같은 내용이 포함되었다.

일본 측 고위 대표는 나중에 나를 찾아와 한국 측 연설문에 대해 불만을 드러내면서, 일본 측은 이 회담의 목적에 관해 다시 생각하기 위해서, 그리고 강화조약 비준과 관련하여 매우 중요한 국회회기가 진행 중인 현 상황에서 한국 측 연설문이 언론에 알려질 경우 국회의 정부에 대한 심각한 공격이 있을지도 모르는데 이를 방지하는 차원에서 회담의 장기 정회를 요구할 수도 있다고 넌지시 말하였다.

나는 일본 외무성 측에, 일본이 회담에서 철수하면 일본은 한국뿐만 아니라 가까운 시기에 일본과의 양자 협의 개최를 기대하는 다른 아시아 국가로부터 신뢰를 깬다는 심각한 비난을 받는 상황에 놓이게 되므로 두 번 다시 그러한 언급을 하지 말라고 충고하였다. 나는 한국의 연설 내용이 어느 정도 문제의 소지가 있다는 점에서 일본 측과 생각이 같지만, 한국 측이 명백히 회담을 그들의 국내 선전용으로 활용하고 일본과의 미해결 문제를 과장하기 위해 노력하고 있다는 일본 측의 주장에도 불구하고 일본 외무성이 회담을 계속해 나가도록 설득하기를 희망한다.

시볼트

WJSebald

DECLASSIFIED
Authority NND832469
By KJ NARA Date 10/15/08

TELEGRAM SENT

C.I.

TO:	SECSTATE WASH	DATE	October 20, 1951
		NO.:	812 to Secstate 25 to Pusan (by pouch)
CODE:	~~CONFIDENTIAL~~....PRIORITY	CHARGED TO:	

Sent 10/20
adj

TOPAD.

Korea-Japan Conference opened today with formal statements both sides and agreement re procedure. Working delegates agreed first business session scheduled October 22.

Tone of statement by Ambassador Yang which was distributed among conferees under heading "Republic of Korea Ministry of Foreign Affairs" was gratuitously offensive to Japanese in that it contained such statements as "the years of Japanese occupation left us with problems which cannot be easily solved"; "our economic processes. . .were made to serve as subsidiaries to Japanese development"; ". . .our own people were barred from technical and managerial training and experience.. . ."; "we have never in our long history attacked you. We do not intend to do so. You have attacked and against our will engulfed us." Etc. Etc.

Senior Foreign Office representative later called on me and complained regarding Korean statement and intimated Japanese side might wish ask for lengthy recess to reconsider purpose of conference and also prevent serious attacks against Government in Diet should Korean statement leak to press

TELEGRAM SENT

TO: SECSTATE WASH

DATE: October 20, 1951

NO.: 812 to Secstate - PAGE 2
25 to Pusan (by pouch)

CODE: CONFIDENTIAL......PRIORITY

CHARGED TO:

during present critical sessions relating to ratification Peace Treaty.

I advised Foreign Office not repeat not withdraw from conference as to do so would open Japan to serious charges breach of good faith not only on part Koreans but other Asiatic countries who anticipate bilateral negotiations in near future. While agreeing with Japanese that Korean statement somewhat ill-advised I hope persuade Foreign Office proceed with conference notwithstanding their contention that Koreans apparently using conference for home consumption propaganda purposes and as endeavor magnify unsettled problems with Japan.

SEBALD

WJSebald/ls

6. 請求権問題に関する初期の交渉要領案(第3次案), 1952. 2. 6
日本外交文書 537, 네 번째 문서

한국과의 청구권 교섭을 앞두고 일본 측의 초기 대응 방침을 수록한 문서로, 1, 2차 안을 수정한 최종 3차 안 및 별지(청구권 처리에 관한 세 가지 방법)가 이 문서에 담겨 있다.

한국 측에 대해 청구권 전체를 일괄하여 청구토록 하고 증거자료를 첨부토록 하며, 한국 측이 주장하는 청구권의 각 항목, 범위, 논거 등이 합리적이라는 점이 명확해 질 때까지 각종 청구권의 개별적 교섭에 들어가는 것을 거부한다는 내용이 적혀 있다. 이와 함께 베스팅 디크리(미군정령 제33호)가 관리 처분 이상의 효력을 가지지 않는다는 법 이론을 주장하고, 한국 측에 일본 측의 역청구권 주장도 병행한다는 주장도 포함되어 있다.

번역

청구권 문제에 관한 초기의 교섭 요령 안 (제3차 안), 1952. 2. 6

1. 최초 단계에 있어서는, 청구권에 관한 한국 측의 견해를 항목별로 분류 제출토록 하고, 각 항목의 정당성에 관해 한국 측 설명을 구한다. 이 경우 금후의 일본 측의 전반적 해결책의 목표를 수립할 필요도 있으며, 또한 청구가 시간을 두고 조금씩 제기되는 것을 방지하기 위해 애초부터 전모를 분명히 하도록 한다.
   한편, 이 청구에는 확실한 증거자료를 첨부하도록 요구한다.(이 단계에 있어 일본 측도 청구권에 관한 견해를 항목별로 제시할 수 있도록 준비해 둔다.)
2. 국제 선례 상 영토 분리에 있어 분리 국가의 각종 청구가 인정되는 것은, 분리국

소재의 최소한 피 분리국 소유 사유재산을 존중한다는 보증의 전제에 입각하고 있는 것이며, 한국 측이 이 점을 도외시하고 막연히 국제 선례를 배워 각종의 청구권을 제기하는 경우는 우선 전기 입장에 따라 일본 및 일본 국민의 재조선 재산을 존중할 용의가 있는지 여부를 확인한다.

3. 청구권에 관한 한국 측 견해의 각 항목, 범위, 논거 등이 상당히 합리적이라는 점이 명확해질 때까지는 각종 청구권의 개별적 교섭에 들어가는 것을 거부한다.
   이러한 정황이 우리 측 주장과 함께 전개될 전망이 보일 경우, 별지에 기재된 세 가지 처리 방법 가운데에 어느 하나를 선택할지를 그 이해득실을 정치적·재무적으로 검토하여 우리 측의 태도를 결정하고, 차기 토의에 있어서는 이러한 결정 방법에 의할 수 있도록 절충한다.
4. 전 항의 세 가지 방법 중 어느 하나를 채택할지 결정하는 데 있어서도, 일본 측 청구권의 논거를 명확히 하기 위하여 베스팅 디크리(재한 일본재산의 귀속에 관한 미군 명령)가 관리 처분 이상의 효력을 가지지 않는다는 법 이론을 일관되게 주장할 필요가 있다.
   이상은 이론으로서 시종일관 견지한다.
5. 국공유재산의 계승 범위, 내란에 의한 일본재산의 손해에 대한 한국 측의 국가 책임 등의 문제도 전기 제 문제와 병행하여 제기한다.
6. 이상 언급한 과정에서 어느 정도 타결을 볼 전망이 서게 될 경우에는, 청구의 실제적 처리에 필요한 기술적 문제(종전 후의 사태에 기반을 둔 계약 불능에 관한 경과적 조치를 포함함)에 관해 협정을 체결한다.
7. 한편, 본 문제는 남북한 전체에 해당하는 것으로 취급되어야 한다는 점을 확인한다. 이에 관해, 북한 관계의 일본재산은 당연히 일본 측의 몫이라는 점도 승인받도록 한다.

주. 조선(한반도)의 재일재산 및 대일청구권에 비해 일본 측의 재조선재산 및 대조선 청구권이 훨씬 많고 크지만, 조선 전반의 현실에 비추어 볼 때 이 재산이 반환되지 않고 보상을 받는 것도 용이하지 않으며, 이에 더하여 한국 측은 일본 측의 재조선재산 및 대조선 청구권은 일본이 조선으로부터 수탈한 것으로 본래 한국의 것이었다는 논의에 나설 가능성도 있으므로 조급히 견해의 일치를 보는 것은 곤란한 것으로 예상된다. 따라서 본 건 교섭에 있어서는 법 이론을 견지하면서 장기에 걸쳐 충분한 심의를 해 나가는 것이 상대방의 대처에 따라서는 궁극적으로 대국(大局)적인 해결로 인도하는 방법이라는 점도 염두에 두지 않으면 안 된다.

별지: 청구권 처리에 관한 세 가지 방법

일한 간의 청구권 처리에 관한 교섭에 있어 최대의 문제가 되는 점은 사유재산권이 어떻게 취급되는가라고 하는 문제다. 이것에는 그 처리되는 양태에 의해 직접주의, 간접주의 및 중개주의의 세 가지 방법이 있을 수 있으나, 각각의 주요한 이해득실은 다음과 같다.

1. 직접주의

한국 독립에 의해 사유재산권이 영향을 받지 않았다고 하는 이론을 취한다면, 독립의 승계와 함께 사적 권리 관계는 부활하고 그 처리는 권리자의 직접 청구에 위임된다. 이 경우 사유재산권 존중의 법리가 적용됨에 따라 국가로서는 국내 보상 문제에 시달리지 않게 되어 국내 정치적으로는 간단하지만, 일본과 한국과의 경제질서의 차이를 생각해 볼 때 일본 측의 대조선 청구권은 거의 대부분 배상을 받는 것이 곤란함에 대해 한국 측의 청구권은 착착 집행되어 일본 측은 현저히 불리한 결과를 초래하는 것이 아닌가 하는 점이 있다.

2. 간접주의

사인 간의 채권·채무에 관해 모두 국가가 대리하여 처리하는 것으로, 상쇄, 상호 포기 등의 정치적 해결을 할 수 있는 편의점은 있으나, 사유재산권 존중의 원칙을 여하히 할 것인가에 관한 문제와, 채무자 간의 자산을 여하히 균형있게 나눌 것인가 하는 문제가 발생한다.

3. 중개주의

원칙적으로 직접주의에 따르게 되므로 그 이해득실은 동일하나, 사인 간의 직접 청구에 맡기지 않고 양국의 공동위원회와 같은 것을 만들어 채권자 및 채무자 간의 중개자 역할을 담당하게 한다. 이것은 공동위원회가 어느 정도 권한을 갖게 되는가에 의해 간접주의에 가까운 결과를 내게 된다.

請求権問題に関する初期の交渉要領案（二七、二、二）

一、最初の段階において、請求権に関する先方の見解を項目別に分類提出せしめ、各項目の正当性について先方の説明を求める。

右に当つては、今後のわが方の全般的解決案のめどを立てる必要もあり、かつ、ずるずるに請求の提起されることを防ぐため、当初から全額を明かにせしめるようにする。

なお右請求には確実な証拠書類を添付することを要求する。

一 右段階においてわが方も請求権に関する見解を項目別に提示し得るよう準備を整えておく。）

一、国際先例上領土分離に当り分離国が各種の請求をなすことが認められているのは、分離国所在の少くとも被分離国系私有財産が尊重されることの裏付があるとの立場に立つているのであつて、韓国側がこの点を度外視して、漠然国際先例にならうと称して各種の請求権を提起してくる場合は、先ず前記立場とし

外務省

てのわが国及びわが国民の在韓財産を返還する意思ありや否やを確める。

一、請求権に関する先方見解の各項目、範囲、論拠等が相当合理的であることが明確になるまでは、各種請求権の個別的交渉に入ることを拒否する。

右情況がわが方の主張に添つて展開する見込ある場合は、開始前記の三つの処理方法のいずれをとるか、その利害得失を政治的、財政的に検討して、わが方の態度を決定し、じ後の討議においては、右決定方法によらしめるように折衝する。

外務省

(三)前項の三つの方法を採ることに決するも、わが方の請求権の論拠を明確にするため、ヴェスティング・デクリー(在韓日本財産の帰属に関する米軍命令)が管理処分以上の効力を有しないという法理論の貫徹を図る。

右は理論としては終始一貫してこれを堅持する。

(四)国公有財産の継承範囲、内乱による日本財産の損害に対する韓国側の国家責任等の問題も、前記諸問題と併行して採上げる。

(五)以上の経過で略々妥結を見る見透しがついた場合は、請求の買除的処理に必要な技術的問題(終戦後の事態に基く契約不履行に関する経過的な措置を含む。)についても協定を行う。

(六)なお本件問題は南北鮮一体にわたるものとして採上げらるべきであることを確認する。

右に関し、北鮮関係の日本財産は当然わが方の取り分であることも承認せしめる。

外務省

注　朝鮮の在日財産及び対日請求権に比して，わが方の在鮮財産及び対鮮請求権ははるかに大であるが，朝鮮会談の現実の情況に照らし，これが返還ないし，補償を得ることは容易でなく，加うるに，韓国側は，わが方の在鮮財産及び対鮮請求権は，日本が朝鮮から収奪したもので，本来韓国のものであるという議論に立つ可能性もあつて，早急に見解の一致を見ることは困難であろうと予想される。従つて本件交渉においては，あくまで法理論を堅持し長期にわたつて十二分に議論を尽くすが，先方の出方によつては，究局において，大局的解決に導く途をも閉ささないものとする。

外務省

別4

請求権処理問題の交渉方針

（請求権に関する三つの方法）

日韓間の請求権処理に関する交渉において最大の問題となる点は、私有財産請求権がどのように取扱われるかと言う問題である。これにはその解決される範囲に従って、直接請求主義、間接請求主義及び併合請求主義の三つの方法が考えられるが、その主たる利害得失は次の通りである。

一、直接請求主義

韓国独立によって私有財産権が影響を受けなかったものとの立場をとれば、独立の承認とともに私的権利関係は確立し、その処理は権利者の直接請求にゆだねられる。この場合私有財産尊重の法理は貫徹され、国家としては国内措置の問題にわずらわされることなく国内政治的には簡単であるが、日本と韓国との経済状態の差異を考える時、日本側の対韓請求権はほとんど[illegible]得ることが困難であるに対して、韓国側の請求権はどしどし執行され、日本側に著しく不利な結果を招くのではないかという点がある。

二、直接決済主義

私人間の債権債務について全て国家が肩代りして決済するもので、相殺、相互放棄等の政治的解決に委ねられる要素はあるが私有財産尊重の原則をいかにするかという問題と、これに関連して国内補償をどうするか、また国内にある債権者、債務者間の貸借の処置をいかにして図るかという問題が生ずる。

三、仲介決済主義

原則的に直接決済主義に立つものでその利害得失はこれと同一であるが、私人間の直接当事者にまかせずに、両国共同決済委員会のごときものを作り、債権者及び債務者間の斡旋上の役割をつとめしめるものである。これは共同決済委員会がどの程度まで権限をもつかによって関税撤廃主義に近い結果をもつ。

7. 請求権問題に関する交渉要領案(第三次案)の再検討, 1952. 2. 12
日本外交文書 537, 다섯 번째 문서

청구권분과위원회 개최를 앞두고 작성한 일본 측 교섭 요령(제3차 안)을 재검토한 내용이 담긴 문서다.

'관리 처분에 지나지 않는다'는 베스팅 디크리에 대한 해석이 바뀔 수도 있다는 점과 한국 측이 북한 소재 일본재산에 대한 청구권도 주장할 가능성이 있다는 점을 반영하여 새로이 작성된 안이 담겨 있다.

번역

청구권 문제에 관한 교섭 요령(제3차 안)의 재검토, 1952. 2. 12

아 2, 구리노

앞의 제3차 안은 지난 8일의 제1회 협의회에 맞추기 위해 당시의 제 요건과 이론에 기초하여 작성한 것이며, 제1단계로서, 한국 측의 청구권에 관한 의견을 듣고 그 위에서 다양한 대책을 실시해 나간다는 안이었다. 한국 측의 의견이 무엇이 되든 간에 최초의 단계에서 이것을 알기 위한 조치를 취하지 않으면 안 되지만, 그 후의 대책에 관해서는 제3차 안 작성 후 2월 7일 자 KP(조선정보) 통신에 게재된 2월 5일의 마이니치 신문의 일한회담에 관한 기사의 반향을 참고할 필요가 있는데, "일본의 일부 신문 보도에는 일본에 있는 한국재산과 북한에 있는 구 일본소유재산을 상쇄 운운하고 있으나, 북한은 엄연히 대한민국 영토로서 동 지역에 소재하고 있는 일체의 재산도 대한민국의 재산이므로 상쇄 운운은 부당하며 한국 대표는 재일한국재산의 반환 및 한국에 귀속되어야 하는 모든 권리의 확보를 주장하기 위하여 이것에 필요한 제반 증거서류를 정리 중이다"라고 보도하고 있다. 이 보도에 나타난 한국 측의 생각은, 전기 마이니치 신문의 기사를 잘못 이해한 것이라고 할 수도 있지만, 이것에 의한다면, 한국 측은 남한 관계의 일본재산에 관해 일본 측에 청구권이 있을 수 있다고는 생각조차 하고 있지 않은 것으로 보인다.

또한 소위 베스팅 디크리의 효력에 관한 해석은 여전히 연구 중이지만, 별도 보고(베스팅 디크리에 관한 다카야나기 교수의 소견)에 기재되어 있는 바와 같이, 이것에 관한 종래의 설, 즉 관리 처분에 지나지 않는다고 하는 설에 대해서는 부정적인 결론이 도출될 가능성도 커지고 있다. 그렇다면 남한 관계의 일본재산 중에 사유재산에 관해서도 일본 측의 청구권을 주장할 수 없게 되며, 제3차 안의 구상을 변경하지 않으면 안 된다.

따라서, 위와 같은 새로운 여건을 고려하여 제3차 안을 재검토해 보았다.

1. 전기와 같이 교섭의 최초 단계로서 한국 측의 의견을 개진토록 하는 것은 필요하며, 그 때 확실한 자료를 첨부하도록 하는 것도 필요하나, 베스팅 디크리의 해석론으로부터 평화조약 제4조 b)를 그대로 승복하여 남한 관계의 일본 측 청구권을 포기하지 않으면 안 된다는 결론에 일본 대표단의 의견이 모아질 경우 그 후의 단계는 제3차 안의 그것과는 크게 다를 수밖에 없다(제3차 안의 2, 4, 5항은 남한 관계에 관해서는 논의해도 무익하다는 것이다).

2. 이러한 전제에 선다면, 제2 단계로는 지불할 것인가 말 것인가의 의논에 앞서, 한국 측 청구권의 내용을 잘 살피고 국제법상의 선례라든가 학설을 원용하여 한국 측 청구 내용을 합리적인 정도로 압축할 필요가 있다. 한국 측은 수탈재산의 반환 운운과 같이 고압적인 토의를 할 것으로도 생각되는 바, 일한 병합의 적법성이라든가 조선의 독립(즉 분리)의 의미 등에 관해서 한국 측을 설득하는 정도의 토의를 전개하는 것으로 준비해 놓을 필요가 있다.

3. 동시에, 한국 측도 당연히 희망하고 있겠지만, 일본 측으로서도 정치적 고려를 포함한 종합판단으로 본 건을 남북한 일체에 걸친 것으로 취급하지 않으면 안 된다. 특히 북한 관계의 적어도 사유재산에 관해서는 당연히 일본 측의 청구권이 있다는 것을 한국 측이 승복하도록 할 필요가 있다. 그 경우 일본 측도 계수적 자료를 정비하고, 북한 관계의 재산만으로도 한국 측의 대일 청구액보다는 크다는 것을 실증해 갈 수 있도록 해 놓는다.

4. 다음으로는, 한국 정부의 주권이 북한에도 미친다고 하는 전제하에 쌍방이 교섭하는 이상 한국 측이 그 주권의 실효성을 입증하도록 교섭한다. 이것은 현 정세에 비추어 볼 때 한국 측이 무리하게 나갈 것이 분명하므로, 이 점을 강하게 압박함으로써 한국 측으로 하여금 정부로서의 실력이 제한적이라는 것을 인정토록 하고, 앞서 말한 한국 측 청구를 압축하는 것과 관련하여 대일 청구에도 그다지 큰 희망이 없음을 인식하도록 심리적으로 압박하는 데 도움이 되리라 생각된다. 그러나 이 점을 너무 강하게 밀어붙이면 한국 측에 대해 동정이 없다는 식으로 비추어지거나, 한국 측을 경화시키는 것이 될 수도 있으므로 적당한 국면에서 기술적인 문제로 옮겨 청구의 청산 또는 지불의 실지 방식을 심의한다(중개주의에도 중개의 정도에 따라 다양한 방법이 있을 것으로 생각되므로 어느 것이 적당한가 연구해 놓을 필요가 있음). 청산 또는 지불의 실시에 관해서도 이른바 상호주의를 채택하는 것으로 해서 북한 관계의 일본재산(남한 관계에서도 예외적으로 청구가 가능한 것이 있다면 그것을 포함)의 반환이 실행된다는 것을 조건으로 하여 일본 측의 채무를 지불하는 방식을 취하도록 교섭하지 않으면 안 된다. 이 교섭이 효력을 발휘한다면 실제 문제로서 청구권 처리는 연기될 것이며 현재의 혼란 상태가 정돈되기를 기다리는 것도 가능해질 것이지만, 상쇄는 아니므로(아마도 일부에 지나지 않겠지만) 북한 관계의 일본 측 청구권은 권리로서 확인한 채 실시가 남는 것이 되므로 상쇄를 하는 것보다 다소 유리하며, 다른 것을 준비하는 것도 가능해진다.

다만, 국내 계발의 조치를 신중히 검토할 필요가 있는데 이는 재한 재산의 반환 또는 이에 대한 보상을 기대하는 쪽도 많으므로 평화조약(제4조 b)의 수락에 관해 외무성의 책임 등을 운운하는 우려가 있기 때문이다.

請求権問題に関する交渉要領案（第三次案）の再検討

二七、二、一二
亜二 栗野

右第三次案は、去る八日の第一回打合会に間に合うよう、当時の諸要件と理論とに基いて作られたものであり、第一段階として、先方の請求権に関する意見を聞き、その上で種々の対策を実施して行くという案であった。先方の意見は、いずれにしても最初の段階で、これを知るべ

外務省

く措置しなければならないが、その後の対策については

右案作成後、二月七日付KP（朝鮮情報）通信に、二月五日の毎日新聞」の日韓会談に関する記事の反響が現れ、「日本の一部新聞報道では日本にある韓国財産と北韓にある旧日本所有財産を相殺云云しているが、北韓は儼然たる大韓民国領土で、同地域に所在する一切の財産も大韓民国の財産であるから相殺云云は不当で、

外務省

韓国代表は在日韓国財産の返還及び韓国に帰属さるべきすべての権利の確保を主張するためこれに必要な諸般証拠書類を整理中であると報じている。

右報道に現れた先方の考え方は前記毎日新聞の記事の受け取り方としては、曲解というべきかもしれないが

これによつて見ても、先方は、南鮮関係の日本財産について日本側に請求権があり得るなどとは考えても

外務省

いないことがうかがわれる
また所謂ヴェスティング・デクリーの効力についての解釈を更に研究中であるが、別稿報告ヴェスティング・デクリーに関する高柳教授の所見に記した通り、これに関する従来の説即ち、管理処分に過ぎないという説に対しては、否定的な結論が導き出される可能性も多くなって来た。
そうなると南鮮関係の日本財産中私有財産につ

外務省

いても、わが方の請求権が主張されなくなるので第三次案の構想を変更せざるを得なくなる。

よつて、右のような新しい与件を考慮して、第三次案を再検討してみた。

一、前記の通り、交渉の最初のステップとして、先方の意見を開陳させることは必要であり、その際確実な資料を提出せしめることも必要であるが

外務省

ヴェスティング テクリーの解釈論から 平和条約第四条(b)をそのまゝ承服して、南鮮関係のわが方請求権を諦めざるを得ない結論に、わが代表団の意見が落着いた場合、その次のステップは、第三次案のそれとは大いに異らざるを得ない。（第三次案の二、四、五項は、南鮮関係については論議しても無益であるということになる。）

二、~~いずれにしても~~右の前提に立てば、第二のステップとしては、支払うか否かの議

外務省

論に先立って 先方請求の内容を吟味し 国際法上の先例や学説を援用して リーソナブルな程度に先方の請求内容を圧縮する必要がある。 先方が 収奪財産の返還云云といった高飛車な議論をすることも考えられるので 日韓併合の適法性や 朝鮮の独立（即ち分離）の意味等について 先方を納得させるだけの議論を展開し得るように準備しておく必要がある。

外務省

三、同時に、先方も当然それを希望するであろうが、わが方としても、政治的顧慮を含めた綜合判断から、南北鮮一体にわたるものとして本件を採上げなければならない。特に、北鮮関係の少くとも私有財産については、当然わが方の請求権があることを承服せしめる必要がある。

この場合、わが方も計数的資料をも整備し、北鮮関係の財産のみでも、韓国側の対日請求額よりは多大である

外務省

ことを実証し得るようにしておく。

四、次には、韓国政府の主権が北鮮にも及んでいるという立前で双方が交渉する以上、主権の実効性を保証するよう折衝する。これは、現下の情勢からいつて、先方に無理を強いることになるのは明かであるが、この点を強く押すことによつて、先方に、政府としての実力を反省せしめ、前記の、先方請求の圧縮と相まつて、

外務省

対日請求に余り多く望み得ないことを悟らせるための心理的素地を培うことに役立つと思われる。但しこの点を余り~~執拗に~~強く押すのみでは、先方に対する同情のない態度でもあり、且つ、徒らに先方を硬化させるだけであろうから、適当な局面で技術的な問題に転じ、請求の清算ないし支払の実施方式を審議する。

仲介主義にも種々の程度があると思わ

外務省

れるから、いずれが適当であるか、研究しておく必要がある。

請算ないし支払の実施についても、いわば相互主義をとるようにして、北鮮関係の日本財産（南鮮関係でも、例外的に、請求し得べきものがあれば、それも含む）の返還が実行されることを条件にして、わが方の債務を支払うという方式を採るように折衝しなければならない。この折衝が奏功すれば、実際問題として、請求権処理は進捗されることとなり、

外務省

現在の混乱状態が落着するのを待つことも出来、

しかも、相殺ではないのであるから恐らくは一部に過ぎないであろうが

北鮮関係のわが方の請求権は、権利として確認されたまゝ

実施のみが残ることになるであろうから相殺を行うよりも多少

有利であり、他日に備えることも出来る。

但し、国内啓発の措置を慎重に行わないと

在鮮財産の返還ないし之に対する補償を期待する

向も多いから、平和条約第四条(a)の受諾について、我

外務省の責任等を云云され了惧れもなしとしない。

外務省

8. 請求権問題に関する大蔵省との打合せ会, 1952. 2. 14
日本外交文書 538, 첫 번째 문서

앞에 수록한 '청구권 문제에 관한 대처 요령' 제3차 안을 토대로 외무성과 대장성 실무자들이 모여 토의한 내용이 수록된 기록이다.

번역

청구권 문제에 관한 대장성과의 협의회, 1952. 2. 14

1952.2.14. 10시 반~1시
외무성 411호 회의실

참석자: 대장성 측: 우에다 외채과장, 각 업무 담당 사무관
외무성 측: 우라베 과장, 미쓰토 과장, 오타, 니시자와, 구리노, 하라, 가쓰타, 히로세, 노자키 사무관

교섭 요령(제3차 안)의 개정에 관해 외무성이 설명하고 대장성 우에다 과장이 질문 또는 의견을 개진하였으며, 그 외 아래 기술하는 바와 같이 제 점에 관해서도 참석자 간에 활발한 토의가 이루어졌다.

결론으로 특별히 도출된 것은 없었으나 교섭 과정에서 전개되어야 할 이론으로 사유재산권 존중의 이론(베스팅 디크리론을 포함) 이외에 6.25 전쟁으로 인한 손해에 대한 국가 책임을 추구하는 이론도 연구해 놓을 필요가 있다는 점이 중요한 사항으로 인정되었다. 이 이론을 펼쳐 나갈 준비를 해 놓지 않을 경우 한국 측이 일본 측의 청구권

을 인정하더라도 6.25 전쟁에 의해 망실되었기 때문에 반환 불능이라고 이야기해 올 때 대처할 방안이 없을 우려가 있다. 이 책임을 추구해 나갈 수 있다면 일본 측의 역청구권이 강해질 것이며 교섭을 유리하게 하는 것이 가능하다(오타 사무관이 담당하여 연구한다).

그 외 중요한 문제는 다음과 같다.

1. 요령 안의 '상태'가 수세적인 것으로 이해될 수도 있으나, 배상 청구국에 대한 경우와 조선[한국]에 대한 경우는 일본 측의 태도가 다를 수밖에 없으며, 처음부터 공세적으로 나가는 것을 생각해도 좋지 않을까, 또한 공세적으로 나가더라도 실익의 유무는 별개라고 하는 의견(우에다 과장)에 관해서는 공세적으로 나갈 것인가 말 것인가 하는 것은 한국 측이 어떻게 나오는가에 달려있으며, 대표의 고위층 실무자들이 결정해서 하기로 하였다. 관련 '전술'론은 별개로 하고 이론을 마련하는 경우의 견고함을 위해 여러 가지 문제를 토의, 연구해 놓자고 하는데 의견일치를 보았다.
2. 대장성 내에도 강온 여러 주장이 있으며, 아직 결정적인 입장이 정해지지는 않은 모양새다. 예를 들어 대장성에서 가장 원하고 있는 것은 일본 측이 받아야 할 몫을 받을 수 없게 될 경우는 한국 측의 국가가 보상하는 것이 되어야 한다는 것이지만, 이것은 아마도 원하는 대로 되지는 않을 것이다. 가장 우려되는 것은 상대방에게 줄 것은 주고 반대로 받아야 할 것이 줄어들거나 소실됨으로써 실재하지 않음에 따라 포기하지 않으면 안 되는 것이다. 또한 이론으로 압박한다고 해도 실익을 고려하여 사유재산 존중론을 주장하는 것은 좋으나 지불의 경우에 국가가 중개하는 것이 될 경우 이론상 모순이 되지 않을까, 국가가 편의를 제공하는 것은 당연하나 상호주의를 취한다고 하면 한국 측의 채무가 있는 사인(私人)에 대해 그 채무의 지불을 중단시키는 형태가 되는 것도 무리수가 될 수 있다. 대체적으로 국가가 대신하는 것은 너무 지나치지 않은가 등등
3. 확실한 증거자료라고 함에 있어 '확실'은 어느 정도를 의미하는가, 이 확실하다는 의미를 일본 측이 마련할 경우 일본 측도 그에 걸맞은 정도의 준비가 필요하

다. 즉 적어도 계수적 자료의 산출 근거를 명시하는 것이 필요하다(이 점, 지나치게 요구할 경우 대장성 측도 작업에 곤란을 초래할 수 있다). 물론 각 재산의 증거자료에 관한 개별적 검토는 나중에 하는 것으로 하더라도 첫 단계에서 증거자료를 첨부한다는 원칙을 세워놓지 않으면 안 된다.

4. 대일평화조약 제2조(조선의 독립) 및 제4조 a)(당국)의 의미에 관해 우에다 과장의 질문이 있었으며, 오타 사무관이 앞서 말한 연구 결과를 설명했다(그러나 우에다 과장의 발언으로 유추해 볼 때 대장성 내에도 이번 회담의 상대측인 이[승만] 정부의 통치 능력, 남북에 주권이 미친다고 해석하는 픽션, 장래의 조선 정세 등에 관해 상당히 심각한 우려가 있으며, 이러한 현상 아래에서 여하한 약속(커밋트먼트) 또는 양보(컨세션)를 하는 것을 피했으면 하는 모양새로 보인다). 어쨌든 '상대가 나쁘'기 때문에 신중한 태도로 시간을 들여 심의하는 편이 좋을 것이라는 점에서는 의견이 일치했다.

5. 대장성 내에도 소위 간접주의로 청구권 문제를 해결한다고 했을 때 국가 보상 없이 모두 해결 지어야 한다는 주장이 있는 것으로는 보이나, 우에다 과장의 의견은 재외 재산을 지렛대로 사용하고도 보상도 하지 않는 것은 있을 수 없는 일이라는 것이다(한편, 금년은 일본에서 선거가 있는 해이므로 국내적으로도 이 문제를 처리하는 것은 곤란한 문제가 있을 수 있을 것이라는 의견도 나왔다).

6. 결제 방식 및 환가 방법(채무 가치의 결정)의 문제. 오픈 어카운트로 하는 방식도 있을 수 있으나 여하튼 조정을 하지 않으면 안 된다(우에다 과장), 지불은 엔화 기준으로 시가를 정하고 환산하면 좋을 것이다.

7. 본·지점 문제도 베스트의 권한이 어디까지 미치는가에 따라 해석이 달라질 수 있으므로 함께 연구할 필요가 있다(우선 대장성 측의 의견을 문서로 받는 것으로 했다).

8. 일본 측이 준비해야 할 계수적 자료도 항목에 따라 적당히 알기 쉬운 숫자로 바꾸어 놓겠지만(컨파일, compile)(대장성 담당) 남·북한 별로 구분하는 것은 상당히 어려운 작업이 될 것이다(완전을 기하고자 한다면 1년여가 필요하다).

9. 종래의 재외 재산의 처리는 SCAPIN을 기초로 하여 대장성령으로 실시하고 있으나(반드시 SCAPIN대로는 아니라는 점도 문제다-우에다 과장), 한국 측도 SCAPIN

의 효력에 의한 규제에 반드시 승복하는 것이 아니므로 이 점의 이론적 연구를 필요로 한다(오타 사무관 담당).

이상

請求権問題に関する大蔵省との打合せ会

二七、二、一四　十時半—一時

外務省四一一号会議室

出席者　大蔵省側　上田外債課長、各務事務官

本省側　服部課長、光藤課長、太田、西沢、栗野、

原、勝田、廣瀬、野崎事務官

交渉要領（第三次案）の改訂について当方から説明し、上田課長から質問なかつた意見が述べられ、その他後述の諸点についても出席者の間に活溌な論議が行われた。

外務省

結論として特に纏ったものは出なかったが、交渉過程において展開すべき理論として、私有財産権尊重の理論（ヴェスティング・デクリー論も含む。）の他に、動乱に因る損害に対する国家責任を追求する理論をも研究しておく必要があることが、重要な点として認められた。この理論を展開する用意をしておかないと、先方が、わが方の請求権を認めても、動乱によって失われて了ったのだから、返

外務省

還不能であると云つて来た場合に、対処する術がなくなる惧れがある。この責任を追求し得れば、わが方のカウンター・クレイムが強くなり、交渉を有利にすることができる。（太田事務官が担当して研究する。）

その他、主な問題は左記の通りであつた。

一、要領案の“調子”が、守勢的であるように解されるが、賠償請求国に対する場合と、朝鮮に対する場合とでは、

外務省

態度が異るべきであり、最初から攻勢に出ることも考えてよいのではないか。尤も、攻勢に出ても、実益の有無は別であるが、という意見（上田課長）については、攻勢をとるか否かは、先方の出方にもよることで、代表の最高スタッフで決定して戴くことになつた。かゝる「タクティックス」論は別にして、理論を斗わす場合の固めのために、色々の問題を討議、研究しておこう、ということは意見一致した。

外務省

二、大蔵省内にも硬軟種々の主張があり、また決定的な立場が出ていない模様である。（例えば、大蔵省で）最も望んでいるのは、わが方の取り分が取れない時は、先方の国家が補償することであるが、これは恐らく望めないであろう。最も惧れ（てい）るのは、取られるものは取られ、而も、取るべきものが実在せず（滅失させ）、諦めなければならないことである。また、理論で押すにしても、実益を考慮し、私有財産尊重論を掲げる（主張す）るのは良い

外務省

が、支払いの場合に国家が仲介するとなると、理論上矛盾しないか。国家が便宜を与えるのは当然だが、相互主義を取るとして、当方の債務ある私人に、その債務の支払いを止めさせる様なことも無理なことである。大体国家が肩代りするのは行き過ぎではないか、等々。

三、確実な証拠資料というが、確実とはどの程度か。これは、当方が準備し得ると同程度でなければならない。即ち、

外務省

少くとも、計数的資料の算出根拠を明示し得ることが必要である。（この点、余り厳密に要求すると、大蔵省側も、作業に困難を来す。）勿論、各財産の証拠資料についての個別的検討は後に行うとして、最初の段階で、証拠資料を添附するという原則を建てておかなければならない。

四、平和条約第二条（朝鮮の独立）及び第四条(a)（当局）の意味について、上田課長の質問があり、太田事務官から、先回の研

外務省

究の結果を説明した。しかし、上田課長の言葉によって想像するに、大蔵省内でも、今回の会談の相手方たる李政府の統治能力、南北に主権が及ぶと解するフィクション、将来の朝鮮の情勢等について、相当深刻な危惧の念があり　かゝる現状の下で何等かのコミットメント又はコンセッションを与えることを避けたがっている様子である。

いずれにせよ、「相手が悪い」のであるから、慎重な態度で、

外務省

時間をかけて審議をした方が良いという点では、意見が一致した。

五 大蔵省内でも、所謂間接主義で行つた場合でも、国家補償をせずに済まそうという主張もある由であるが、上田課長の意見としては、在外財産をバーゲンに使つておいて、補償もしないということは出来ないだろう、ということであつた。

なお、今年はわが国でも選挙が行われることである

外務省

から、国内的にも、本件処理には困難な問題があると
いう話も出た。)

六、決済方式及び換価方法の問題。 オープン・アカウント
(貨幣価値の決定)
でも行けないこともないが、何等かの調整をしなくてはなるまい

(上田課長)。 支払は円建で、時価により換算したらよい。

七、本支店問題も、ヴェストの権限がどこまで及ぶかによって、
解釈が岐れ得るので、併せて研究する必要がある。

外務省

（大蔵省側の意見を文書にして出して貰うことに
先ご
なつた。）

八、わが方の準備すべき計数的資料も、項目の如何に応
じて、適当にコンパイル出来るようにしておく（大蔵省担当
が、南北鮮別に区分するのは相当困難な作業である
（完全を期するならば、一ヶ年位要する。）

九、従来の在外財産の処理は、SCAP-INに基いて、大蔵

外務省

省令で実施しているが（必しもSCAPIN通りでない点も問題である—上田課長）、朝鮮側もSCAPINの効力に規制されることを是非とも承服させなければならないから この点の理論的研究を必要とする（太田事務官担当）

以上

外務省

9. 第一回請求権分科会に関する大蔵省側 との打合せ会次第, 1952. 2. 19

日本外交文書 538, 두 번째 문서

제1차 한일회담 청구권위원회 제1회 회의를 앞두고 외무성과 대장성 간 협의회 내용을 간략히 기록한 문서다.

베스팅 디크리와 관련하여 사유재산권 존중의 법리를 주장하기로 했다는 내용 등이 기록되어 있다.

번역

제1회 청구권분과회에 관한 대장성 측과의 협의회 기록

1. 일시: 1952년 2월 19일 오후 4시~5시, 419호실
2. 참석자: 오노 참사관, 우라베 과장, 구리노, 가쓰다 사무관,
   우에다 과장, 각 업무 담당 사무관
3. 의사
   (1) 국·공유재산 양도의 문제에 관해 오타 사무관의 결론이 타당한 것으로 생각된다는 설명이 있었다.
   (2) 베스팅 디크리의 효력에 관해서는 갑론을박이 있었으나, 최종 처분권을 인정하지 않고 사유재산권 존중의 법리로써 교섭해 나가는 것(정책적으로도 그와 같은 입장을 취함)을 설명했다.
   (3) 본 건은 대장성 주관 사항이기도 하며, 한국 측으로부터 감지되는 반응도 고

려하여 이시다 이재국장을 청구권위원회 위원으로 추가하는 것이 적당하다고 생각하는 내용을 설명하고 이러한 내용을 (이시다 국장에게) 전달하도록 의뢰했다.

(4) 교섭 요령 안의 내용을 설명한 결과 별도의 이의는 없었다.

(5) 우에다 과장에게도 발언하도록 했으나 우에다 과장은 오노 참사관이 대표 발언을 하는 것을 희망하는 모습이었다.

(6) 동 협의회 자료의 이용 방법에 관해 토의하였다(우선 목록을 작성하여 송부하기로 함).

(7) 일본 측 청구안을 제출하게 될 경우 대장성은 대체적인 숫자와 당해 항목에 관한 설명의 개요는 즉시 준비가 가능하다는 뜻을 밝혔다.

(8) 한국 측 대표단 구성원을 알게 될 경우 경력 등을 조사하고 관계자에게 주지하도록 하기로 했다(가쓰다 사무관 담당).

第一回請求権分科会に関する大蔵省側との

打合せ会 次第

一、昭和二十七年二月十九日午後四時－五時 四一九号室

二、出席者 大野参事官、服部課長、栗野、勝田事務官

上田課長、各務氏他二事務官

三、議事

(一)国公有財産譲渡の問題について太田事務官の結論が妥当と考えられることを~~[illegible]~~説明した。

外務省

(二)ヴェスティング・デクリーの効力については、甲論乙駁であるが、最終処分権を認めず、私有財産権尊重の法理で行くこと(政策的にも此の立場をとって)を説明した。

(三)本件は大蔵省主管事項でもあり、先方の感触も考慮して、石田理財局長を委員に加えることを適当と思う旨説明し、伝言方依頼した。

外務省

(四) 交渉要領案の内容を説明したところ別に異議はなかつた。

(五) 上田課長にも発言をするよう話をしたが、上田課長としては、大野参事官に代表発言して戴くことを希望する様子であつた。

(六) 同和協会資料の利用方法について打合せをした
(先ず目録を作成、送付すること。)

(七) 当方請求案を提出する場合、大蔵省としては、

外務省

大体の数字と 当該項目についての説明の概要とはすぐ準備できる旨であった。

(ハ) 先方代表の顔振れが判ったならば経済等を調査し、関係者に周知せしめることになった(勝田事務官担当)

以上

外務省

10. 金溶植首席代表代理のあいさつ, 1952. 2. 15
日本外交文書 180, 日韓会談第1回正式会議議事要錄 添附

1951년 2월 15일 제1차 한일회담 본회의 개회에 제하여 김용식 한국 측 수석대표 대리가 행한 개회 연설문(일문, 영문)이다.

양유찬 수석대표의 일본 도착이 늦어지면서 김용식 주일 대표부 공사가 개회 연설을 하게 되었다. 이 연설에서 김용식 수석대표 대리는 "그 누구도, 우리가 한국경제의 파괴와 국민이 여지없이 희생된 것에 대한 보상으로 배상을 요구하더라도 그것이 불합리하다고는 말할 수 없을 것입니다. 그러나 우리는 그렇게 하지 않을 것입니다. 우리가 일본 정부에 요구하는 것은, 지금 우리의 청구의 이행과 법적으로 우리에게 속한 재산의 반환이며, 또한 우리 사이의 우호 관계를 일본이 스스로 확립하는 것 이외에는 없습니다"라고 함으로써 한일회담에 임하는 한국 정부의 입장이 식민 지배 피해배상 요구에서 재산청구권 이행 요구로 바뀌었음을 분명히 했다.

김용식 수석대표 대리의 이 연설문은 한국 외교문서에는 수록되어 있지 않다.

번역

김용식 교체 수석의 제1차 한일회담 제1회 본회의 인사말

각하, 신사 여러분

나는 이 뜻깊은 기회를 맞아, 한국 정부를 대표해서 일본 대표단 여러분들에게 간단한 인사 말씀을 드리게 된 것을 기쁘고 영광스럽게 생각합니다.

3개월 반 전, 한일 양국 대표는 양국 간에 현안이 되고 있는 여러 문제의 해결 방도를 토의하기 위해 이 자리에서 만난 바 있습니다만, 이제 열리게 되는 회담은 이러한 문제를 해결하는 절호의 기회를 우리에게 주는 것입니다. 이러한 점에서, 일본 측 대표단이 해결을 요하는 모든 기본 문제에 관해 토의할 용의가 있음을 알게 되어 기쁘게 생각합니다.

한일 양국 국민은 상호 존경과 신뢰에 기초한 긴밀한 이웃으로서 오늘날 이 세계에서 함께 살지 않으면 안 된다는 사실을 정확히 파악한다면, 이번 회담의 사명에 실패할 일은 없을 것이며, 우리는 이 회담을 통해 양국의 장래의 우호를 쌓는 초석의 역할을 할 견고한 기반을 확립하고자 하는 결의에 차 있는 것입니다.

나는 한국인은 언제나 평화와 자유를 사랑하는 국민이었음을 말하고 싶습니다. 한국과 일본의 지리적 근접성은 이웃으로서의 우호 관계를 강화하는 데 역할을 하였고 역할을 해야 했습니다만, 불행하게도 이것이 악용되어 상기하는 것이 유쾌하지 않은 시대를 만들고 말았습니다. 그러나 우리는 과거의 수많은 유감스러운 요소들을 되새기고 싶지 않습니다. 왜냐하면 지금이야말로 분쟁의 화근을 제거하고 양국의 평화적 관계 확립을 위한 길을 건설해야 하며, 공평하고 타당한 방법과 방책을 찾아야 할 때라고 생각하기 때문입니다.

나는 양국이 평화리에 그리고 상호 신뢰 속에 함께 기반을 구축하지 못 할 정도로 견해차가 심한 문제는 없다고 생각합니다. 한국 대표단은, 무엇보다도 생각을 솔직하게 표현하고, 또한 회담 과정에서 대두되는 각종 문제 토의 시 공정한 태도를 취하는 것이야말로 우리가 당면한 문제의 모든 문제의 해결과 회담의 원만한 진행을 위한 열쇠라고 확고하게 믿고 있습니다. 일본 대표단 여러분들께서는 상호 견해 차이를 해결하기 위한 길을 찾고 기본적인 원칙을 확립한 샌프란시스코평화조약을 염두에 두고 있다고 믿고 싶습니다.

그 누구도, 우리가 한국 경제의 파괴와 국민이 여지없이 희생된 것에 대한 보상으로 배상을 요구하더라도 그것이 불합리하다고는 말할 수 없을 것입니다. 그러나 우리는 그렇게 하지 않을 것입니다.

우리가 일본 정부에 요구하는 것은, 지금 우리의 청구의 이행과 법적으로 우리에게 속한 재산의 반환이며, 또한 우리 사이의 우호 관계를 일본이 스스로 확립하는 것 이외에는 없습니다.

지금 이 순간, 나는 우리가 우리의 사랑하는 자식과 남편들이 다른 자유 국가의 자식, 남편과 함께 세계평화의 영원한 기초를 쌓기 위해 한국 전선에서 싸우다가 전사하고 있는 사실을 상기하고자 합니다. 우리는 침략에 대한 이 영웅적인 투쟁이 자유 제국 전체의 안전보장에 대단한 공헌을 하고 있다고 확신하고 있습니다. 나는 우리 자유인국 간의 진정한 협력은 평등, 신뢰 및 상호 존경이라고 하는 불멸의 원칙에 기초하여 실현 가능한 것이라는 점을 강조하고 싶습니다. 우리가 그러한 협력의 정신으로 이 회담에 임한다면, 그것이 사실이라고 믿고 싶습니다만, 회담은 틀림없이 성공할 것입니다.

마지막으로, 나는 이 기회에 이 회담의 개최가 가능하도록 해 주신 일본 대표단의 노력에 대해 감사의 뜻을 표하고 싶으며, 자리에 앉아계신 모든 대표께서 각자 최선을 다해 이 회의를 원만한 해결로 끌고 나가기 위해 노력해 주실 것을 믿어 의심치 않습니다.

昭和二十七年二月十五日開会の韓日正式会談
における金溶植首席代表代理の挨拶

閣下並に各位

私は、この有意義な機会に臨み、韓国政府を代表し、日本代表団の各位に対して、一言御挨拶を述べることを欣快とし光栄と存ずる次第であります。

三ヵ月半前、韓日両国の代表は両国間に懸案となつている諸問題の解決の方途を討議するために此の地に会しましたが、今将に開始されんとする会談は、右諸問題を解決する絶好の機会を我々に与えるものであります。

この際において、日本側代表団が、解決を要するすべての基本問題について討議を行う用意を有して居られることを知り、欣快に存ずるものであります。

韓日両国民は相互の尊敬と信頼に基く緊密な隣人として、此の世界に今日並び住まなければならないという事実を正しく把握しますならば、今回会談の使命に失敗することはないでありましようし、この会談を通じて我々は両国将来の友好関係を築きあげる礎石として役立つ堅固な基盤を確立しようと決意しているものであります。

由来韓人は終始平和と自由を愛好する国民であつたことを申しあげたいと思います。韓国と日本との地理的の近さは隣人としての友好関係を培うに役立ち得た筈であり、また役立てるべきでありましたが、不幸にして右が悪用された結果想起するのも不愉快な時代を齎したのであります。しかし乍ら、我々は、今こそ紛争の禍根そのものを除去し両国の平和的関係の確立のための道を築くべき公平且つ妥当な方途と方策を見出すべき時であると考えるものでありますから、過去の多くの遺憾事を云々する意嚮はもたないのであります。

私は両国が平和裡に且つ相互に信頼して共に立ち得る共通の基

盤をもち得ない程広く見解が岐れるような問題は存しないと考えております。韓国代表団は何よりも、考えを卒直に表現すること、また会談の過程で取上げられる種々の問題の討議に際して公正な態度をとることこそ我々の当面する錯雑した諸問題の解決と会議の円満な進行のための鍵であるということを固く信ずるものであり、各位におかれては我々相互の見解の相違を解決するための道を照らすべき基本的原則を確立した、かの歴史的サンフランシスコ平和条約を念頭に置かれていることと信ずるのであります。

我々が韓国経済の破壊と国民が余儀なくされた犠牲に対する補償として賠償を要求してもそれが不合理であるとは何人も言わないでありましょう。然し我々はされをなそうとしているのではありません。

我々が日本政府に要求するものは只、我々の請求の履行と法的に我々に所属する財産の返還であり、更に我々との間に友好的関係を日本が進んで樹立すること以外のものではありません。
この時に当り、私は我が国の愛すべき息子や夫達が、他の自由諸国の息子や夫達と共に世界平和の永遠の基礎を築く為に韓国戦線において戦い戦死しつつある事実を想起するのであります。我々は、侵略に対するこの英雄的斗争が自由諸国全体の安全保障に非常なる貢献を為していることを確信しています。我々自由隣国間の真の協力は、平等、信頼及び相互の尊敬という不滅の原則に基いてのみ実現しうることを強調致したいのであります。我々がかかる強調の精神をもつて、この会議を開始ずるなら、」！事実、私はさう信じていますが！この会議は必ず成功するということを信じて疑いません。
終りに臨みまして、私はこの機会に、この会議の開催を可能ならしめられた日本代表団の多大の御努力に対し感謝の意を表したく、此処に列席された各代表が各自最善を尽してこの会議を円満なる解決に導くべ、努力されんことを信ずる次第であります。

Statement by Mr. Yong Shik Kim Alternate Chief Delegate to the Formal Korea-Japan Conference to be Convened on 15 February 1952.

Excellencies and Gentlemen:

I deem it a great pleasure and honor for me to be present on this significant occasion to make, on behalf of the Government of the Republic of Korea, a brief speech to you Gentlemen of the Japanese delegation.

Three and a half months ago, the representatives of the Republic of Korea and Japan met here to discuss ways and means for the solution of the various problems outstanding between the two countries, and this conference, into which we are about to enter, presents us with a unique opportunity for solving them. In this connection, I am happy to know that the Japanese delegation is in a prepared position to discuss all problems of basic matters that still await solution.

A just apprehension of the fact that both the Korean and the Japanese peoples must now live side by side in this world as close neighbors on the basis of mutual respect and trust afford us no failure in our task at this conference through which we are determined to establish a firm foundation which, I earnestly hope, will serve as the cornerstone of building up the future good relationship between our two countries.

The Korean people, I would like to mention, have always been a peace and freedom loving people. The geographical proximity between Korea and Japan could and should have been used to foster neighborly friendship, but unfortunately the misuse of it

created

created a period that is not too pleasant to recall. We have, however, no intention of dwelling upon the many regrettable factors of the past, for we realize that it is time to find out equitable and appropriate means and measures by which the very source of the troubles must be rooted out and a way paved for the establishment of peaceful relations between our two countries.

I am of the opinion that there exists no issue on which we differ so widely as not to allow us to lay down a common foundation upon which we can stand together in peace and in trust. It is the firm conviction of the Korean delegation that, above all, frankness in expression of what we think and a fair-minded attitude towards the discussion on the various problems to be taken up during the process of our talks are the keys to a smooth proceeding of the conference as well as to the solution of netangled problems that might confront us. I believe that you Gentlemen have in your minds the historical San Francisco Peace Treaty that has set forth fundamental principles which should be the guiding light to settling our differences.

If we were to request the Japanese Government for a reparation to compensate for the destruction of our economy and for the sacrifices the Korean people were forced to undergo, no one will hold us unjustified for doing so. But this is not what we will do. We shall ask the Japanese Government nothing more than its fulfilment of our claims, restitution of those properties which legally belong to us and its willingness to establish friendly relations with us.

At

At this very moment, I am recalled to the fact that beloved sons and husbands of our own country as well as those of other free nations are fighting and dying in the battleground of Korea for the sake of winning a lasting foundation of peace in the world. We firmly believe that this heroic struggle against aggression has contributed a great deal to the security of the free world as a whole. I would like to emphasize that true cooperation among our neighboring free countries can only be realized under the undying principle of equality, trust and mutual respect. If, and I trust it is true, we enter into this conference with such a spirit of cooperation, we shall have no doubt that the conference will be met with a success.

Finally, I would like to avail myself of this opportunity to thank the Japanese delegation for the many cooperative efforts it has rendered in making the holding of this conference possible. I trust that every delegate here present will do his utmost in endeavoring to bring this conference to a happy conclusion.

- 0 -

11. 한국 측 대표[임송본]의 인사말(국문, 영문) 1952. 2. 20
한국 외교문서 86, 제1차 한일회담: 청구권분과위원회 회의록, 제1-8차

1952년 2월 20일 개최된 제1차 한일회담 청구권분과위원회 제1차 회의에서 한국 측 임송본 수석위원이 행한 개회 인사말이다.

이 인사말에서 임송본 수석위원은 "~한국 측은 일본이 한국을 지배했던 36년간 한국에서 저지른 과거의 추억에서 나오는 요구보다는 한국이 앞으로 살아나가기 위하여 절대로 필요한 것만을 명백한 법적 근거에서 청구할 것입니다(The Republic of Korea have no intention to request Japan for the fulfillment of all her claims which may be urged by our unpleasant past memories arising from 36 years of Japanese occupation, but will request claims only for the properties which legally belong to Korea and which must be fulfilled for the sake of Korea's existence in the future)"라고 하여 한국의 일본에 대한 요구가 식민지배 피해에서 오는 배상 요구가 아닌 법적 근거에 따른 청구임을 밝혔다.

ANNEX VII

韓日會談財產및請求權問題分科委員會
에있어서의 韓國側代表의人事말

韓日基本會談의一環으로서 韓日間에介在하는財產및請求權問題를解決하고저 오늘 여기에 兩國代表가一堂에 모여協議를開始하게된것은本人은大端히 기뿌게生覺하는바입니다。

韓日間의財產및請求權의問題라면一見大端히複雜한것같으나 實은至極히分明한問題입니다。 왜냐하면 이問題를解決하기爲한基本原則이昨年가을에桑港에서調印된對日平和條約第四條에依하여 이미闡明되었기때문입니다。 이平和條約第四條에依하면 日本은美

軍政廳이 韓國에서 日本및日本人의財産에對하여取한措置即法令第三十三號를承認하였읍니다. 그런데이法令第三十三號는平和條約第十四條의聯合國에있는日本또는日本人의財産의處理와恰似합니다.

그러면 韓國即日本에서解放된國家와聯合國即日本과의戰爭에서勝利한國家가왜 한가지로日本또는日本人의財産을取得하는것인가? 이會談의成不成은오직 이點에對한認識에걸려있읍니다.

萬一여기모이신日本側代表가이歷史的現實에疑心을품으신다면 이會談은앞으로難航을繼續할것이오 이點에洞察이미치신다면이會談은順調롭게進行된것입니다.

韓國側은日本이韓國을支配했었던三十六年間韓國에

서 저진은 過去의 追憶에서 나오는 要求보다는 韓國이 앞으로 살어나가기 爲하여 絶對로 必要한 것만을 明白한 法的根據에서 請求한 것입니다. 그러므로 韓國側의 이러한 合理的이고 理性的인 要求에 對하여는 日本側도 合理的인 그리고 理性的인 應答으로써 對하시기를 衷心으로 바라는 바입니다. 韓日間의 財産및 請求權問題가 合理的인 그리고 理性的인 基礎위에서 解決되지 못한다면 어찌 韓日間의 理性的國交의 開始를 希望할수 있겠읍니까?

우리는 이 會談이 恒常 相互理解와 信頼로써 進行되어 所期의 目的을 達成한것으로 굳게 믿는 바입니다.

簡單하나마 이것으로서 人事말씀으로 하겠읍니다.

TRANSLATION ANNEX I

ADDRESS DELIVERED BY THE CHIEF REPRESENTATIVE OF THE REPUBLIC OF KOREA AT THE FIRST SESSION OF THE PROPERTY CLAIMS SUB-COMMITTEE OF THE KOREA-JAPAN CONFERENCE

I am very glad that both Korean and Japanese representatives are here together and are about to commence negotiations at this meeting as a division of the Korea-Japan Conference in order to solve the problems concerning properties and claims still pending between Korea and Japan.

Speaking of the problems of properties and claims, they seem to be, at a glance, very much complicated but actually are very clear and simple. Because the principles for solving them have already been manifested by the provisions of Article 4 of the Peace Treaty with Japan which was concluded in San Francisco last autumn. In accordance with the said article of the Peace Treaty, the Government of Japan has recognized the dispositions of properties belonging to Japan and Japanese nationals made by the United States Army Military Government in Korea, that is to say, it has recognized the legal validity of the USAMGIK Ordinance No. 33. The measures taken by this Ordinance No. 33 with regard to the dispositions of the Japanese properties are very similar to those taken by Article 14 of the Peace Treaty relevant to the dispositions of Japanese properties in the Allied Powers.

Then, what are the reasons why the Republic of Korea,a country liverated from Japan, and the Allied Powers which won the victory over the war with Japan are, in similar measures, entitled to seize the possessionship of the properties of Japanese Government and/or her nationals? The success of this conference depends upon being fully aware of this question. If you Japanese representatives participating in this meeting have no correct understanding of this historical reality, this conference will continue to be at deadlock, and if you acknowledge the significance of this point, this conference will proceed very smoothly.

The Republic of Korea have no intention to request Japan for the fulfilment of all her claims which may be urged by our unpleasant past memories arising from 36 years of Japanese occupation, but will request claims only for the properties which legally belong to Korea and which must be filfilled for the sake of Korea's existance in the future, Therefore, I sincerely hope that the Japanese side will wisely and reasonably deal with the fair-minded and reasonable request to be made by the Korean side. How can we hope for the establishment of a friendly relationship between our two countries without solving such problems on an intelligent and reasonable basis?

12. 韓国側代表のあいさつ, 1952. 2. 20
日本外交文書 1174 두 번째 문서, 日韓会談第一回請求権委会会議事錄 添附

1952년 2월 20일 개최된 제1차 한일회담 제1차 청구권위원회 회의에서 임송본 한국 측 수석위원이 행한 인사말 일본어본이다.

임송본 대표의 이 인사말은 앞에 수록된 한국 외교문서에 국문본이 있으므로 번역을 생략한다.

別紙(一)

韓日会談財産及び請求権問題分科委員会においての
韓国側代表の挨拶

韓日基本会談の一環として、韓日間に介在する財産及び請求権問題を解決せんと、本日ここに両国代表が一堂に会し協議を開始するにいたりました事を、私は、甚だよろこばしく存じます。

韓日間の財産及び請求権の問題とは、一応、甚だ複雑なもののようであるが、実は、極めて明確な問題であります、何故なればこの問題を解決するための基本原則が、昨年秋桑港において調印された対日平和条約第四条によつて、既に闡明されたからであります。

この平和条約第四条によれば、日本は、米軍政庁が韓国において日本及び日本人の財産に対して採つた措置即法令第三十三号を承認致しました。

しかして、この法令第三十三号は平和条約第十四条の連合国にある日本又は日本人の財産の処理と酷似しています。

そうだとするならば韓国即日本から解放された国家と連合国即ち日本との戦争において勝利をおさめた国家とは何故に同じ様に日本または日本人の財産を取得するのであるか、この会談の成否は一にこの点に対する認識にかかつておるのであります。

もし、ここに集まられた日本側代表が、この歴史的現実に疑を抱かられるならば、この会談は今後難航を続けるでありませう。この点を洞察なさるならばこの会談は自ずと解決されるでありませう。

韓国側は、日本が韓国を占領していた三十六年の間韓国において蹂みにじつた過去の追憶から出る要求よりは、韓国が今後生きて行くために絶対に必要なことのみを、それも法的に韓国に帰属されねばならないもののみを請求するのであります。従つて、かかる合理的且つ、理性的な要求に対して、日本側は、合理的なそして理性的な応答をもつて対して下さるよう衷心から希望致します。

韓日間の財産及び請求権問題が合理的なそして理性的な基礎の上に解決されずして、どうして韓日間の理性的国交の開始を希望することが出来るでしようか。

我々は，本会議において常に相互の理解と信頼をもつてこの会議を進めるならば，所期の目的を達成するものと固く信じているのであります。

簡単乍らこれをもつて挨拶のことばと致します。

13. 한국의 '대일청구요강안'(국문본)

한국 외교문서 87, 제1차 한일회담 청구권 관계자료(7-1)

한국 정부가 1952년 2월 20일 제1차 한일회담 청구권분과위원회 제1차 회의에서 일본에 대해 식민지배 피해에 대한 배상 요구가 아닌 법적으로 가능한 재산청구권 요구로 입장을 전환하였음을 밝힌 뒤, 2월 21일 일본 측에 제시한 8개 항목의 '청구요강안'이 수록된 문서다. 한국 측은 법적인 청구가 가능하다고 판단되는 항목들을 여기에 담았다.

일본 측은 한국 측의 이 '청구요강안'에 대항하는 의미로 1952년 3월 6일 제1차 한일회담 제5차 청구권분과위원회 회의에서 한국에 남기고 온 일본재산에 대한 역청구권을 주장하였다. 구보타 간이치로(久保田貫一郎) 일본 대표의 식민지 시혜론 발언으로 제3차 한일회담이 결렬되고 4년 6개월의 시일이 흐른 뒤 일본 측의 역청구권 포기로 양국은 한일회담(제4차 회담)을 재개하게 된다.

그 후 제6차 한일회담에 이르기까지 청구권 문제 교섭의 중심에는 이 '청구요강안'이 있었다. 양측의 '청구요강안'을 둘러싼 교섭 경위, 내용은 사료집 제2권에 수록한다.

韓國의 對日請求要綱案

(一九五二年 二月 二十一日 提供)

一、韓國으로부터 가져온 古書籍、美術品、骨董品 其他 國寶 地圖原版 및 地金과 地銀을 返還할 것.

二、一九四五年 八月九日 現在 日本政府의 對朝鮮總督府債務를 辨濟할 것。

三、一九四五年 八月九日 以後 韓國으로부터 移替 또는 送金된 金員을 返還할 것。

四、一九四五年 八月九日 現在 韓國에 本社(店) 또는 主事務所가 있는 法人의 在日財産을 返還할 것。

五、韓國法人 또는 韓國自然人의 日本國 또는 日本國民에 對한 日本國債、公債 日本銀行券 被徵用韓人未收金 其他 請求權을 辨濟할 것

六、韓國法人 또는 韓國自然人所有의 日本法人의 株式 또는 其他證券을 法的으로 認定할 것

七、前記 諸財産 또는 請求權에서 生한 諸果實을 返還할 것

八、前記 返還 및 決濟는 協定成立後 即時開始하여 늦어도 六個月 以內에 終了할 것.

14. Principles of the Draft Agreement on the Disposition of Property Claims between the Republic of Korea and Japan **대일청구요강안(영문본)**

한국 외교문서 86, 제1차 한일회담 청구권분과위원회 회의록, 1952. 2. 20

한국 측의 '대일청구요강안' 8개 항목이 영문으로 기재된 문서다. 이 문서는 제1차 한일회담 재산 및 청구권위원회 제1차 회의 영문 회의록에 첨부되어 있다.

Principles of the Draft Agreement on the
Disposition of Property Claims between the
Republic of Korea and Japan

Proposed by the Korean side on Feb.21,1952

The Government of the Republic hereby requests the Government of Japan

1. to return the classical books and documents, art objects, curios, other national treasures, map negatives and gold and silver bullions taken away from Korea,

2. to repay the obligations and debts of the Government of Japan to the Government-General of Chosun as of August 9, 1945,

3. to return the monetary accounts transferred or remitted from Korea on and/or since August 9, 1945,

4. to return the properties in Japan of the juridical persons with head offices in Korea as of August 9, 1945,

5. to repay the national/or public bonds and the Bank of Japan notes, issued by the Japanese authorities, in possession of Korean nationals and/or juridical persons, the Japanese obligations to the conscripted Korean laborers and other claims of Korean nationals or its juridical persons to the Government of Japan and/or her nationals.

6. to recognize the legality of the Korean natural and/or juridical persons' ownership of the shares or other securities issued by Japanese juridical persons,

7. to return all the interests as have been or will have been yielded by the afore-mentioned properties and/or claims and

8. to put into execution all these above-mentioned returns and repayments of accounts relating to obligations within six months at latest after the conclusion of this Agreement.

15. 日韓会談 第一回財産請求権問題委員会議事録 別紙 '対日請求要綱案'

日本外交文書 1174

일본 측 문서에 수록된 한국의 '대일청구요강안' 8개 항목 문서다. 국문본 및 일문본이 각각 수록되어 있다.

秘密指定解除
情報公開室

秘

千葉参事官

11-3

韓日間財産및請求權協定要綱韓國側提案

(一九五二年 二月 二十一日 提出)

一、韓國으로부터 가져온 古書籍、美術品、骨董品、其他國宝、地圖原版및地金과 地銀을 返還할것

二、一九四五年八月九日現在 日本政府의 對朝鮮總督府債務를 弁濟할것

三、一九四五年八月九日以後 韓國으로부터 移替 또는 送金된 金員을 返還할것

四、一九四五年八月九日現在 韓國에 本店 또는 主事務所가 있는 法人의 在日 財産을 返還할것

五、韓國法人또는 韓國自然人의 日本國또는日本國民에
対한 日本國債、公債、日本銀行券、被徵用韓人未收
金、其他請求權을 辨済할것

六、韓國法人또는 韓國自然人所有의 日本法人의 株式또는
其他證券을 法的으로 認定할것

七、前記諸財産또는 請求權에서 生한 諸果實을 返還
할것

八、前記返還및決済는 協定成立後即時開始하여
늦어도 六個月以内에 終了할것

秘密指定解除
情報公開室

極秘

15-1

韓日間財産及び請求権協定要綱韓国側提案

（一九五二年二月二十一日提出）

一、韓国より運び来りたる古書籍、美術品、骨董品、その他の国宝地図原版及び地金と地銀を返還すること

二、一九四五年八月九日現在日本政府の対朝鮮総督府債務勘定を決済すること

三、一九四五年八月九日以後韓国より付替又は送金したる金員を返還すること

四、一九四五年八月九日現在韓国に本店あるいは主事務所のある法

五、韓国国民（法人を含む）の日本国あるいは日本国民（法人を含む）に対する公債、日本銀行券、被徴用韓人未収金及びその他の請求権を決済すること

六、韓国国民（法人を含む）の有する日本法人の株式又はその他の証券を法的に認定すること

七、前記諸財産又は請求権より生じたるまたは生ずべき諸果実を返還すること

八、前記返還及び決済は協定成立後即時開始され遅くとも六箇月以内に終了すること

16. 日韓両国間に取極められるべき財産及び請求権処理に関する協定の基本要綱(日本側提案), 1952. 3. 6

日本外交文書 540, 두 번째 문서의 3

일본 측이 제1차 한일회담 청구권위원회 제5차 회의(1952년 3월 6일 개최)에서 한국 측에 제시한 일본의 한국에 대한 역청구권 내용이 담긴 문서다.

일본은 한국 내의 일본재산에 대한 미군정청의 처리의 효력(미군정 법령 제33호에 따른 일본재산의 미군정청 귀속 및 소유와 한미 간 협정에 의한 동 재산의 한국 이양 조치)을 인정하면서도 그 범위를 국·공립재산에 한정시켜, 재한일본인이 소유하였던 사유재산에 대해서는 별도의 협의 대상으로 해야 하며, 한국과 일본 간의 청구권 처리는 일방적이 아닌 상호적이어야 한다는 내용이 기재되어 있다.

번역

일한 양국 간에 체결되어야 할 재산 및 청구권의 처리에 관한 협정의 기본 요강

1. (1) 일본국 및 대한민국은, 각각의 국민(법인을 포함한다. 이하 동일함)이 상대국의 영역에서 보유하는 재산에 관한 권리(이익 및 그 과실을 포함한다. 이하 동일함) 및 상대국 및 그 국민에 대하여 정당하게 취득한 그 외의 권리를 상호 확인하고, 그 권리의 행사가 방해받을 경우에는 이것을 회복하도록 하는 조치를 강구한다.

   (2) 전항의 권리가 국가 또는 그 국민의 책임에 있어 방해받을 경우에는 그 국가 또는 국민은 각각 이것이 원상회복 또는 손해의 보상에 대한 책임을 진다.

(3) 제 (1)항의 회복 조치 및 제(2)항의 원상 회복 또는 손해 보상의 방법 등에 관해서는 당해 권리의 종류에 따라 별도 협의한다.

2. (1) 일본국 및 대한민국은, 연합국 최고사령관 또는 재한 미군 정부에 의해 또는 그 지령에 따라 행해진 상대국 및 국민의 재산의 처리의 효력을 승인한다.

(2) 전항에 있어 승인하는 효과의 범위에 관해서는 별도 협의한다.

3. (1) 일본국은, 일본국이 대한민국의 영역에서 보유하는 국유의 공용재산 및 공공복지용 재산을 대한민국에 무상으로 양도한다.

(2) 일본국은, 일본국이 대한민국의 영역에서 보유하는 국유의 기업재산을 당해 기업이 발행한 공채의 미상환 잔고 등에 상당하는 자금이 일본국에 인도되었을 경우에 한해 대한민국에 양도한다.

(3) 제(1)항의 공용재산 및 공공복지용 재산의 범위 및 전 2항의 양도의 방법 등에 관해서는 별도 협의한다.

(4) 일본국이 대한민국의 영역에서 보유하는 재산으로 제(1)항 및 제(2)에 기재된 것을 제외한 일체의 재산에 관해서는 전기 1의 일본 국민의 재산의 취급에 준하여 취급한다.

4. (1) 일본국은, 대한민국의 문화적 세습재산에 속하는 미술적, 역사적 또는 고고학적 가치를 보유하는 물건으로, 무상으로 일본에 반출되고 현재 일본국이 소유하는 것을 현상 그대로 대한민국에 반환한다.

(2) 대한민국은, 일본국 또는 그 공공단체가 소유하는 문화재로, 교육과 그 외 목적을 위해 대한민국의 영역에 전시 또는 보유되고 있는 것을 현상 그대로 일본국 또는 그 공공단체에 반환한다.

(3) 일본국은, 구 일본 육군참모본부 육지측량부가 작성한 대한민국 영역의 원도 및 지도 원판으로, 현재 일본국이 소유하는 것을 사정이 허락하는 한 대한민국에 증여한다.

(4) 전 3항의 반환 또는 증여의 실시 세목에 관해서는 별도 협의한다.

(이 기본 요강에 기초하여 재산 및 청구권의 처리에 관해 구체적으로는 대략 별지 요령대로 한다.)

(별지)

일한 양국의 재산 및 청구권 처리요령(안)

1. 자금 운용부(구 예금부) 자금 특별회계

가. 우편저금, 진체저금, 우편송금환

1) 1945년 8월 15일 이전, 조선총독부 체신관서에 예입된 우편저금, 진체예금, 우편송금 환은 일본에서 지불한다.

2) 1945년 8월 15일 이후 조선총독부 체신관서에 예입된 우편저금, 진체저금, 우편송금 환은 대한민국에서 지불한다.

3) 1945년 8월 16일 이후 일한 양국에서 지불 완료된 우편저금, 진체저금, 우편송금환은 별도 조정 조치를 강구한다.

나. 간이생명보험, 우편연금

1) 조선총독부 체신관서와 계약된 간이생명보험, 우편연금은 대한민국에서 지불한다.

2) 조선총독부 체신관서와 계약된 간이생명보험, 우편연금의 여유금으로 일본 측에 회금(回金) 완료된 것은 대한민국에 인도한다.

다. 대부금

예금부의 대한민국 지방공공단체 및 그 국민(법인 포함)에 대한 대부금은 당해 채무자가 이것을 지불한다.

라. 전기 가, 나, 다의 지불 방법, 조정 조치 인도 방법 등에 관해서는 별도 협의한다.

2. 재외 본사 주식 관계

가. 일본국은, 일본국 또는 그 국민이 대한민국에 본점이 있는 회사에 대해 보유하는 주주권으로 재한 미군 정부에 의해 매각된 것에 대해서는 그 회복을 주장할 수 없다.

단, 매각에 의해 발생한 매각대금은 일본국 또는 당해 국민에게 인도한다.

나. 대한민국은, 일본국 또는 그 국민이 대한민국에 본점이 있는 회사에 대해 보

유하는 주주권으로 재한 미군 정부에 의해 매각되지 않은 것에 대해서는 그 주주권의 존속을 법적으로 확인한다.

다. 전기 가, 나에 있어 매각 대금의 인도 및 주주권의 법적 확인 방법 등에 관해서는 별도 협의한다.

3. 공, 사채 관계

가. 일본국이 발행한 공채 및 일본국에 본점이 소재하는 회사가 발행한 사채는 그 발행자가 지불의 책임을 진다.

단, 연합국 최고사령관의 지령에 기반하여 무효가 된 증권은 그렇지 않다.

나. 대한민국은, 조선사업공채법, 미곡 생산재원확보에 관한 법률 등에 기반하여 발행된 공채의 미상환 잔고 등에 상당하는 자금을 일본국에 인도한다.

다. 대한민국에 있는 지방공공단체가 발행한 공채 및 대한민국에 본점이 소재하는 회사가 발행한 사채는 그 발행자가 지불의 책임을 진다.

라. 전기 가, 나, 다 에 있어 지불 및 인도의 방법 등에 관해서는 별도 협의한다.

4. 일본은행권

일본국은, 일본은행권에 관해 일본은행이 채무자임을 확인한다.

그 결제 방법에 관해서는 별도 협의한다.

5. 조선은행권

대한민국은 조선은행권에 관해 조선은행 또는 그 승계자가 채무자임을 확인한다.

6. 피징용 한인의 미수금

일본국은, 피징용 한인의 미수금으로, 그 청구권이 일본국 및 그 국민으로부터 정당하게 취득한 것일 경우에 한해 그 권리를 확인한다.

그 지불 방법에 관해서는 별도 협의한다.

7. 기타 재산 및 청구권

일한 양국은 전기 각항 이외의 기타 재산 및 청구권에 관해서도 사유재산권 존중의 원칙에 따라 해결한다.

단, 연합국 최고사령관 또는 재한 미군 정부의 지령에 의해 각각의 지역에서 실시된 조치의 효과에 관해서는 상호 존중한다.

해결의 구체적 방법에 관해서는 별도 협의한다.

極秘

秘密指定解除
情報 開室

大蔵省異論 27

日韓両国間に取極められるべき財産及び請求権の処理に関する協定の基本要綱（日本側提案）

一、(一)日本国及び大韓民国は、それぞれの国民（法人を含む。以下同じ。）が相手国の領域において有する財産に関する権利（利益及びその果実を含む。以下同じ。）並びに相手国及びその国民に対して正当に取得したその他の権利を、相互に確認し、その権利の行使が妨げられているときは、これを回復する措置を講ずるものとする。

(二)前項の権利が国又はその国民の責任において侵害されているときは、その国又は国民は、それぞれ、これが原状回復又は損害の補償の責を負うものとする。

(三)第(一)項の回復の措置及び第(二)項の原状回復又は損害の補償の方法等については、当該権利の種類に応じ別途協議するものとする。

二、(一)日本国及び大韓民国は、連合国最高司令官又は在韓米軍政府により、又はその指令に従つて行われた相手国及びその国民の財産の処理の効力を承認する。

㈡前項において承認する効果の範囲については別途協議するものとする。

三

㈠日本国は、日本国が大韓民国の領域において有する国有の公用財産及び公共福祉用財産を、大韓民国に、無償で譲渡する。

㈡日本国は、日本国が大韓民国の領域において有する国有の企業用財産を、当該企業の発行した公債の未償還残高等に相当する資金が日本国に引渡された場合に限り、大韓民国に譲渡する。

㈢第㈠項の公用財産及び公共福祉用財産の範囲並びに前二項の譲渡の方法等については、別途協議するものとする。

㈣日本国が大韓民国の領域において有する財産で第㈠項及び第㈡項に掲げるものを除く一切の財産については、前記一の日本国民の財産の取扱に準じて取扱われるものとする。

四、

(一)日本国は、大韓民国の文化的世襲財産に属する美術的、歴史的又は考古学的価値を有する物件で、無償でもたらされ且つ現に日本国が所有するものを、現状のまま、大韓民国に返還する。

(二)大韓民国は、日本国又はその公共団体の所有に係る文化財で、教育その他の目的のため大韓民国の領域において展示され又は保有されているものを現状のまま、日本国又はその公共団体に返還する。

(三)日本国は、旧日本陸軍参謀本部陸地測量部が作成した大韓民国領域の原図及び地図原版で、現に日本国が所有するものを、事情の許す限り、大韓民国に贈与する。

(四)前三項の返還又は贈与の実施細目については別途協議するものとする。

3

（この基本要綱に基いて、財産及び請求権の処理に関し、具体的には、大要別紙要領の通り措置するものとする。）

（別紙）

日韓両国間の財産及び請求権処理要領（案）

下、資金運用部（旧預金部）資金特別会計

1、郵便貯金、振替貯金、郵便送金為替

イ、一九四五年八月十五日以前、朝鮮総督府逓信官署に預入された、郵便貯金、振替貯金、郵便送金為替については、日本において支払うものとする。

ロ、一九四五年八月十六日以降、朝鮮総督府逓信官署に預入された、郵便貯金、振替貯金、郵便送金為替については、大韓民国において支払うものとする。

ハ、一九四五年八月十六日以降、日韓両国において支払済の郵便貯金、振替貯金、郵便送金為替については、別途調整の措置を講ずるものとする。

5

2、簡易生命保険、郵便年金

イ、朝鮮総督府逓信官署との間に契約された簡易生命保険郵便年金については、大韓民国において支拂うものとする。

ロ、朝鮮総督府逓信官署との間に契約された簡易生命保険、郵便年金の余裕金にして、日本側に回金済みのものは、大韓民国に引き渡すものとする。

3、貸付金

預金部の大韓民国地方公共団体及びその国民（法人を含む）に対する貸付金は、当該債務者において、これを支拂うものとする。

4、前記1、2、3、における支拂の方法、調整の措置、引渡の方法等については別途協議するものとする。

二、在外本社株式関係

1、日本国は、日本国又はその国民が、大韓民国に本店の所在する会社に対して有する株主権で、在韓米軍政府により売却せられたものについては、その回復を主張しないものとする。

但し、売却により生じた売却代金は日本国又は当該国民に引き渡されるものとする。

2、大韓民国は、日本国又はその国民が、大韓民国に本店の所在する会社に対して有する株主権で在韓米軍政府により売却せられなかつたものについては、その株主権の存続を法的に確認するものとする。

3、前記1、2、における売却代金の引渡及び株主権の法的確認の方法等については別途協議するものとする。

三、公、社債関係

1、日本国の発行した公債及び日本国に本店の所在する会社の発行した社債については、その発行者が支払の責を負うものとする。

但し、連合国最高司令官の指令に基き、無効とされた証券についてはこの限りではない。

2、大韓民国は、朝鮮事業公債法、米穀生産財源確保に関する法律等に基き発行された公債の未償還残高等に相当する資金を、日本国に引き渡すものとする。

3、大韓民国における地方公共団体の発行した公債及び大韓民国に本店の所在する会社の発行した社債については、その発行者が支払の責を負うものとする。

4、前記1、2、3、における支払並びに引渡の方法等については別途協議するものとする。

四 日本銀行券

日本国は、日本銀行券について、日本銀行が債務者であることを確認するものとする。

その決済の方法については、別途協議するものとする。

8

五 朝鮮銀行券

大韓民国は朝鮮銀行券について、朝鮮銀行又はその承継者が債務者であることを確認するものとする。

その決済の方法については別途協議するものとする。

六、被徴用韓人の未収金

日本国は、被徴用韓人の未収金にして、その請求権が、日本国及びその国民から正当に取得されたものである限り、その権利を確認するものとする。

その支払の方法については、別途協議するものとする。

七、その他の財産及び請求権

日、韓両国は前記各項以外のその他の財産及び請求権についても、私有財産権尊重の原則に従い解決するものとする。

但し、連合国最高司令官又は在韓米軍政府の指令に従いそれぞれの地域において実施せられた措置の効果については、相互に尊重するものとする。

解決の具体的方法については、別途協議するものとする。

한일회담 자료총서 19

한일회담 청구권 교섭 핵심 자료집 I

청구권 문제 교섭에 대한 기본 입장 및 방침

초판 1쇄 인쇄 2025년 10월 20일
초판 1쇄 발행 2025년 10월 28일

엮은이 동북아역사재단
해제·번역·감수 조윤수, 유의상
펴낸이 박지향
펴낸곳 동북아역사재단

등록 제312-2004-050호(2004년 10월 18일)
주소 서울시 서대문구 통일로 81 NH농협생명빌딩
전화 02-2012-6065
홈페이지 www.nahf.or.kr
제작·인쇄 역사공간

ISBN 979-11-7161-235-2 94910
979-11-7161-234-5 (세트)